江苏人民教育家培养工程丛书（第三辑）

素养表现教学

——让学习充满思维的张力

SUYANG BIAOXIAN JIAOXUE
RANG XUEXI CHONGMAN SIWEI DE ZHANGLI

武凤霞 著

江蘇鳳凰教育出版社
Phoenix Education Publishing, Ltd

图书在版编目(CIP)数据

素养表现教学:让学习充满思维的张力/武凤霞著
.--南京:江苏凤凰教育出版社,2021.6
(江苏人民教育家培养工程丛书.第三辑)
ISBN 978-7-5499-9405-2

Ⅰ.①素… Ⅱ.①武… Ⅲ.①小学语文课—教学研究
Ⅳ.①G623.202

中国版本图书馆CIP数据核字(2021)第124261号

江苏人民教育家培养工程丛书(第三辑)

书　　名　素养表现教学——让学习充满思维的张力
作　　者　武凤霞
责任编辑　俞　婷
特约编辑　朱学怡
出版发行　江苏凤凰教育出版社(南京市湖南路1号A楼　邮编210009)
苏教网址　http://www.1088.com.cn
照　　排　江苏凤凰制版有限公司
印　　刷　南京顺和印刷有限责任公司
厂　　址　南京市江宁区麒麟街道天和路78号
开　　本　787 mm×1092 mm　1/16
印　　张　12.25
插　　页　2
版　　次　2021年6月第1版
印　　次　2021年6月第1次印刷
书　　号　ISBN 978-7-5499-9405-2
定　　价　34.00元
网店地址　http://jsfhjycbs.tmall.com
公 众 号　苏教服务(微信号:jsfhjyfw)
邮购电话　025-85406265,025-85400774,短信02585420909
盗版举报　025-83658579

本书如有印刷、装订等质量问题,请与印刷厂联系调换,025-83682876
提供盗版线索者给予重奖

总序

FOREWORD

为江苏未来教育家成长奠基

纵观世界教育史，每一次深刻的教育变革都离不开教育家的参与和推动。邓小平同志在1986年就提出“希望中国出现一大批三四十岁的优秀的科学家、教育家、文学家和其他各种专家”。2007年《国家教育事业发展“十一五”规划纲要》明确提出了“倡导教育家办学”的方针。《国家中长期教育改革和发展规划纲要(2010—2020年)》也明确提出，要创造有利条件，鼓励教师和校长在实践中大胆探索，创新教育思想、教育模式和教育方法，形成教学特色和办学风格，造就一批教育家，倡导教育家办学。

倡导教育家办学，要在扎根于民族文化土壤的同时，吸纳一切人类文明成果，形成具有本土特色和全球视野的教育实践和教育智慧。在我国源远流长的几千年文明发展进程中，不仅积淀了丰富的教育话语体系，而且涌现出一批又一批的优秀教育家。如，有被推崇为“大成至圣先师”“万世师表”的孔子，有“匹夫而为百世师，一言而为天下法”的韩愈，有“捧着一颗心来，不带半根草去”的人民教育家陶行知，等等。

江苏素有重教兴学的优良传统。明清两代全国202名状元中，有66人出自江苏，约占总数的三分之一。新中国成立以来，两院院士三分之一以上是江苏籍。“十一五”规划以来，江苏认真贯彻国家、省教育规划纲要，坚持把优先发展教育作为强省之基，把科教与人才强省作为经济社会发展的基础战略，扎实做好教育改革发展各项工作。为顺应发展要求，江苏在2009年启动实施“江苏人民教育家培养工程”，旨在通过培养一批具有教育家潜质的校长、教师，带动全省师资队伍建设，提高全省教育质量。工程启动和实施以来，得到了省内外同行的高度关注，《中国教育报》《人民教育》等权威教育媒体纷纷予以报道，给予了很多的支持和鼓励。在工程的带动下，全省基础教育人才队伍建设工作蓬勃开展，人才梯队不断优化，人才培养形成常态化。无锡的教育名家培养工程、常州和镇江的名师工作室、苏州的姑苏人才计划、南通和淮安的名师名校长培养工程、连云港的中小学高层次人才“333”工程、泰州的中小学卓越教师培养计划、扬州的领雁工程等都取得了良好成效，为江苏基础教育事业的明天提供了人才支撑。

一、设计思路

古今中外的教育家，虽然成长路径各不相同，但他们身上都有一个共同特点，那就是都有强烈的发展愿景，都是积极主动、持之以恒地追求自我发展。而有计划的培养可以促其自觉、促其坚定、催其奋进、助其提高。实践证明，通过有效地整合社会资源，建立系统而完整的培养制度，对培养对象进行引领、促进、支持，给予他们相对良好的成长空间和必要的规制，有助于他们更快更好地成长。我们认为，确立“人民教育家是可以培养的”观念，是科学的人才观、发展观在师资队伍建设中的体现。

确立目标宗旨。为一批立志终身从教、教育理念新、科研能力强、专长突出、风格鲜明、发展潜力大的中小学教师和校长创造条件，提供平台，给予重点培养，帮助他们在教育理论素养和创新实践能力等方面得到全面提升，使其个人专长更加凸显，特色风格更加鲜明，为他们成长为社会公认的人民教育家奠定基础，并以此带动和促进全省中小学师资队伍水平的整体提升，为江苏建设教育强省、率先实现教育现代化、办人民满意的教育做出更大的贡献。

制订培养计划。工程实施的目标是培养基础教育高端人才。从2009年起，计划在全省范围内分四批选拔200名特级教师进行重点培养。200个培养名额，低于特级教师总数的20%，不到中小学专任教师总数的万分之三。分四批培养，每批50人，确保每一名培养对象都能享有足够好、足够多的专家资源、活动资源、财力资源和实践平台，保证培养过程更加具有科学性、针对性和有效性。

明晰选拔标准。分析近代以来我国教育家表现出来的特质，我们发现他们具有三个方面的共同特质：一是志存高远，具有远大的教育理想，“敢探未发明的新理”，善于发现和潜心研究教育问题，形成自己独到的教育思想；二是学高为师，具有丰富的学识和科学的经验，勇于探索，在办学理念和思路、学校建设与管理、教育教学方式等方面形成鲜明的特色和风格；三是身正为范，具有高尚的人格魅力，热爱学生，尊重学生，对学生有大爱之心，并有较大的社会影响。为此，在培养对象的选拔上，我们确定了“坚持一个基本条件、着重考察三个方面”的遴选原则。基本条件必须是特级教师，是“师德的表率、育人的模范、教学的专家”。在此基础上，着重考察培养对象是否有正确的、强烈的成长动机，有为人民教育事业奋斗终身的坚定理想和不懈追求；是否具有深厚的教育理论素养、文化素养和专业素养，有成为人民教育家的基础条件和发展潜力；是否具有高尚的人格魅力，在区域和学科专业领域内声望高、影响大、示范性强，受到同行、学生、家长和社会的广泛敬重和好评。

二、制度建构

“江苏人民教育家培养工程”是一项系统性工程，旨在探索高端教育人才培养的政策、制度和实践模式，以培养对象的教育思想、办学行为和先进事迹激发全省所有校长、教师的教育热情和奉献精神。经过五年的实践探索，逐步形成了一套比较完整的培养体系，制定了《江苏人民教育家培养工程实施指南》，形成了管理、培养、考核“三位一体”的培养工作机制。

建立了管理机构。在管理上，教育厅成立了“江苏省人民教育家培养工程领导小组”，负责培养工作的整体把握和指导，指定江苏省教育科学研究院负责工程的具体实施工作。根据培养对象的特点和研究方向，成立了分学段或分学科领域和学校管理等不同培养方向的五个研修组。与培养对象相对应，组建了五个专家指导小组，通过个别指导和集体指导相结合的模式，就培养对象的发展规划、研究方向、课题研究进行指导。

搭建了培养平台。在培养上，以“政府创设平台、专家引领指导、个人主动发展、团队共同提高”为培养机制，以帮助培养对象“提高师德修养、拓展教育视野、创新教学理念、提高教育教学能力水平”为核心培养内容，规划实施了九大系列培养计划：催生教育主张——培养对象理论素养提升计划；聆听高端讲座——培养对象知识结构更新计划；牵手农村教育——培养对象责任修炼计划；推动教育创新——培养对象实践模式构建计划；走近教育家——培养对象分类阅读计划；聚焦实践问题——培养对象小组合作研究计划；带动共同发展——培养对象团队建设计划；教育家办学——影响力论坛计划；行者无疆——教育考察计划。围绕计划，在2014年至2019年第三期培养对象培养期内，共开展省级集中活动20余次、小组活动近100次。

制定了考核制度。在考核上，省教育厅委托省教育科学研究院与培养对象签订“目标责任书”，依据目标责任书开展年度考核、中期考核和终期考核工作。其中，年度考核实行报告评价式考核，研修小组和培养对象每年要做一次工作总结，报告一次研修心得；中期考核在培养期的第三年举行，实行发展性评估考核；终期考核按目标责任书实行目标考核。培养周期完成，在个人考核的基础上，成立“培养工作评估项目组”，对项目实施情况进行整体评估。

提供了条件保障。主要从专家、平台、经费等方面为工程实施及培养对象提供专业支持、环境支持和政策支持。一是组建了专家指导团队，聘请了国内一流专家。目前共聘请专家119人次，其中为第三期培养对象聘请的专家有35人。二是设立省教育科学规划“十三五”人民教育家培养对象专项课题，鼓励培养对象申报教育科研课题研究项目，通过课题研究推动培养对象成长。三是为每位培养对象至少安排一次出国研修的机会、召开一次教育思想研讨会、资助出版一部专著，为他们形成教育教学思想创造条件。

三、实践成效

工程实施以来，每一位培养对象都以教育家的素养标准要求自己，经过五年努力，提升了综合素养，取得了很多教育教学成果，带动了区域内多元团队的共同发展，还通过跨区域的合作在更大范围发挥了重要作用。

素质显著提高。五年的研修对每一个培养对象来说都是一个迅速进步的过程，他们的专业素养与教育能力不断提升，教育思想已现雏形。其一，潜心读书，提升了专业素养。有的培养对象五年阅读了100多部专著，撰写了40多万字的读书笔记。其二，实践探索，提高了教育能力。通过构建自己的课堂教学模式提高课堂教学质量，通过成立名师工作室和建设学科基地发挥辐射作用，通过管理模式的变革寻求学校的优质发展，已成为培养对象的行为自觉。其三，活动研修，拓宽了教育视野，丰富了发展内涵，增强了服务江苏教育发展的责任感与使命感。其四，自省反思，凝练了教育思想。通过回顾和反思、梳理和归纳，做到更深刻地认识、更清晰地表达自己的教育理念，初步形成了自己的教育思想。

研究成果丰硕。五年来，各位培养对象在实践研究方面积极进取，取得了丰硕成果。据不完全统计，第三期培养对象公开发表论文880篇，其中在核心期刊发表191篇；编著图书79本，出版专著35本；主持市级以上课题（项目）研究166项，开设县级以上公开课、讲座1821节（次）；被媒体报道210次。教学办学上，他们不仅善于把自己的教育理念运用到实践中去，而且非常注重特色成果的形成，成为江苏基础教育改革大背景下一例例鲜活的典型。他们的教育教学实践获得了广泛认可，产生了深远的影响，累计获得各级各类荣誉表彰300余项。这些成果来之不易，体现了各培养对象不断超越、勤于探索的精神。

带动效应显著。培养对象皆有自己领衔的发展团队，不仅有学校管理团队、教师集体和学科教师团队，而且有市（区、县）的名师团队、骨干教师团队，为带动当地教师发展做出了很大贡献。在团队发展过程中逐渐形成了由“被动发展”走向“主动发展”、由“短期性发展”走向“持续式发展”的良好格局，表现出相当高的发展水平与强大的辐射力。另外，第三期培养对象共开展“牵手农村教育”活动近30次，覆盖近30个县、市（区）50多所农村学校，发挥了培养对象的专业服务作用，带动了农村地区教师专业发展。难能可贵的是，他们在成为“培养对象”后，依然有着清醒的自我认识。他们常常淡看自己的努力和成就，却对“机遇”怀有感恩之心。正如一位培养对象所说：“孔子的彼岸是闻达于诸侯，我在想我们的彼岸是什么？也许我一辈子也成不了教育家，但我可以拥有教育家的志向、教育家的情怀、教育家的理想。在培养工程一千多个日日夜夜里，我如农夫般日日耕耘，如哲人般时时自省。从此岸到彼岸，是岁月的距离，更是成长的步履。让我们揣着梦想、带着感恩、携着激情，执着行走在成为教育家的路上，不为彼岸只为海！”

当前，江苏教育系统正在全面学习贯彻落实党的“十九大”精神，全力推进教育现代化建设，坚持以立德树人为根本，以发展素质教育为主题，以提高教育质量为核心，以促进教育公平为重点，以服务经济社会发展为重任，以深化教育教学改革为动力，以扩大教育对外开放、提升教育国际合作交流水平为重要路径，以教育信息化为着力点，以争取加大教育投入、建设高素质专业化教师队伍为关键，探索建立中国特色现代学校制度，努力营造健康向上的校园文化和有利于教育改革发展的社会氛围，努力办好人民满意的教育。衷心地希望“江苏人民教育家培养工程”的实践探索能给我国推进教育发展和办学专业化、促进高端教育人才成长提供借鉴。

编委会
2020 年 11 月

此心安中是东林

武凤霞现任无锡市东林小学校长，是一位颇有传奇色彩的女校长。武凤霞原籍河南，是一位在省内外很有影响力的语文特级教师。2010 年，武凤霞来到江苏无锡，先后任职于三所小学，分别担任副校长与校长。

武凤霞的名字，我早就听说过，当时只知道她是河南省的一位特级教师，由江苏无锡市引进后任职于一所小学。当时我的直接反应是，河南的教育水平跟江苏不是一个量级的，河南省的特级教师来到江苏，且又入职于人才荟萃的无锡，要站稳脚跟恐怕很难，脱颖而出则更为不易。中国人安土重迁，重乡情，也重已有的事业与声名，这是人之常情。来到一个完全陌生的环境，一切从头来，重新适应，重新开拓，要创出一片新的天地，这何其之难。她需要有多大的勇气，又需要有多大的自信！她更需要有足以支撑起自己，让自己再度辉煌的智慧。

而我与武凤霞校长的第一次见面，是在省教育厅前瞻性项目答辩会上。因为这个项目分在我所在的小组，因此我听得比较仔细，对武校长的印象也较为深刻。我感觉这是一位很有学养的校长，思路缜密，反应机敏。就这个项目作点评时，我给了她比较高的评价。

第二次会面是在江苏宜兴，我听武凤霞做小学作文教学研究的报告，觉得她这个报告做得非常好，切用，有创见，条理清晰，也有相当的理论高度，能有效地指导小学老师的作文教学与研究。

第三次会面是在无锡东林小学，我与武凤霞及其他老师们有了比较充分的交流，交流的话题是她所主持的前瞻性项目——《小学语文素养表现型教学的实践探索》。

省教育厅前瞻性项目的立项很不容易，数量少，要求高。它既要有前瞻而自洽的理论性思考，又要能针对实践中需要解决的重大问题提出具备可行性的操作策略，其成果还必须具有普适性的推广意义和价值。《小学语文素养表现型教学的实践探索》较为集中地反映了武凤霞的语文教育的思想，它带有鲜明的东林书院的文化特色。

丰富的文化内涵与鲜明的书院色彩，是武凤霞语文教育思想最为鲜明的特征。武凤霞作为东林小学的校长，主持的项目无疑需要有东林的特色。东林书院于她而言，既是研究的基地，也是展开研究的资源。中国古代书院与现代学校的最大不同，是它的开放性与对话性。书院教学以"尊德性而道问学"为宗旨，将学生的德性培养和探究性学习结合起来；它主张"如切如磋，如琢如磨"的共同探讨，将学堂建设成为研讨对话的学习共同体；它将"传道授业解惑"作为教师的神圣使命，教师作为教学过程的主导者及学生学习的引领者，需要因材施教，体现教学相长。在这其中，语文教学是民族母语的教学，语文教学的重要任务是民族文化的传承与弘扬。在以上这几个主要方面，武凤霞无疑具有充分的文化自觉，她所主张的语文教学，自觉体现学科教学的教育性，自觉体现课程教育的时代性，自觉体现儿童本位的主体性。

"开放共讲，问学思辨"是武凤霞一贯的语文教育追求，她认为曾经的"行知课堂"和"书院式教学"都是扎根于此。天人合一、情景合一、知行合一，是中华文化最为鲜明的思想方法，也是书院教育最为独特的教学理念。古为今用，推陈出新，武凤霞致力于提升学生的语文能力，促进语文素养的达成，她依托东林书院的优良传统，对本校的语文教学思维进行了创造性的转换，她让民族母语的教育因此有了文化的根基，让语言文字的教学传承了民族精神的基因。东林书院文化的自觉传承，不仅让武凤霞的前瞻性项目研究有了更为深厚与坚实的基础，也让她的语文教育思想有了历史的厚重与内涵的丰富。

武凤霞的语文教育思想扎根于儿童学习心理，她所创生的"小学语文素养表现"型教学范式，可追溯到中华文化语境中的古典文论。"表现"之于儿童是一种自觉的展示，而不是一种被动的呈现，它需要唤起学生内在的表现欲，激发学生的欣喜感，满足学生的自尊心，体现学生的创造性才能。"表现"是一个充分而连贯的行为过程，而不仅仅是散乱的碎片化表象的呈现，它利用儿童强烈的表现欲，将儿童的学习过程转为一个自我表现的过程；它将符号化的语文书本知识与儿童的生活世界很好地勾连起来，也让儿童的语文学习过程中的认知与情感紧紧交织在一起。

武凤霞的语文教学紧扣"表现"，优化教育的情境，既满足了儿童愉悦的愿望，也带来了语文学习的高效率。语文教育的这一前瞻性项目研究，进一步回应了小学语文核心素养构成要素的追问，在将这一研究不断地结构化和系列化的过程中，逐步梳理出小学语文素养表现的层级化目标体系。武凤霞所创生的“小学语文素养表现”的基本教学方式不断在实践中完成理论升华，逐渐成为一种创新性的语文教学与学习的范式。

着眼“素养表现”的语文教学，可以有自洽而充分的理论阐释。“情动于中而形于言”，“表现”是情动于内而言见于外，这里需要有两个条件，其一是有能感动人的事物，其二是人之情感的恰当表述。动人之物不外是具象性的与符号性的，生活中的事物都是具象性的，而书本上的知识都是符号性的。由符号而迁想到具体的事物与情境，或将生活中的具体事物或情景概括为概念性的话语，人的语言表达就是这样一个不断由意到言和由言达意的过程。语文之学，是语言之学；语言之学，是口耳之学。它需要不断地自语与对话，不断地展示与交流，非如此，语言不能规范，话语也不能流畅。“表现”不同于“再现”，它带有个人创造的成分在，它有鲜明的主观和个性的色彩，它是语言成功习得的重要标志之一。小学语文教学扣住“表现”，就能纲举目张，熔语言发展与思维发展于一炉，使儿童的语文核心素养得到有效的培育，起到举一反三的教育效果。

武凤霞语文教育研究的指向性非常明确：其一，突破育人目标和教学方式分离的瓶颈；其二，建构小学语文素养表现型教学实践体系；其三，形成以行为设计为核心的教师新型发展模式。她认为，课堂教学要以“学生为主体”，以学生“学的活动”为基点来设计教学。学习活动的设计要以具体的任务为依托，它的本身不是目的，其目的是要让学生带着要解决的问题或者要完成的任务去深入研究文本，并在其中“以任务为线索激发、引领学生去主动学习、自主建构”，从而全面提高学生的语文素养。

语文教育实践与研究的这些整体性的观念，充分体现了核心素养视域下，语文教学与儿童发展的紧密关联。立德树人是语文教学的根本宗旨，以学习者为中心是语文教育的基本原理，学生活动是课程与教学设计的核心要素，问题导向是引导学生主动学习的有效策略。

由此，研究内容和主题从“高阶问题、追问、情境性、知识结构化”四大要素，转向为学生设计丰富的、合适的学习活动，设计学习活动的能力也就成为评价教师素养的一个重要指标。围绕“学习活动的设计”，武凤霞团队通过不断研究，达成了一些基本共识：优质的学习活动需要有意识地给予学生广阔的学习时空；要让活动在复杂而真实的情景中发生；要用明确的任务群为学生提供活动的内容并进行价值导向。

作为江苏无锡市从外省引进的优秀人才，武凤霞在无锡的落地生根、脱颖而出，充分体现了她的生长性与创造性。无锡为江南明珠，风景秀丽、经济繁荣，武凤霞作为一位来自外省的特级教师，在完全缺乏人脉资源支撑的条件下，通过个人努力而崭露头角，这实在不是一件容易的事情。语文教育研究的成果与水平，当然也是综合素养的一个重要方面。

武凤霞是江苏省人民教育家培养对象，现主持着省教育厅前瞻性课题研究，无论于学校或名师，两项资格都能取得，委实很难。这意味着武凤霞已完全本土化了，自然而然地融入了江苏教育文化圈。毛泽东说："我们共产党人好比种子，人民好比土地。我们到了一个地方，就要同那里的人民结合起来，在人民中间生根、开花。"武凤霞在无锡的生根、开花、结果，更充分显示了苏南文化的包容性，厚德而载物。

"自信人生二百年，会当水击三千里。"武凤霞，一位优秀的语文特级教师，一位富有开拓与创造精神的校长，教育及研究的未来之路还很漫长，她的未来与东林书院紧密关联，任职之所在，也是安身立命之所在。这是一位值得期待的优秀教师、优秀校长。一所文化厚重的书院，一位具有传奇色彩的校长，共同承载着民族母语教育与文化传承的重大使命。"风声雨声读书声声声入耳，家事国事天下事事事关心。"这一名联语言与思想同在，它包含着怎样的文化意蕴与美学精神，值得我们不断地深思与体悟。

叶水涛

（叶水涛：江苏省教育学会副会长）

目录 CONTENTS

第一章 素养表现型教学的定义与特征

第一节 素养表现型教学的意蕴与理念

要说核心素养在当下教育界的重要程度和被广泛重视的热度，还是先从我偶然看到的一篇对高考题目的分析文章说起吧。河北北方学院高海芳、刘宏英两位老师在《语文核心素养视域下高中作文教学探微》一文中，对近 5 年高考语文全国卷 I 的作文命题及其特征，作了如下梳理：

> 2015 年，女儿举报老爸违反交通规则，表面上是考查学生对孝道文化的理解，实际上是让学生对真正的孝有自己的思考，从而达到对“思维发展与提升”素养的考查；2016 年，家长对两个孩子相同成绩的奖惩不仅是对教育方式的追问和思维深度的拓展，更是对“文化传承与理解”及“审美鉴赏与创造”等素养的关注；2017 年，用关键词帮助外国人读懂中国，更是直指“文化传承与理解”素养的核心，同时也不忘对“思维发展与提升”和“审美鉴赏与创造”等素养的贯彻；2018 年，世纪宝宝中国梦，无疑是对文化和思维素养的集中考查；2019 年，以“劳动”为主题贯穿古今，将中华民族的优秀传统与当今的某些错误态度进行对比，倡议“热爱劳动，从我做起”，紧跟时代、贴近现实，又紧紧围绕“立德树人”的大核心，从宏观上直奔中国学生发展核心素养的最终目的，即培养全面发展的人，从微观上又紧紧围绕语文核心素养展开考查，尤其凸显“文化传承与理解”这一维度。这些命题都渗透和贯穿着“语言建构与运用”和“审美鉴赏与创造”等素养。

无论我们是否承认所谓的高考指挥棒的问题，高考的试卷都集中体现了当下教育最重要的内涵和追求。在国内，教育界对“核心素养”的普遍关注始于 2014 年 3 月教育部印发的《关于全面深化课程改革落实立德树人根本任务的意见》，从此，“核心素养”成为深化课程改革、落实立德树人目标的重要内容。无论是高中还是小学，同为语文学科，虽然学段不同，但是对语文核心素养的定位并没有太大的差别，几乎都可以统筹语言、思维、审美、文化四个维度。对于普通教师来说，对这四个方面的理解和认识并不是难点，关键是每一个要素中包含什么，用怎样的教学方法可以帮助学生获得这些素养，达到把学生培养成素养与素质并存的人这一目的。也正是在这样的背景之下，我们把目光聚焦到了指向核心素养获得的“素养表现型教学”这一教学方法的创造和落实上。

一、素养表现型教学提出的意义

指向素养培养目标与过程的和谐统一。在教学中，对语文学科核心素养培养目标的设定总是静态的，需要合适的教学过程来支撑和实现。如果没有合适的教学过程相匹配，无论教学目标的设定有多么合理，都会出现培养目标和教学过程“两张皮”的现象，以至于素养的培养和提高无法落到实处。由此，当前阶段教学改革的重点就是要把设定的目标与教学过程作对应与融合，使学生核心素养的培养真正落地。《普通高中语文课程标准》(2017 年版)指出，“要进一步改革语文课程的目标和内容；让学生多经历、体验各类启示性、陶冶性的语文学习活动，逐渐实现多方面要素的综合与内化，养成现代社会所需要的思想品质、精神面貌和行为方式；加强实践性，促进学生语文学习方式的转变；创设综合性学习情境，开展自主、合作、探究学习……”我们的“小学语文素养表现型教学”的核心就是通过建构培养目标，探索教学方式，创设支持环境等，促使小学语文学科核心素养有效落实，与课程标准的要求达到同频共振。

实现学生兴趣点和学习方式的吻合。课堂学习最高的境界也许就是“用我最喜欢的方式学我最爱学的内容”。那么，小学生最喜欢的学习方式是什么呢？站在小学阶段孩子的角度去观察，无疑是游戏或者类似游戏的学习活动。因为小学阶段的孩子处于喜欢自我表现的阶段。所谓自我表现，主要是指一个人在社会生活中，借用一定的形式或方式，不断地展示自己、表露自己，以使自己或他人逐步获取对自我的认同与悦纳的过程。而素养表现型教学的出发点就是给学生自我表现的机会，让他们把自己对文本的理解、知识的调配、内心的思考等用语言表达出来，或者用行为表现出来。这种表达和表现有着独特的个人意识。正如苏霍姆林斯基在《怎样培养真正的人》一书中谈到的：人人都要表现自己，而且每一个人都是按照自己的方式来表现自己的，尤其是每个人都想以一定的方式表现自己，此外都想给他人一个我是怎样表现自己的印象，而且让人们都想到我的“自我”。于是，学生的自我需求和学习需求就统一起来，使学生在无意识之下，通过学习和表现造就一个“与众不同”的优秀的自我。

二、素养表现型教学的意蕴

首先我们来看什么是素养。字典是这样解释的——素养是指一个人在品德、知识、才能和体格等诸方面先天的条件和后天的学习与锻炼的综合结果，是一种内在结构，也是一种外在表现。

什么是表现呢？所谓“表现”，就是由内而外，将本真自我加以外显，达到人与内外部世界的一致、统一。

什么是素养表现呢？素养表现指学生根据学习情境中的问题或活动，通过多样化、个性化的方式，将其拥有的语言、思维、审美、文化等方面的素养表现出来。素养表现型教学是基于语文学习的基本特征，以尊重学生在语文学习中的自主性、独特性为基本出发点，以表现和表达的方式促进学生核心素养提升和能力发展的教学样式、操作策略等。素养表现型教学是指向学生素养获取的教学，强调了对学习价值的再回应。郭元祥教授认为，教学有两种境界：一是把学生引入知识的海洋里；二是把知识带进学生的生命里。素养表现型教学追求的境界就是把知识带进学生的生命里。所以，素养表现型教学是以学生表现为核心，把学习者的学习结果以及学习者内在良好的素养和素质充分外化展示出来的一种学习方式。它强调"学以致表""学以致用"，强调在真实的学习情境中，通过表现性任务的完成把内在的知识、素养、能力、品格、心理等展示出来，让自己和他人能够清晰感受到、观察到，并在表现中获得知识、能力、思维深层次提升的一种学习方式。语文课尤其需要学生用表现的方法学习，因为语文教材中蕴藏着丰富而有趣的知识、故事和语言形式，还因为语言解读极具个性化和多样性，语文呈现的形式丰富多彩。

素养表现型教学具体有以下四个特点：

素养表现型教学是一种理解性的教学实践。常言道，教贵启道，学贵悟道。道，必须有所悟，才能成为学生自己的素养。而"悟道"的前提条件是读得懂，想得明，也就是对教材所呈现的知识要有充分的、深刻的、条理的、明晰的认知。这种认知就是理解。理解了才能知道文本讲的是什么，学习中应该做什么，知识的深刻意蕴在哪里，也才能知道新旧知识之间是如何贯通的，在理解的前提下，学生才能把所思所解通过语言行为呈现出来。所以，素养表现型教学首先是一种理解性的教学实践。

素养表现型教学是一种反思性的教学实践。素养表现型教学基于素养而表现的特质，确定了学生的学习必须建立在对知识理解的充分广度、充分深度和充分关联度基础上，这"三度"让素养表现学习法成为助力学习真实发生的重要支点。在学习中，学生会和不同阶段学习的知识相遇，会和不同的思考形式相遇，甚至会和不同的人生、不同的理念和不同的价值观相遇，并与之产生交融、碰撞、冲突，甚至斗争，迫使学生不得不对自我、对知识，甚至对世界进行反思，并在反思中生成新的认知与思想，成长就在这反思与生成中发生了。

素养表现型教学是一种回应性的教学实践。素养表现型教学不仅仅让学生在学习中和知识相遇，更重要的是让学生与所学知识展开互动，在互动中收获对知识的深度理解，并得到更深刻的文化启迪。无论我们是否觉察到，学生在学习中的每一次自我表现，都是对自己所学知识的回应，也是对自身内在认知的回应，对已有学科素养、学科能力的回应。在一次次的回应中建立起知识学习与文化的联系、与个人生活经验的联系，进而促进学科素养的逐步提升。同时，这种回应还发生在教师与学生之间，发生在同伴之间。自身内部的回应和与教师、与同伴之间的回应建立起了一个内在的和外显的循环圈，助力学生对知识的认知和思考变得深入，对知识的掌握也从脆弱变得更加牢固。

素养表现型教学是一种创造性的教学实践。 学习是一个十分重要的创造过程，素养表现型教学更是一种创造性的学习实践。不仅鼓励和帮助学生把文化符号与自身经验相融合，通过独立思考或在同伴启发下创造出属于自己的独特感受，并运用语言文字表达出自己的观点，同时提倡通过行为进行表达，提倡在群体合作中记住符号，理解语言内在逻辑，生发自身高阶思维，努力做到吸收与表现、内化与外显的统一，最终达到建立学科思想这一目的。

三、素养表现型教学的理念

以文本理解建构语言能力。 这里所说的语言能力是学生经过深入的语言学习所形成的，具有明晰的语言逻辑、丰富的语言文字，准确表达自己内心思考的能力。这种能力是以先天的自然语言能力为基础，通过语言学习而拥有的后天形成的能力。它比自然的语言能力更丰富、更准确、更注重内在的逻辑，是学生良好的素养表现力的基础。而这种能力形成的底色是学生对文本语言的理解和记忆，只有建立在良好的语言理解能力的基础上，才有更加丰富的语言创造。所以，素养表现型教学十分注重学生文本理解力的培养。

以问题导向催生高阶思维。 学贵有疑，有疑则思，有思则悟。这里的“疑”可以是学生学习中不理解之处、不认可之处，也可以是教师在解读文本中发现的能唤起学生进行学习研究的关键性提问。在素养表现型教学中，我们特别注重给予学生广阔的学习时空，让他们在核心问题引领之下，理解，发现，梳理，提炼，最后创造出极具个人特征的认识。而从阅读到发现，从发现到创造的过程，就是学生在问题的助力之下，他们的高阶思维逐步形成和发展的过程。

以人知相遇强调教育学立场。 素养表现型教学十分强调教育学立场，要求教师在解读教材、设计学习活动、帮助学生完成学习任务的过程中，站在学生的角度理解和处理知识，全面关注“知识本身的科学价值、文化意义、社会功能，真正确立知识的育人导向”(郭元祥语)。特别是强调教师应该站在让学生“在实践中获取知识”的视角观察学生学习的基础，设计学习任务和学习活动，让学生在合适的时间，用合适的方式，在合适的活动中发现知识、获取知识、生成思想，让课堂真正成为学生自己的学堂。

第二节　素养表现型教学的基本形态

一、素养表现型教学的基本结构

素养表现型教学是以“主题—任务—表现”为基本模型，以聚焦特定情境中相对真实的表现性任务为凭借，以帮助学生专注完成表现性任务以获取学科知识、学习能力、深度思维和学习习惯为策略，以学生个体多样化表现和学生群体共同发展为目的的一种新型课堂教学结构。在素养表现型教学的课堂结构中，学生是素养表现的主体，教师是学习任务的主要提供者、学习活动的主要设计者，在课堂学习中“指导表现的过程，聚焦表现的难点，强化表现的深度，共享表现的结果，反思表现的得失”（肖龙海语），指导学生以获取相关信息为基础，以生成自我认知为凭借，以积极展示为手段，最后获取对知识的意义建构。一句话，帮助学生与知识很好地融合在一起，使所知与所用达到一种良好的平衡状态。

二、素养表现型教学的动态结构图

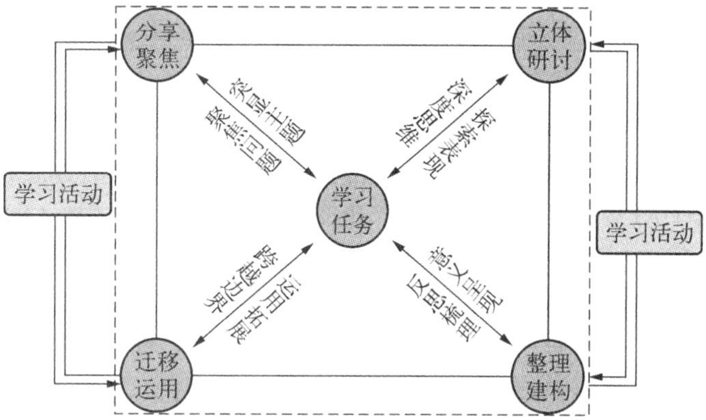

实践中，我们建构了如上模型。分享聚焦：本环节是学生对前置学习中的收获和问题进行分享和交流，并在教师的帮助下做初步研讨，旨在聚焦问题、突显主题，让教师的教学立足于学生的认知和思维起点。立体研讨：所谓的“立体”主要体现在让学习成为知识与文化、经验、想象融合后的深度思维加工、表现的过程。本环节在关注知识学习的充分广度、深度和关联度的基础上，通过“学习活动”的开展，帮助学生在情境化的学习中，通过高阶问题的引领，实现有趣味、有价值、有意义的学习。本环节强调学习的“经历感”和“探索感”，努力让学生核心素养的获得以可见的形式呈现。迁移运用：本环节的目的是让学习成为一个尝试跨越知识边界的过程，学生通过把本节课所获得或巩固的知识、能力等学科素养，在对其他文本的阅读或相关问题的解决中自觉运用和拓展，突显学习效能感和自我感。整理建构：本环节的目的是突显知识的结构化，让学生在对本节课所学习的知识、所形成的能力反思、梳理和提炼的过程中，明晰学习所得，建构知识网络，让意义感成为具象化的存在。

在这个结构图中，分享聚焦、立体研讨、整理建构、迁移运用四个方面既是教学的流程，又是学习的方法，分享、研讨、整理、迁移分别指向不同的知识和能力的建构，彼此之间相互独立，又相互包含，各有侧重，又彼此支撑。四个方面既可以在整个结构图中以独立个体的存在形式做大循环，又可以融合在某一个方面在内部做微循环，彼此之间相互作用，并构成了从吸收到表现，从学习到反思的螺旋式提升。值得说明的是，在操作过程中，教师可以根据教学目标和学生学习的需要灵活选择不同的环节，也可以把几个环节根据需要灵活组织不同的形式，对步骤和顺序做适合学习任务完成的调整。

素养表现型教学具有“三性”。

包容性。首先是对学生个体的包容。表现型教学要求教师每节课都要站在学生当下的起点上开始教学，教学开始的“分享聚焦”环节指向的就是这一目的。教师在能够比较好地把握学生状态的前提下，在教学中适时调节重难点的安排，调节突破的方法，调节自己对学生的不同关注，使教学内容的轻重选择、教学方法的详略搭配更加趋于合理，进而使教学中教师的指导更加有的放矢。如此，不同层级的学生能得到不同方面、不同程度的关注，教师可以对学习中出现问题的学生给予更多的理解包容和担待，教学也因此站在了一个不选择学生的高度。一种教学方式的研究，当站在了不选择学生高度的时候，就真正体现了它的存在是为了每一个学生的发展。

其次是对各种教学方法的包容。我经常感受到，不同的教学方法在实施过程中会有意无意地强调自己独具的优势。比如“和谐教育”会着力体现教与学气氛的轻松融洽；“生本课堂”会努力突显学生在学习中的地位和价值；“情意教学”会把学生对文中情、句中意的体会当作自己重要的教学目标去追寻……为什么会这样呢？因为这些专有名词本身就界定了它们对于教学发展的目标。而表现型教学不是，它研究的是路径，是从千万条可以选择的路径之中选择出最便捷的那条，所以，在表现型教学的过程中，情景的创设、情意的体会、气氛的热烈与融洽也许都会随着文体的不同、教学需求的不同成为教学的一条路径。我们的理念是：不拒绝任何一个有利于学生发展的理念渗透，不错过任何一处学习方法成就的精彩。

开放性。在表现型教学的理念中，我们要追寻教学呈现圆形态的观点，这也许会引起大家的误会，误认为我们追求的是一个封闭的圆的图形，认为我们在这一形态中，把教学局限在了一个特定的空间里。其实不然。这里“圆”的概念和数学中的“圆”不同，它主要是指引教师找到学科教学的立足点，合理确定教学内容，在教学中追求学习过程的发展和生长，追求舒适、圆润、流畅和温馨。而要达到这一境界，教师对开放教学行为的态度十分重要。开放教的姿态，规避掉艰涩的讲解、粗糙的指导；开放教的空间，把学科教学纳入到课程的教学之中；开放学的方法，让学生有充分的时间问与研；开放学的过程，让师生之间的对话流淌着温暖和关心，充盈着指导和帮助。

生长性。表现型教学的生长性特点很明确。教学开始前，学生面对的是新的学习内容，对他们来说，本次学习会遇到什么，会达到一个怎样的结果都是未知的；对教师来说，自己所选择的教学方法是否合适，教学中会出现怎样的问题，该如何解决也同样是未知的。也就是说，双方都站在未知的点上开始经历一节课的行走过程。随着教学环节的延展，它带动学习内容的变化，学习内容的变化又引领着学生的思考向深处和向四周扩展，这些深入和扩展同时带动了学生学科知识和能力的获得，带动了他们学科思维力的发展，以及对学科、对社会认知的提升等等，直到完成一节课的学习任务之后，师生重又站立在一个新的起点上。在学习过程中，我们虽然不能清晰地看到一个实物的圆，但是能清晰地感受到课堂学习达成圆满所走过的历程，感受到学生围绕圆心成长发展所形成的轨迹。在这个轨迹中，有矛盾，有冲突，有认同，在不断的冲突与认同中，学生的生长就呈现出来了。

第三节　素养表现型教学的特征

素养表现型教学关注的不是单一的知识获取或者能力习得，而是学生素养的综合运用，是学生高阶思维能力与解决问题能力的综合提升。

素养表现型教学强调教学的情境化、任务化和活动化。这就要求教师的教学设计结构和完成教学过程要吻合这三个要求，为学生创设合适的学习情境，以学习活动为主要载体，通过任务的完成达到学习的目标，完成知识和能力的自我重构。

1. 教学情境化

所谓的情境，是指在一定时间内各种情况相结合的境况。教学情境是指教师在教学过程中创设的情感氛围。"境"，是教学环境。而教学情境就是具有一定情感氛围的教学活动。当下的教学改革突出强调教学方式和学习方式的转变，也就是改变教师教学中过于注重"带着学生学"的习惯，强调给予学生学习空间，促使学生形成积极主动的学习态度，使获得知识与技能的过程成为学会学习的过程，在这一过程中，情境创设就成为一个重要的存在。因为，好的教学情境不仅能启发学生的思考，而且能把课堂学习和生活打通，进而促使所学的知识活起来，为课堂学习中获取的能力在生活中找到落实之处。

需要强调的是，素养表现型教学要求教师创设的教学情境要和学习中对应的素养的获得与表现匹配起来。

我们可以从教学案例中探寻两者相匹配呈现出来的样子。王昌龄的《出塞》和王瀚的《凉州词》都是边塞诗，编者把它们放在了书本的同一课中。通过对"万里长征人未还""古来征战几人回"这两句诗的学习和理解，唤醒学生对保家卫国战士的敬佩和感恩是教学的难点，因为诗句描写的岁月和场景远离他们的生活。于是教师就播放了一段双方将士刀枪相见的电影片段，真实的喊杀声、武器的碰撞声把孩子们带到了你死我活的战场，情感就这样一点点生成并在朗读中被抒发出来。

南通姜树华老师教学三年级《搭船的鸟》一文，在梳理小作者心情的时候有这样一个片段：

坐船回外祖父家，路上却遇到了大雨，如果你是小作者，会是怎样的心情？

接下来，教师出示一张沮丧的图片，图上的小女孩抱臂坐在船头，百无聊赖。

突然，她看见竟然有一只美丽的鸟于雨中立在船头，这时的女孩又是什么心情？

然后，教师出示一张笑眯眯的图片，图中小女孩笑得眉毛弯弯的。

这时女孩注意到，这只鸟竟然能长时间一动不动，你又产生什么感觉？

后来，教师又出示一张惊讶的图片，图中小女孩眼睛睁得圆圆的。

女孩突然发现，这只鸟竟然能够从水中迅速捕获一条鱼，你又会产生什么样的心情？

最后，教师出示一张鼓掌的图片，图中的女孩热烈鼓掌。

如此，让图画在不同的问题情景下依次出现，就把隐含在字里行间的情感变化直观地呈现了出来，学习在这样的情境中变得好玩起来，学生对语言文字乃至篇章的理解更加明晰化了，《搭船的鸟》这篇文章内隐的线索就成为直观的存在储存于学生的知识库中了。

当不同的问题和不同的情境吻合起来，当不同的素养获得和不同的情境相匹配的时候，学习就进入了另一个境界之中。

2. 学习任务化

什么是任务？字典的解释是“交派的工作，担负的责任”。学习任务化就是在学习中，教师交派给学生一定的学习任务，让学生在学习中完成，这样的学习任务是不可以推卸的，是要尽力完成的，因为这是每一个学生应当承担的责任。当学习变成责任的时候，学习就真正成了学生自己的事情了。为了完成这一份责任，学生需要深入思考与发现，努力解决问题，主动寻求帮助，并把自己的认知呈现出来。很多教师往往把指导学生学习当作自己必须的工作，仿佛只有这样，学生才能学得深入透彻，其实不然。

听南通刘昕老师执教《花之歌》，这是一首纪伯伦的诗歌，文字唯美，语言含蓄，对学生来说还是有一定难度的。刘昕老师教学最成功的地方，就是以学习任务的形式把学习交到了学生自己的手中。整节课呈现了四个学习任务——

任务一：自由小声读课文，你能从哪些诗句中读出“我”是花？

学生抓住“亲友之间交往的礼品”“婚礼的冠冕”“生者赠予死者最后的祭献”“在原野上摇曳”“使清风芬芳馥郁”等文字，感受到这是对自然界中“花”的描写。

任务二：默读课文，你从诗歌中读出“我”是怎样的花？

学生抓住“从不顾影自怜，也不孤芳自赏”，从而体会到这是骄傲的花、自信的花；抓住“婆娑起舞，芳草为我鼓掌”，体会到这是被大家喜欢的花；抓住“总是仰望高空，对光明心驰神往”，体会到这是向往光明的花……学生在发言中将这首诗中蕴含的花的特质一一梳理出来，并写在黑板上。

任务三：用心诵读，读出你所体会到的花的特点。

教师指导学生在关注朗读方法的同时尤其要用心去读。

任务四：读出"我"不是花。你感觉这首诗究竟是要表达什么？只是为了写花吗？花的歌唱究竟是谁的歌唱？

学生在交流中对课文内涵的了解又深入到了新的层次。

本节课的教学中，学生的学习任务由浅入深，逐步推进，形成了一条任务链，每一个新的任务都是在前一个任务基础上的提升，层层推进中，学生逐渐登上对人物理解的顶峰。这就是素养表现型教学追求的境界——学生在完成真实性或模拟性的学习任务，教师把学生从被动的、琐碎的知识学习、能力训练中解放出来，让他们去努力建构自己对文本的理解，在理解与表达中建构自己的知识能力体系。

3. 过程活动化

这里的"活动"，特指"学习活动"。素养表现型教学的目的就是让学生的素养从内隐走向外显，让成长以可见的形式呈现，而这样的教学追求必须依托学习活动来完成。

什么是学习活动呢？学界普遍以活动理论为学习活动设计的理论基础。乔纳森的观点是："活动理论认为活动是主体为达到一定目的，在既定的规则框架内使用工具，群体成员分工合作，实现与周遭世界的交往。"可见，好的学习活动应该让学生产生"经历感"和"探索感"，在活动中推动学生认知、思维与实践能力的深入发展。真正的学习活动应该有这样的表现特征：能促进学生高级思维的发展，能体现对知识的深度学习，能打通文本之间、学科与学科之间，乃至课堂与社会之间的联系，能激发高水平对话的产生。

还是以姜树华老师教学《搭船的鸟》为例。教学中，学生在反复体会了作者对翠鸟外形的描写之后，老师呈现了菁莽的《翠鸟》片段，让学生对《搭船的鸟》中描写翠鸟的片段和《翠鸟》一文中描写翠鸟的片段进行比较。

我看见一只彩色的小鸟站在船头，多么美丽啊！它的羽毛是翠绿的，翅膀带着一些蓝色，比鹦鹉还漂亮。它还有一张红色的嘴。——《搭船的鸟》

它的颜色非常鲜艳。头上的羽毛像橄榄色的头巾，绣满了翠绿色的花纹。背上的羽毛像浅绿色的外衣。腹部的羽毛像赤褐色的衬衫。它小巧玲珑，一双透亮灵活的眼睛下面，长着一张又尖又长的嘴。——《翠鸟》

教师出示这样的问题：两者在描写上有什么不同？为什么《搭船的鸟》一文中对翠鸟的描写这么简单，而《翠鸟》一文中的描写又这么详细呢？

这样的学习活动还是很有空间的，我听到了让我倍感惊喜的学生发言——因为《翠鸟》这篇课文以翠鸟为主，所以，对翠鸟的描写要更加详细，而《搭船的鸟》写的是一件事，所以对翠鸟外形的描写要更加简单一点才不会转移写作的重点……

学习中如此精彩的呈现一是取决于学生以往形成的学习力和思考力，二是因为教师设计的学习活动有空间，有格局，空间和格局的大小往往决定了学生学习的效度和质量。

第四节　素养表现型教学的操作策略与评价

一、素养表现型教学的操作策略

学习的过程不是告诉与被告诉的过程，不是言说与倾听的过程，而是学生积极思考，主动建构的过程，在这样的过程中，学生已有的知识才能被激活，正在学习的新知识才能很好地融入已有的知识体系中，成为重要的组成部分。所以，学生在学习中通过学习活动的开展主动积极建构知识，让知识转化为素养是素养表现型教学应该建立的教学文化。无论是哪一种教学方式的变革，建立稳定的、约定俗成的教学文化都是一件十分重要的事情，否则，多好的教学思想也会沦为教学口号。而教学文化的确立很大程度上和形成固定的、具有独特印记的教学策略有着密不可分的关系。那么，素养表现型教学有着怎样的操作策略呢?

1. 构建师生共同参与的场域

素养表现型教学的一个核心宗旨就是建设一个师生共同参与的学习场域。在这一场域里，教师是一个点灯人，用有情趣的意境、有空间的问题来点燃学生思考的欲望；教师是一个合作人，合作发现问题，合作商讨过程，合作解决方案，合作评价，合作反思……在合作中促进双方共同的成长；教师还是一个美丽图景的描绘者，学生在学习中总是要遇到困难的，遇到困难时，思维阻塞或懈怠都是很正常的事情，这时候，教师描绘的美丽图景就显得十分重要，它鼓励着学生在学习中砥砺前行。在这一场域中，师与生的身份不再各自凸显，教与学的边界不再清晰，学习就成了一个师生共同参与的活动，师生之间彼此的点燃与支撑是选择有效教学路径的非常重要的支点。

2. 让学生有背景地学习

当学生带着与所学内容关联密切的背景走进学习的时候，教学的效度和质量就能得到大幅度的提升。我看到过许多老师布置预习的随意性，也见过不少学生因为没有针对性的预习从而给自己的学习带来困难，所以，素养表现型教学要求教师重视预习，并且把预习和建构学生良好的、有价值的学习背景联系在一起，提高教师的重视程度。我们要求教师要认真设计预习的内容，强调教师布置预习必须是在认真备课的基础上，同时着力强调教师自己对预习内容作深刻了解，以确定所布置的预习作业是和教材联系度最紧密的，是完成当下学习最需要的。那么，有效学习需要帮助学生建立起哪些背景呢？我想，不外乎这样三种：知识背景——让学生对即将学习的内容的前身有一个系统的了解，这一方面，在数学学习中尤为重要；文化背景——一篇文章的写作背景、作家经历、文章所描写的风土人情、环境特色等等都可以构成学习的文化背景；生活背景——如果在学习以前，学生有机会去体验一下与所学内容相类似的生活，哪怕只是看一看，或者只是"道听途说"，对学生学习兴趣的提升，对之后更深刻地认识学习内容都是极有好处的。

3. 用表现性任务统领学习过程

《荀子·儒效篇》这样说："不闻不若闻之，闻之不若见之，见之不若知之，知之不若行之，学至于行之而止矣。"可见，在学习过程中，对知识的学习，对学问的研究到了实行阶段就达到了极点，所以，有效的课堂学习应该是在完成一个个学习任务的过程中达成的。素养表现型教学特别关注课堂学习用可见的表现性任务来统领，表现性任务的设置应该具备这样几个特征——凸显任务设置的情境性，立足文本学习的综合性，关注学习过程的独立性，提倡任务表现的合作性。如此，在表现性任务的统领之下，学生的学习就从文本阅读起步，到完成具体的情境任务，再到表现学习的结果，呈现了一个以学和用为核心的完整的学习过程。这样的学习方式因为和学生的生活相结合，有利于淡化学习的概念，让学生沉浸其中。

一位教师在教学六年级上册《故宫博物院》一文时，就很好地使用了这一策略。他首先让学生对故宫博物院的参观线路图有一个直观的认知，设计了这样的表现性任务：阅读材料一，并在材料四提供的"故宫博物院平面示意图"中，标出游览的景点，借助文中语句概述游览路线。于是学生在平面示意图上按照游览顺序标出了"天安门→端门→午门→汉白玉桥→太和门→三大殿（太和殿、中和殿、保和殿）→小广场→前朝（三大殿、文华殿、武英殿）→内廷（乾清宫、交泰殿、坤宁宫、东六宫、西六宫）→御花园→顺贞门→神武门→景山"，并借助文章语言，对这条路线做了讲述。在对教材内容有了大致了解的基础上，老师又设计了几个情境任务。情境任务一：为家人计划故宫一日游，画一张故宫参观线路图。这一情境任务，包含了四个学习活动——阅读教材提供的四份材料，从中选用合适的材料深入阅读，并说明理由；阅读材料一和材料四，整体把握故宫方位布局，把材料一中介绍的建筑在材料四的示意图中涂上颜色；依据材料三的网站"导览"提取关键信息，设计相关线路并说明；交流一日游方案，评选出最佳方案。情境任务二：选择几处景点，为家人做讲解。这一情境任务包含了三个学习活动——浏览四份材料，选择合适的材料，说明理由；选定讲解景点，仔细阅读材料；分组模拟讲解，相互提出修改建议。本节课，教师仿佛没有明确提出学习什么内容，学生也仿佛忘记了这是一节语文学习课，但是他们分明又在学习——阅读文字，提炼、梳理、概括、讲解，每一个环节都是真正的语文学习，都在表现着自己的语文学习能力和学习的结果。不仅凸显了学习的重点难点，还突出了学生个体学习和小组合作的充分融合，让学习成为学生的自我需求，让学习过程和学习结果变得直观、可感。

4. 用知识结构化推进学习不断进阶

作为教育者，我们深深知道，课堂上每一节课的学习，我们都要力争带给学生新的知识、新的思考，给予他们新的提升，让他们的学习站在新的起点。所以，我们一直在努力把“这一篇”真正教成“这一篇”，而不是以往任何时候学习的“那一篇”。发掘这一篇的特质，教出这一篇对于学生成长的价值，是每一个教师竭尽全力追求的教学境界。但也正因为如此，每一节课带给学生的要么是新的知识，要么是原有知识的新的维度，换一句话来说，这些新的知识在每一节课中好像都是独立存在的。比如，同样是立足“怎样写人”这一语文要素，三下第一单元的要求是“试着把观察到的事物写清楚”，三下第七单元的要求是“初步学习整合信息，介绍一种事物”，五上第五单元的要求是“用恰当的说明方法，把某一种事物介绍清楚”，五上第七单元的要求是“学习描写景物的变化”，五下第七单元的要求是“搜集资料，介绍一个地方”。可见每一个单元的学习有不同的侧重点，知识就是这样以“点”的形式逐渐储存进学生头脑中。素养表现型教学强调把这些零散的知识放入属于它的系统中，让同一类知识之间产生勾连，并把所学的知识要素按其相互作用、相互联系的方式和秩序组合起来，使知识由繁杂变成简化概括，形成一个完整的知识体系，也就是说强调知识的结构化。只有当知识形成结构的时候，才能形成学科能力，也才能让学生有机会建立起属于自己的学科思想，才能完成教学任务，实现教学价值，并最终达到学科育人的目的。

通过把知识结构化推进学习进阶的策略在不同的学习阶段都可以运用。一位教师教学《故宫博物院》一文的时候就将其用在了上课之初的字词学习阶段，以四两拨千斤之妙达到了教学目的。教学中，他首先用归类积累的方法将课文中的一些词语进行细致分类，把知识纳入结构，然后指导学生学习，帮助学生建立起对故宫博物院的整体认识。

其实在素养表现型教学中，更多时候是在学习之后把新知识纳入已有的知识体系之中。如此，随着新知识的不断增加，学生的知识结构就在不断更新与重建，在新旧知识的连接与重组中，学生的学习就处于不断进阶的状态。

5. 用“表现性学习圈”激起学生参与学习的兴趣

在 2017 年 9 月第 10 卷第 3 期的《当代教师教育》中，肖龙海等三位老师于《“表现性学习圈”：基于学生发展核心素养的教学范式》一文中提出了“表现性学习圈”的概念，看到以后，我感受颇深。“表现性学习”正是我们“素养表现型教学”结构最核心的存在。关于学习的“表现性”的重要性和特点，肖龙海在 2006 年第 2 期的《课程 · 教材 · 教法》上撰文说，倡导“学以致表”是当今国际课程与教学领域改革的焦点之一。表现性学习是一种基本的学习方式——通过在一定情境中的“表现”来主动获取知识。它强调由内而外，以内养外，通过表现达到善待自我与欣赏别人、个体多样表现与群体共同发展的统一。表现性学习所信奉的基本理念是：儿童是天生的表现者，学生是表现的中心，教师是表现的促进者。表现欲是儿童的一种心理特征，是一种积极的心理品质。当儿童的这种心理需要得到满足时，他便会产生一种自豪感，这种自豪感会推动儿童信心百倍地去学习新东西，探索新问题，获得新的提高。

站在这样的理念层面，我们设想，学习中可以站在学生个体的角度建起学习、表现与反思的“个人表现性学习圈”，也可以站在小组合作的层面建起表现、评价、重构为一体的“小组表现性学习圈”，以此促进学生深入学习、创新学习，并促进学生人格的健全发展。

最后我想说的是，素养表现型教学对教师的要求也很高，不仅要有足够的学术素养，还要有足够的教学素养，只有这样，教师才能在教学中带领和指导学生走上快速全面成长的道路。

二、素养表现型教学的评价

首先，用明确的评价标准保证学习质量。这是促使学生积极参与到表现活动中去，并能高质量完成学习任务的重要方法。教学中，即时的、准确的评价对于保证学生学习的高质量完成十分有必要。评价标准不仅是规范学生学习的标尺，同时也是教师公正地评估学生学习结果的依据。评价标准的存在，同时有利于降低学生完成学习任务的紧张感、焦虑感，更能促使学生沉下心去，静下心来。

素养表现型教学倡导的评价有两种形式。形式一：用明确的学习标准规范学生的学习。无论是哪一种形式的表现，也不论表现的内容与方式，学生只有在明确了对学习过程和结果评价标准的前提下，才能对所要完成的学习任务有一个相对明晰的认知，也才能立足学习难点，依据自身优势，努力用标准规范自己的表现，让学习呈现出最有价值的状态。但是，在实际教学中，这恰恰是常被教师忽略的一点。比如教师在课堂上经常出现的一种最简单的学习要求：正确、流利、有感情地朗读课文。这就是一个评价很不明晰的要求，读正确的标准是什么？怎样才是达到了流利的程度？要表达出什么感情？读得怎样才算表达出了自己的感情？面对没有评价标准的要求，学生就不能很好地评价自己的学习情况，对自己的学习状态就没有一个很清楚的认识，哪里是自己的优长，哪里是自己的短板，接下来的学习中应该特别关注哪方面……学生的心中模糊不清，他们在接下来的学习中就容易处于一种懵懂的状态。形式二：通过完成表现性任务促进教学评一体化发展。也就是说，在这样的形式中，评价不是独立存在于学习过程之外，不是学生学习的某一个标准，而是融合了“学的是什么”“用得怎么样”这两个方面。比如教学六年级下册《宇宙生命之谜》这篇文章时，一位老师设计了这样的情境任务：

假如我们是中国科学院宇宙生命研究所的研究团队，要召开一个新闻发布会，发布关于宇宙生命的最新研究进展，以此解答公众最为关注的问题——宇宙中究竟有没有其他生命存在？现有的研究资料之一是《宇宙生命之谜》，我们该发布哪些内容呢？

在这一任务统领下，教师设计了以下四个活动——活动一：浏览全文，找出需要发布的研究新成果，标出相关语段，跳读。可以运用“找中心语句、画关键词、提取关键信息、逐层分析”等方法学习。活动二：交流归纳，列出拟发布的内容（至少找出三个方面）。活动三：模拟召开发布会，“记者”随机提问。(1) 作为“发言人”，自由组成三人发布小组，准备发布的文稿和图片资料。相应的佐证资料，比如图片、音像资料等，可以从图书馆、网站等获取。(2) 作为“记者”，拟定提问的问题。(3) 作为“观察员”，记录“发言人”发布信息的时间节奏、准确程度及现场效果，提出改进意见；记录“记者”的提问次数、问题的科学性等，作出效果评价。

这是一个典型的教学评一体化进行的案例，在明确的学习任务统领之下，每一个学习活动都是教师在教——教学生有效读书，有针对思考，有质量表达；每一个学习活动又都是学生自己在学——选择重点段落阅读思考，梳理提炼重要内容，完成文本语言到个人语言的转化；每一个学习活动同时又是在评——对教师设计的学习活动、选择的学习方式和学生阅读能力、概括能力、表达能力、思维能力的监测与评价。如此，让学习在明确的标准中进行，在教学评的共融共生中一步步深入，并最终形成了学生学科的素养和能力。

其次，素养表现型教学要求教师在教学中必须搭建真实的课堂教学路径。真实是语文之本，真实是教学之根。所以，素养表现型教学首先是真实的。这真实主要从以下方面来体现：

1. 把路径建构在真实的起点之上

素养表现型教学最突出的特色之一就是教学开始时，教师对学生当下所拥有的知识、能力、认知的分享。在分享的过程中，教师对学生的学习基础有了准确把握，并依据学生学习的实际状况反思已预设好的教学流程，并在对学生与自己的双重反思中完善教学路径。在这样的重构中，也许会有多方面的改变，比如教学内容的调整、教学方法的选择、学习活动的完善、指导路径的调整等等。也许这临时的改变不那么精细与圆满，但是，再也没有比立足于学生真实的学习状态建构起来的教学路径更适合学生的成长与发展的了。素养表现型教学不刻意追求教学设计的精彩，而着重探索学生在真实的学习路径中的真实成长。

2. 让路径体现教学过程的真实

素养表现型教学追求真实的教学效果，这一观念又体现在我们对于真实的教学过程的追求。什么叫真实的教学过程呢？我想，应该是真实呈现教师与学生教与学的状况，并依据彼此的真实开展教学活动，达到教学目的的过程。在这一过程中，教师的身份是服务——引领、引导和帮助。其实，真实的教学过程就是学生享受服务的过程。课堂应该是学生发展的天地，是真实自然的师生互动过程，是以动态生成的方式推进教学活动的过程。为了促进课堂的动态生成，我们确定了呈现教学过程真实的重要手段——在活动中学习，在表现中呈现。学生的活动和表现把师生裹挟在一起，把认知和思想交融在一起，把师生与教材融合在一起，促进相互独立的三方相互渗透，在彼此渗透中完成课程的有效学习。

3. 在路径中呈现真实的情感

真实的教学必须是由师生的真实情感支撑起来的学习过程。在这一过程中，首先要求教师要认识到自身真实情感对于学生成长的价值，认识到教学过程是一个以真启真的过程，教师以真实的情感面对学生，以真诚的态度对待学生，以真正的理解宽容学生，启发学生在学习中呈现自己真实的学习状况和思考结果，暴露自己真实的思想，真实反映自己学习的愿望。学生学习中呈现的真实有利于教师关注学生的真实成长，竭尽全力满足学生内心的真实需求。学习中彼此真实情感、真实状态的呈现，有利于师生彼此的认可、包容和相互激发，有利于调动学生对教师的信任、认同和期待，也就是说有利于调动学生学习的积极性和主动性。素养表现型教学强调在学习中建构这样的真实，为了达到这一目的，我们对教学过程进行监测的时候，特别凸显了“真指导”“真问对”“真评价”“真发展”指标，以评价并促进教师教学行为的进一步优化。

第五节　素养表现型教学的价值

我们可以从教师和学生两个层面来分析。

首先，它促进了教师的深入思考。

思考是什么？是人思维的一种探索活动，是一种有目的、有计划的思维活动。一个有价值的思考需要关注这三个方面：对于思考对象相关信息的掌握量、思考的价值目标和思考的着力点。所以，毋庸置疑，一个优秀的教师一定是一个会思考的教师！但是，不得不说，当下教师群体中存在的最大的问题就是许多教师的不思考、浅思考，一个缺乏思考力的团队是一个十分危险的团队，当这个团队承担的任务不是金钱的创造，而是培育下一代的时候，问题的严重性就更不能被忽略了。因为这一问题是阻碍教师进步的重要因素，同样也是制约教学品质达成的重要问题。在浅思考教师的课堂上，知识的教学是碎片状的，是各自独立存在的，既不是相互关联很紧密的点，也不能构成一个整体，更不能形成一个网络。而且，在浅思考教师的课堂上，教师对教学内容的确定和把握不甚明晰，这就会使得教学中存在太多的不确定和无价值，进而影响到教学品质的达成。

素养表现型教学首先要解决的就是这个问题。在它的教学流程中，教师必须要多角度、全方位地把握学习内容，根据学生学习成长的需要设计学习活动，还要对学生学习中可能存在的问题做出准确的预测，并寻找到最合适的指导策略。这四个要求就规定了教师教学前必须做深刻的思考，对教学做认真的筹谋和规划，做认真的甄别与挑选。在挑选中，教师教学的境界就得到了进一步提升，并且会不由自主地认清并调整自己的思维重心，明确教学应该深入的程度，保证教学品质的有效达成。

更重要的是，它改变了学生的学习状态。

提高了学习的成就感。什么是成就感？字典的解释是——愿望和现实达到平衡的一种心理感受。它指的是一个人做完一件事情或者做一件事情时，为自己所做的事情感到愉快或成功的感觉。黑格尔在《美学》的绪论中举了一个很有意思的例子："一个小男孩把石头抛到河水里，以惊奇的神色去看水里出现的圆圈，觉得这是一个作品，在这个作品中，他看出他的活动结果。""他看出他的活动结果"就是一种"成就感"。所以，在素养表现型教学中，我们竭力让孩子们参与到学习活动中去，看到自己的活动结果。比如说，交流研讨环节就可以采用"问对"的方法实施教学："问"在学生——针对自己的不解和困惑，提出自己的问题；"问"在教师——在学生的问题中，在对问题进行帮助解答的过程中，诱导地问，推进地问，启发地问，深入地问，总结地问……在学生的问题中开启学习之路，在教师的问题中打开学习之门，在"问"与"对"，"对"后"问"的反复中带领学生由未知到已知，由模糊到清晰。而这样一个变化的过程就是学生感受到学习收获的过程，是"看到自己行为结果"的过程。在这一过程中，即使只是一个"由石头激起的圆圈圈"也足以引起孩子们的兴奋，更何况是知识的获得、能力的提高呢？

而且，素养表现型教学还特别关注提问要分层次。要求教师对班级学生的层次了然于胸，把每一个问题交给适合的学生回答，促使不同层次的学生都能在课堂学习中得到肯定，得到学习的满足和心理的满足。这种满足又促使学生产生积极的情绪体验，认识到自己的力量潜能，从而增强自信心。一个人对一件事情的兴趣，或者说对一个工作的兴趣就是由很多次成功的感觉累积起来的。这成功的感觉会让他们的内心产生莫名其妙的冲动，并带给他们对下一节课的向往，或者是对以后学习生活的向往。

让学生不做"符号的瘾者"。这应该是素养表现型教学在学生成长发育中最重要的价值之一。大家常说的"死读书""读死书"，两者都是在用不同的表达描述沉醉于符号中的读书者的样子，而"书呆子"的称号则是对"符号的瘾者"的生动描述。当一个人因书而呆的时候，读书就不再是一种有意义的活动，这个人也就不能通过读书成长为一个有积极意义的、有价值的人。素养表现型教学就是为了避免这种学习结果而进行的一种实践探索，它强调"学以致用"，强调用生动的学习形式帮助学生形成既能走进符号，又能走出符号的能力，最终指向通过文字符号的学习与掌握促进自身综合素养提升的目的。

指向学生对知识的创生。知识分为三种：公共知识、个人知识和创生知识。占有知识充其量是学生了解了这个世界，把公共知识进行编码，用知识来表达对世界的理解，这时的知识就变成了学生自己的"个人知识"。在学习中，学生通过运用个人知识，发表观点、看法，从而对他人产生影响，这就进入了改变社会的过程中，这时的知识就成为创生知识。素养表现型教学就是要给予学生空间和平台，把公共知识转化为学生的个人知识，并对知识进行二次建构，使其变成属于自己的创生知识。

促进学习中发生生动循环。首先促进了知识与学生之间的生动循环。学生学习的过程，是知识和能力习得的过程。当知识进入到学生内心，成为学生的一部分，就提升了学生对知识的理解力，进而促进学生思维的发展与对社会的认知，而学生的视野、价值观和方法论又丰富了自身的学习实践。如此，以素养表现为凭借，在知识和学生个体之间就建立起来一个生动的循环圈，学生也就在这螺旋式的循环中成长了。其次，促进了师生群体之间的生动循环。学生在学习中把自身的理解和认知表现出来，这种表现是对自己学习行为的展示，是对学习结果的检验，也是对自我的一种肯定。同时，每个人表现的过程都是学习者之间相互学习、取长补短的过程，是一个共享共长、相互促进、共同提高的过程。同时，这个生动的循环圈，让学生的学习过程成为一个时刻在发现的过程——发现知识的美妙，发现个人和同伴的精彩。当惊喜伴随着学习过程的时候，学习就成了有趣味的存在。

有利于学生反思型人格的生成。素养表现型教学强调把内在的认知通过外在的行为呈现出来。这种呈现就有利于师生之间彼此看到自己对知识理解的深度，还能看到在教与学过程中存在的问题，反思自己学习中对知识认知和理解的不足，从而调整自己教与学的行为，选择更为恰当的教与学的方法和策略，在最合适的时间，用最合适的方法，让学生与学科相遇，与课程相遇，与知识相遇，从而达到让学习真正发生的目的。

总而言之，素养表现型教学就是站在学科育人基础上，强调在相互关联中促进学生的整体成长的一种教学实践。在这样的教学中，教师与学生之间、学生彼此之间、师生与环境之间、学生和知识能力等各要素之间相互关联、相互影响，构成可视与非可视的网络，通过学习任务和学习活动把网络各部分要素整合成一个有机体，让学习者实现整体关联式的成长。

第二章　素养表现型教学的理论思考

第一节　让课堂为课程服务

华东师范大学周彬老师在《从“课堂”走向“课程”》一文中讲到这样一个故事：有两位老师，一位教过高三，一位刚从大学毕业，当两个人都教高一的时候，一开始，后者比前者的教学业绩好，甚至还好不少。但他的优势在高二下学期就基本消失。进入高三后，前者的优势逐步放大，直到他教的学生的成绩在高考中完胜后者所教的学生的成绩。为什么会出现这样的现象呢？教过高三的那位老师的回答非常耐人寻味：

“正是因为我教过高三，所以在我的心目中，学生三年也就学一门课程，最后的高考也就是针对这门课程来命题的。既然学生三年只学一门课程，那就意味着学生在学这门课程的过程中，并不是所有的学科知识都是同等重要的，有些学科知识本身不重要，但对于学生的后续学习非常重要；有些学科知识是自身重要，但只要掌握了，对后续学习也没有什么影响；还有更多的学科知识自身不重要，对学生后续的学习也不重要，之所以会在课程中出现，只是因为它能够扩大学生的视野或者有利于学生理解那些更重要的学科知识而已。正是基于这样的认识，我并不是简单地把学科知识的每个知识点都教得很到位，而是根据学科知识点的重要程度和对学生后续学习支撑程度的不同，来安排自己课堂教学的重点与难点。这样，教学有张有弛，学生学习起来自然也有张有弛。正是由于课堂教学有了针对性，所以学生高考时也有了有效性。至于那位年轻的老师，由于他缺少对学科课程的整体把握，他只能把教材上的每个知识点都认认真真地教，并要求学生掌握，表面上看起来是对课程和教材最忠实的执行，但正是这种看起来每个点都踩到了，但实际上既无重点又无难点的教学，本身就是对课程的误解，所以新老师的失败也就在所难免了。”

这也许只是一个个案，但那位高三老师的话语值得我们深思。在平时，我们更多地会要求教师要上好每一节课，要一课一得，要把握准本节课的知识学习点、能力训练点，做到知识要掌握，能力训练要到位，而很少有意识地去引导教师把一节课的教学和一个课程联系起来。也许正是因为缺少了这样的引导，才使得很多教师对语文教学没有全局观念，面对一篇文章中所蕴含的知识点、能力点分不清主次，不知道如何取舍，以至于很多教师的语文课面面俱到，学生的语文能力却得不到很好的发展，这才使得我们很多的语文课堂被指责，被诟病。可见，让课堂教学服务于课程对于教师们来说多么重要。

那么，制约教师从课堂走向课程的因素是什么？北京教育学院季平老师曾经这样说："课程是教学客观存在的依据，教学是课程的实施过程。如果说教学是前台，那么课程就是后台。制约教师教学行为和效果的因素主要来自两个方面：一方面是考试、评价、课程标准、教材、管理等客观原因，即课程；另一方面是教师的理念、态度、知识水平和教学技巧等主观原因，即素质。这两个方面是相互关联、互动的。教师教的水平取决于教师的素质，其中也包含着对课程诸因素的认识。教师对课程的认识，由于没有经过系统的训练，多处于自发的经验状态。"正是因为教师的教学多基于经验进行，所以，很多教师没有意识到课堂与课程的关系，以至于出现只知道课堂而不知道课程，或者把两者混为一谈的普遍现象，在带领学生通过课堂学习走向课程的过程仿佛是盲人摸象，看到什么是什么，摸到哪里算哪里。所以，十几年语文学下来，有学生依然不会读写，依然不能具备必要的语文素养。

那么，语文课堂在服务于语文课程的过程中，语文教师应该关注什么呢？

首先，教师心中应该有一幅完整的语文知识体系结构图，知道自己作为语文教师应该帮助学生学习什么，知道每一个语文知识点在不同的学段中所处的位置，知道同一种知识在不同学段应该学习的程度。明晰了这些以后，对于每一节课的教学目标在课程目标中的位置，教师也就做到心中有数了，教学中也就不会出现"不同的年级遇到相同的知识点，只见循环，不见提升"的问题了，学生的知识学习也就不是简单的叠加，而是呈梯级的递增。

其次，教师心中还应该明确，语文教学不仅仅是知识和能力，还要注重培养学生的语文思维。每一门学科都有极具学科特性的思维方法，语文也是一样。什么是语文思维？冉正宝先生在《语文思维论》中是这样定义的："语文思维是思维主体在运用汉语进行认识与表达、审美与创造、鉴别与吸收的思维活动中，借助于形象对语文对象展开的概括和间接的认识过程。"虽然这一定义有些拗口，但是仔细分析其核心要义，应该是"运用汉语表达对语文对象的认识过程"，这一过程融合了阅读、分析、提炼与创造，是语文学习的核心。日常的语文教学中，很多老师也正是忽略了语文思维这一最核心语文能力的培养，所以，才出现了学生读了许多文章却依然不会写作文，阅读试卷做了很多份，订正了很多次，再做一张时，仿佛刚才的指导又回归于零这样的痛心和无奈。因此，在日常的阅读教学中，教师要有意识地教给学生面对问题思考的方法和步骤，指导学生学习如何抓住要点，组织语言，表达观点。语文的思维就是在这样的阅读学习中一点点形成的。

再者，指导学生语文学习的路径要正确。"课程"一词从拉丁语延伸而来，意为"跑道"，课程是学生形成学科素养和能力的跑道。从课堂到课程也需要跑道，而且需要正确的跑道。实际上，一些老师给予学生的学习跑道是不正确的。有一个孩子读高中三年级，成绩优异，但是相对来说，生物是他最弱的一门学科。孩子也奇怪，每一次都按照老师教的方法认真学习了，但是成绩为什么一直不理想呢？生物特级教师刘本举老师在与这个孩子的交流中发现，其任课老师教给孩子的学习方法是错误的，按照原来老师的方法，生物要多背诵，先记忆再通过做题来理解问题，这样的方法让孩子形成了一种习惯，遇到问题首先是从记忆中寻找答案。刘老师认为，这种学习方法是制约孩子成绩提高的主要原因，因为高中生物主要是理解、推理、分析，而不是记忆。这一例子说明，学习路径错了，十分的努力也难以换取良好的成绩。语文学习也是如此。在我们抱怨学生学习效果不好的同时，是不是也应该反思一下我们指导学生学习的路径是不是正确呢？

最后，教师个人的素养要跟上。教材的编者在编写教材的时候，心里对知识能力素养的提升一定是做了最全面的考虑，关键是教师有没有能力读出一篇篇文章中所蕴含的独特的语文知识和能力。如果教师个人的语文素养达不到，自己就不能发现，教学中也就一定不会呈现。教师的个人素养在教学中很大程度上表现在解读教材的能力上，这种能力在同课异构的时候得到了明确的呈现，素养高的教师总能抓住课文独特的魅力来引导学生学习。比如解读苏教版《莫高窟》一文，很多老师都会抓住文章中第二到第四段共同的“总—分”结构让学生学习体会，但是，张议匀老师在这样醒目的结构中看到了本课独具的语言特色——语言的对称，并以此为线索带领学生阅读。苏教版《在大海中永生》这篇文章写的是将邓小平的骨灰撒入大海的场面，文章语言华丽，极其煽情，所以，很多教师在教学中一般抓住排比的句式，运用朗读的方法进行教学。张学青老师却透过诗一样的语言，剥离厚重的情感外壳，看到本课独具特色的渲染、移情等修辞手法，让学生感受文章写作的美妙。所有这些精彩的教学设计无不和教师个人的语文素养密切相关。

所以，要想让课堂真正服务于课程，教师要对本学科有充分的了解，明晰知识，选对路径，提升素养。只有这样，学生才能通过一节节语文课的学习，建立起语文课程需要学生建立起来的知识链条，收获良好的语文素养，让语文真正为学生的灵魂塑造和精神培育服务。

第二节　教学，站在育人的高度进行

学科育人是当下基础教育的重要话题。应该说，通过对学科的学习，帮助学生积淀学养，历练品行，成就心怀天下的格局是学校教育的重要任务。然而，为什么提出学科育人这一理念，很多老师却有着“是教师教书育人理念的自我觉醒和学科教育价值的庄严回归”的感觉呢？我想，一个很重要的原因是在长期的教育教学实践中，德育成为育人的代名词，被从学科学习中剥离出来，成为一个独立存在的个体，教学的育人功能被弱化、被边缘。这一观点从语文教学目标定位中可见一斑——20世纪80年代的“知识中心”、20世纪90年代的“能力本位”、课改后的“三维目标导向”，到今天“核心素养”的提出，见证了社会对于学科教学价值的认识、发展与完善。那么，如何才能让学科育人的理念真正落实到教师的教学中，让学习真正成就学生完整的人生呢？

我想，首先要明晰学科育人是什么。综合大家的认识，我们得出这样的结论：学科育人是在学科学习的过程中，获取丰富的学科知识，形成学科特有的能力，理解文本中的思想内涵和价值意蕴，并了解呈现内涵的表达方式，从而促进学生发现和发展自身生命的价值。简单而言，学科育人不仅仅是育学养，更重要的是育人格，育道德品质，育人的性格、气质和能力，尤其是要“育生命自觉”。语文学科作为最基础的学科，是最富有人文内涵的学科，在培养学生的思维方式、行为习惯、道德情操、价值意识方面更有着义不容辞的责任。特别是语文学科作为母语学科，担负着传承上下五千年文化精髓的责任，也担负着多区域文化理解与交流的任务，语文的审美是全方位的审美，语文的育养是情感、情趣、情操的多维度育养，语文对学生的成就是价值观、人生观的成就，所以，语文教师站在育人的高度去教与学对于学生的成长尤为重要。

那么，教师如何在教学的过程中真正达到学科育人的目标呢？叶澜先生说得好，“要实现现有学科的育人价值，首先要认真地分析本学科对于学生而言独特的发展价值。”

关于学科的育人价值，叶澜先生很久以前就有了明确的界定：“育人价值指向学生个体精神发展的全部——包括头脑中的知识结构层级，思维方式与思维品质，符号理解、互换与整合、综合运用的能力；对未知领域的好奇，发现问题和解决问题的创造能力；对事物认识的穿透力和时空贯穿感；对他人的善解、合作与处理矛盾和冲突的能力；对自然世界的感受、理解、理性相处与和谐共生的自觉意识和能力；对人生中各种美的感受和欣赏，乃至创造愉悦与美的能力；最终归结到对自我个性与人格、发展理想与信心、策划与在现实中践行的生命自觉意识与能力。”

那么，语文学科的育人价值又是什么呢？北京大学教授钱理群认为：语文教育的根本任务是通过“立言”来“立人”，人正是通过听说读写，不断发展与丰富自己的内在生活、心灵世界，开拓精神的自由空间，开发自我的思维力、想象力、创造力，与历史、文化发生联系，与外部世界进行交流。

两位学者的论述，让我想到了新版《普通高中语文课程标准》（以下简称“《标准》”），《标准》说，“学科核心素养是学科育人价值的集中体现，是学生通过学科学习而逐步形成的正确价值观念、必备品格和关键能力”，并把学生语文核心素养定位于“语言的建构与运用、思维的发展与提升、审美的鉴赏与创造、文化的传承与理解”四个方面。那么，语文教师应该如何组织语文学习活动，才能够培养学生核心素养，形成必备的语文能力，达到适合学生自身发展的品格与境界，从而完成学科育人的任务呢？

首先,站在教育的角度实施教学。

德国教育家赫尔巴特说:“我想不到任何‘无教学的教育’,正如在相反的方面,我不承认有任何‘无教育的教学’一样。”可见,教学是形式,教育是内涵;教学是器,教育是道;教学承载着教育的根本任务,教育通过教学来实现。所以,站在给予学生完整成长的角度来思考,“把‘教’和‘育’打通”,并充分融合在一起是实施教学十分重要的任务。

一、精准发掘文本的价值

为什么我在这里用了“精准”一词?背景是语文教师教学的现状。长期以来,我们更多关注的是语文学科所存在的知识体系,而忽略了语文学科对于学生身心发展的重要价值;我们更多关注的是文本传递给学生的各种“崇高与伟大”,而忽略了文字中隐含的普通人的“正常心理与情绪”;我们满足于学生说出了我们要的答案,而忽略了学生作为正常人应该有的真实、真正的想法。站在应考的角度去教,站在伟大的角度去育的习惯做法,让我们对文本的解读片面且标签化。面对这种现状,对文本内涵发掘的“精准”就显得尤为重要。

那么,语文教材中有什么呢?有丰富的文学形式:童话、神话、散文、诗歌、说明文、说理文、记叙文、小说等等,每一种形式都以其独有的姿态存在,提升学生的文化素养;有多样的教育主题:环境、友爱、亲情、科普……每一种主题都使学生的情感更加丰富;有特色鲜明的多元文化:传统的与现代的,中国的与外国的,即使在同一国家,不同民族间也有着个性鲜明的风俗习惯。另外,还有美丑的鉴赏;有爱恨的甄别;有汉语言独特的结构、形式与逻辑;有不同文体中段落结构、布局谋篇的精彩与独到……所有这些都是文本的价值,但不是我所谈的“精准”价值。

所谓的精准,就是精炼、准确。精准发掘文本的价值就是要求教师把握文本所特有的,能给予学生“真成长”的价值。很佩服苏州张学青老师把握文本价值的功力,她执教苏教版六年级《在大海中永生》一文,就抓住了文本独特的教学价值——“渲染”“移情”两种表达方法,填补了学生知识的空白。再比如她执教的沈从文《一个爱惜鼻子的朋友》一文,梳理出来的文章内部隐含的“爱踢球—眼睛高度近视—成绩好—短命—活到八十八—做个伟人—没钱渡河—顺利过渡”的一波三折的人物命运结构图,直观展示了什么是“文章波折”,写文章怎么才能做到“文似看山”,所以,在她的课堂上,总有一种精彩叫成长。有的时候,文本独特的价值就藏在习以为常的认知中。我曾经执教绘本《石头汤》,“三个和尚是用欺骗的手法达到自己的目的的吗?”这个问题是每一个读过这本书的人都会有的一点疑惑,但是很多人马上下意识地用“即使有,也是善意的谎言”来说服自己。而我在教学中恰恰从这里发现了三个和尚的智慧,并引导学生在辨析中得出了“不是欺骗,是智慧的唤醒”这一上升到哲学层面的独特的认识。所以,精准发掘文本价值不仅仅让学生对知识的学习更全面,而且能够避免标签式的道德说教,让学生对社会、对人生的认知更加丰富而立体。

二、创造精妙的教学设计

“教育的道德性不仅仅表现在教育内容的价值上，教育过程本身也具有道德的价值，即学生获取知识的过程也要具有道德性。”这就告诉我们，学科育人不仅仅是通过文本本身育人，还要通过关注学生的学习过程育人。无论是文本本身还是学习过程，达到育人目标的一个重要方式就是教学设计。可以说，教学设计的优劣直接决定了学科育人达成的度。

我曾经看到一篇记述人教版四年级《中彩那天》的教学设计，它为我们呈现了如下两种设计思路：

设计一：在“研读课文，释疑解惑”环节，围绕“‘还与不还’的道德难题”展开，教师设计了四个问题：(1) 父亲面临的“道德难题”是什么？(2) 父亲面临“道德难题”时有怎样的表现？读课文，画出相关句子。(3) 父亲是怎么解决这个“道德难题”的？(4) 你觉得父亲这样做值吗？

教学中，学生一致赞成父亲的做法，还从文章中找出足以证实自己观点的句子，就是母亲那句“一个人只要活得诚实，有信用，就等于有了一大笔财富”。

设计二：在学生理解了“还与不还”的道德难题之后，教师提出这样的问题：“父亲想过要留下这辆中奖的奔驰轿车吗？再读读课文，看看父亲有多少‘留车’的理由，从文中找出有关词语和句子体会。”在此基础上，教师又带领学生深入思考：“父亲抉择‘难’在哪里？对父亲的哪些描写让你感觉到了他抉择之‘难’？”

两个教学设计，有着同样的教学目的——帮助学生通过学习体会到父亲在道德难题之前，坚守住了一个高贵的灵魂，展现出了高贵的品格，并在体会中受到启发，得到陶冶，促进精神的成长。但是，因为教学设计不同，学生在学习中得到了不同的学习结果。在设计一的教学中，学生体悟到的诚信更多的是一种口号和标签，因为“诚信”主题的表达在文章开头和结尾都有相应语句进行点明，是不需要学生分析判断的显性存在，所以，学生说的是作者的话、作者的想法和感受，而不是自己的。第二个教学设计侧重于在字里行间去感受，去体验，触摸到父亲作为普通人在选择面前的犹豫、彷徨、焦躁和决定，在这样的触摸中，父亲的形象不是高大伟岸，触手难及，而是亲切真实，如在身边。设计一让学生知道了诚信的概念，设计二让学生生发了真实的情感，明白了“真正的道德是无人知晓的自觉”，教学设计的优劣带给学生成长的帮助在这两个设计中得到了十分明确的体现。

这就告诉我们，语文教学中要避免标签式的口号，一个重要的方法是不要在学习之初就把学生的目光聚焦到对结果的讨论之上，而是要自始至终定位于体验语言文字的过程中。

三、以挑战智力的深度去学习和想象

《可见的学习》一书的作者，新西兰教育家约翰·哈迪在本书前言的结尾处写了自己的三条希望，希望自己的孩子将来遇到的所有教师都能做到，其中排第一位的就是“培育和挑战我女儿的智力和想象力，使她们达到一种不被自我实现和极低期望所蒙蔽的境界”，希望教师“不要把迎合大众口味的‘牛奶冻’伪装为知识和学习，来保护和监护她们，也不要用枯燥乏味的教学法粉碎她们对学习的热爱，不要用无须开动脑筋的‘繁忙工作’给她们当头棒喝，也不要仅仅是为了去不断重复地完成永不结束的作业单，去限制她们探索不断进化的知识世界”。这是一个父亲对女儿未来所遇到的教师的希望，也是一个深度懂得教育的学者父亲对于教师的呼吁和期盼。

但事实上，约翰·哈迪的希望恰恰是很多教师实施教育时所欠缺的。走进教师们的课堂，哗众取宠的设计、浮光掠影的学习、风行水上的思考、浅尝辄止的研讨等等低层次、浅表性的学习充斥着我们的语文学习过程，看不到学生砥砺前行的学习状态，更感受不到学生脑洞大开、灵光迸现的兴奋，学生们犹如坐在一辆四平八稳行驶的马车中，淡然地碾过一节节本该遇见无数美好和精彩的课堂。这种状况固然跟教师本人的学科素养薄弱、教育思考过浅等因素密切相关，但也不乏我们一些教育评价者的错误引导。比如我们的一些专家很喜欢把学习定位于游戏化、轻松化的层面，把让学生感觉轻松作为评价一节课好坏的标准，好像学生轻松学习就是对学习有兴趣和学习有质量的代名词。其实不然。高质量、有深度的学习需要深入文本阅读思考，需要费尽心力对语言文字理解、加工并提炼，需要精心选择表达时的言语词汇，需要认真组织逻辑周密的语言，这一系列的阅读能力、分析比较能力、提炼概括能力、想象思维能力、信息转化能力、批判与创造能力等等综合运用，才能完成高质量的学习，才能达到“我心生真情”“我口说我心”的境界。像这样让思维的触角竭尽全力抵达文字和思考最深处的学习过程，难道是可以轻松做到的吗？

那么，怎样设计教学才能达到挑战学生智力和想象力的学习深度呢？以我曾执教的苏教版三年级《狼和鹿》的教学来谈。本节课的教学以一张表格为依托，带领学生纵横文字，提炼“一百多年前”和“1942 年”凯巴伯森林、狼和鹿的变化。这样的设计锻炼的是学生对文本的完整认知，以及学生对语言的感悟力、发现和提炼主要信息的能力。在带领学生弄清楚凯巴伯森林的变化原因的时候，我出示“随着鹿群的大量繁殖，森林中闹起了饥荒。灌木、小树、嫩枝、树皮……一切能吃得到的绿色植物，都被饥饿的鹿吃光了”这几句话和一张凯巴伯森林原来的美丽图片，让学生把语言和图片结合起来，用“竟然”这个词语和“？”“！”或“……”说清楚凯巴伯森林发生巨大变化的原因。这个设计看似只是说一句话，但是学生必须要读懂图画，读懂文字，找到自己真实的情感，并和作

者情感融通，然后才可能用一句话准确表达出来，这对三年级的孩子来说绝对是一次智力的挑战。在学生完成表格以后，我并没有就此止步，而是让学生把表格中所填写的“一百多年前，狼自由生活，凯巴伯森林生机勃勃，鹿活泼而美丽，大约有四千只”和“狼全部消亡后，鹿的总数超过了十万只，凯巴伯森林绿色消退、枯黄蔓延，鹿群疾病缠身，死去六万只，到 1942 年，这里只剩下八千只病鹿”两列内容分别用上“因为……所以……”说一句话，这又是一次深度学习，又是一次智力挑战，因为学生必须要在分清楚因果关系的情况下才能把这些零散的词语连接成一句逻辑严密且通顺的话。尤其是“1942 年”一列，“森林的变化”和鹿群“猛增到十万只”两项内容之间的因果关系就很容易让学生混淆。所以，这一个设计除考查了学生的理解、记忆、表达等能力以外，更培养了他们的空间感和逻辑性。在这样的课堂上，没有思考的学习是无法继续的，智力的挑战时刻存在，学生的成长也就以看得见的形式呈现在我们面前。

四、用表现的形式获得学科核心素养

学科育人和核心素养之间密不可分，学生的语文核心素养是通过语文学科的学习获得的，这些素养使学生能够获得适应终身发展和社会发展需要的必备品格和关键能力，所以，让学生具有这些能力就是语文学科在学生发展中的育人功能。一句话，核心素养的达成就彰显着学科的育人价值。

表现的学习方式是什么呢？是学生根据学习情境中的问题或活动，通过多样化、个性化的方式，将其拥有的语言、思维、审美、文化等方面的素养表现出来，在表现的过程中把学习过程以可见的形式呈现，既有利于教师明确辨析出对学生学习产生显著作用的因素，了解学习对于学生产生的影响，及时调整教学的策略，或者给予最适切、最及时的帮助。同时也有利于学生成为自己的教师，明确知道自己的问题和不足，并在当下和未来的学习中做出自我调整，或者请教他人，以促使自身的成长最大化、最优化——这是帮助学生形成终身学习和自我调节能力的核心属性。

以表现的形式完成学习，这要求教师必须具备两种能力：一是高阶问题设计能力，二是以“行为设计”为核心的教学设计能力。高阶问题给予学生思考的空间，让学生有机会张开学习的翅膀，俯视或者沉潜在文本中，得到真实的、丰富的感悟，并有欲望把自己的心得与启迪分享给大家。教学中对学习活动的行为设计能力是中国教师普遍缺乏的，我们更看重传授和学习过程中教师以导师身份的引领，很多教师一直没有学会如何让教育目的在活动中达成。

我曾看到一个很精彩的历史教学案例，放在这里用以启示包括我在内的语文教师：

一位教师教学《第二次世界大战的爆发》中第一目“法西斯”的内容时，设计了四个学习活动——

活动一：根据教师提供的视频信息，以大事年表的方式梳理出德、意、日三国分别建立法西斯专政和三国最终结成法西斯轴心国过程中的重大事件。

活动二：依据视频提供的信息，概括说明法西斯统治的特征，并结成小组，试着给“法西斯主义”下一个定义。

活动三：根据教师出示的“亲善”照片，讨论法西斯竭力宣传这些照片的目的是什么。

活动四：两组照片所呈现的法西斯形象截然不同，由此你认为照片是否可以作为认识历史的可靠依据？简要阐述你的观点。

在这个案例中，教师的教学由四个活动组成，学生在活动中观察、思考、比较、判断，最后得出自己的结论，并在与同学的交流中呈现自己的观点和认知，在辩论中丰满自己的评价和认识。如此，在活动中表现，在表现中提升，教学的育人价值得到了充分的发挥。

语文教学的活动设计也有很多种，比如资料的查阅与汇总、文本内容的阅读与讨论、学习观点的发现与提炼，以及朗诵、辩论、表演等等都是语文学习中的活动。活动有着突出的自主性，表现是活动中每一个人都必须要做到的，否则，活动将不能成为活动。学生的素养和认知、思维与能力就在不得不呈现的表现中形成了。把学习还给学生，永远是成就学科育人价值的重要路径。

其次，站在“立人”的角度实践。

对语文课程来说，学科的育人价值还必须延伸到课堂教学以外。因为课堂的学习时间必定十分有限，而且在课堂上，学生一般是基于文本进行学习和体验，这就让学科育人有着诸多的限制。所以，丰富的语文实践活动必须成为学科育人的重要组成部分，因为在实践活动中的合作与互动，更能促进学生心智能力、情感态度、品性修为、社会责任等多方面素质的综合发展。而这些素养甚至高过知识、智力、成绩等对人产生的影响，是真正面向未来的素养。

我们总说，一个优秀的人不仅仅要有学识，还要阳光、开朗、自信；不仅仅要能把自己的事情做好，还要能够体谅、合作、互助；不仅仅能让自己好好生活，而且能给身边人带来幸福。而这些美好的修为更多地要在实践中历练，在活动中发展，而走出课堂学习的实践活动恰恰就是为了让每位学生的潜能得到自由、全面、和谐、持续的发展。所以，我们说，作为教师，我们要时刻牢记“教学是有道德的事业”“我们要关注学生的现在，更要关注他们的未来，让他们具有追求和实现幸福的能力”，而当下提倡的学科育人的目的也正在于此！

第三节 教学，面向深度思维开展

教学改革走过了长长的历程以后，经历了“乱花渐欲迷人眼”的喧嚣以后，逐渐寻找到了衡量学生成长的标准所在，逐渐回归到了学生的真成长之上。那么，怎样的成长才是学习给予学生的“真”成长呢？不仅仅是知识的累积，也不仅仅是某项或者某些学科能力的提升，更重要的是学生学会运用所获得的知识去发现问题、解决问题，而这些能力的强弱在很大程度上和学生的思维力有关，所以，培养学生的深度思维，就成了当下教学最重要的追求。

什么是思维呢？思维最初是人脑借助于语言对客观事物的概括和间接的反应过程。什么是深度思维？综合各方观点，我们认为，所谓的深度思维就是指学生自主“分析、评价、创造”（布鲁姆语）的思维，是发生在较高认知水平层次上的心智活动或较高层次的认知能力。从定义上我们不难得出这样的结论：具有深度思维的学生对于知识信息加工、概念的理解与运用等方面有着更深刻的理解，能够更加主动地建构个人知识体系，并把所拥有的知识迁移应用到真实情境中，用以解决生活中所遇到的复杂问题，并最终促进全面学习目标的达成。鉴于此，在学习中培养并发展学生的深度思维已经成为一个十分重要的任务、十分迫切的研究课题摆在一线教师面前。那么，教学中我们要关注哪些要素，要如何操作，才能达到这一教学目的呢？我想，可以从以下几个方面来思考。

一、让学习更具有情境性

情境性学习的概念最先是由布朗（J. S. Brown）等提出并界定了的，它指在学习过程中，为了达到一定的教学和实用目标，根据学生身心发展的特点，教师所创建的具有学习背景、景象和学习活动条件的学习环境，是师生主动积极建构性的学习，是作用于学生并能引起学生学习积极性的过程。从这一界定，我们清晰地知道，创建学习的情境性是为了诱发学生学习的积极性。当然，我个人认为，这里的学习，不仅仅是倾听、记忆，更重要的是思考。关于思考，我们曾经想当然地认为，它是大脑先天具有的能力，是大脑的一个本能，站在这一观点上，我们就会感觉，学生在学习中思考问题是他们与生俱来的能力。但是偶然看到的一个研究让我对曾经的认识产生了怀疑：大脑的本能不是思考，而是记忆，大脑的思考力就像一团很难被锻炼的肌肉，它很弱，一旦被使用就会感觉很累，就很想停止这样的锻炼。我十分认同这一观点。因为我们在教学中常常发现，很多孩子在学习中完全处于不思考的状态，甚至是长久处于这种状态。为什么会这样呢？我想，一是因为思考是一件辛苦的事，二是因为学习是一件十分枯燥的事，那些由文字、数字、各种符号组合而成的学习内容，没有色彩和声音的诱惑，也没有动态的画面吸引，还不是熟悉的生活，对其感兴趣十分不易，所以十来岁的孩子倦于思考也是情有可原的事情了。但是，我们作为教师最重要的任务就是让这些枯燥的文字吸引学生的注意力，就是要带领其在对语言文字的学习中让学习真正发生，助推他们的成长，所以，在学习中适度增加情境性就显得尤为重要。

那么我们可以怎样创造学习的情境性呢？最常用的方法是让学生从图片或者影视资料中观看和学习内容相关的图画或者影像。比如，我们教苏教版四年级《雾凇》一课时，为了帮助学生理解雾凇的形成过程及美丽的样态——“渐渐地，灯光、树影模糊了。这蒸腾的雾气，慢慢地，轻轻地，一层又一层地给松针、柳枝镀上了白银。最初像银线，逐渐变成银条，最后十里长堤上全都是银松雪柳了”，教师在教学中为学生呈现的图片、影像以及孩子们生活中的见闻交流等都是学习情境的创造。这一方法被大家广泛认可并使用。除此之外，还有什么方法吗？有！比如，把交流的话题放在一个虚拟的环境里进行。于永正老师教古诗《草》，在背诵环节自己扮演一个耳背的老奶奶，让孩子们把古诗背准确；同样是教学这首诗，黄亢美老师让学生自己做小草，演示冬天藏在地下，春天发芽，夏天茂盛，秋天枯萎的过程等等。这都是把学习置于一种情境中。当然，高年级的学习情境可以是虚拟的，让孩子们在心中建构即可，诸如“假如你是……你会……”“如果这件事就发生在你身边，你会……”等等的语言形式都是为学生创造学习的情境。关键是，在这样的情境中，学生的学习状态会发生很大的变化，主动说、说得好的概率大大增加。

情境的魅力就在于有了画面的还原，文字就鲜活了；有了文字的描述，画面更多了文学的美好；有了生活的介入，陌生渐渐变为熟悉；有了设身处地，就有了感同身受。当画面、生活、情感和文字结合在一起，在学生脑海中交融的时候，学生的思考就会被点燃、被激活。当表达变成不可遏制的欲望之时，学生的思维就在悄悄地向深处延伸。

二、让思维具有清晰的可视性

要让思维具有清晰的可视性，就要让思维可视化。所谓的思维可视化是指运用一系列图示技术把本来不可视的思维（思考方法和思考路径）呈现出来，使其变得清晰可见的过程。在学科学习中，把思维图示化的方法有很多，比如学习中的思维导图、概念图、学科鱼骨图等等，都是能够很好地呈现思维过程的方法。它们共同的特点是把零散的知识、概念等看似没有直接关联的事物变成一个支架，把点状的、线状的零散知识梳理在一个系统之中，让其变成网状的知识结构，或者形成一个跨层级的复合型概念网络。而梳理图示的过程是大脑对知识进行再加工、找到其内在联系的过程，这一过程是更严谨、更科学、更深入的思维过程。事实证明，有这样的思维过程打底，再配上清晰明确的图示，学生的理解、记忆、知识加工能力和运用知识解决问题的能力都会有显著的提升。

《一颗遗失的扣子》是一个童话故事，有一定的长度和难度，对于一年级的孩子来说，读懂并记忆而且能完整讲下来实属不易。老师在教学中帮助学生梳理了一张鱼骨图，让文章的框架结构和内部所蕴含的思维与逻辑清晰地、简明地呈现在学生眼前。学生依靠图示抓住它们走过的路线——“大草地”“树林里”“小河边”和“家”，结合在不同地点找到的扣子的特点——“黑色”“两个洞”“小的”“方的”“薄的”，完整地、准确地讲述了这个故事。对于中、高年级的孩子来说，在学习一篇课文前，如果能通过自己的阅读理解抓住文章的核心内容，梳理出一张思维导图，就是在经历一个了不起的学习过程。在这个过程中，学生对文本进行深层次分析、理解、梳理、比较、提炼、归纳，从抽象的文字中勾画出形象具体的图形，让自己的思维变得可以看到，甚至可以触摸。这一过程是思维迅速向深处延伸的过程。尤其重要的是，当让自己骄傲的思维活动和思维结果变成直观形象的存在，变成一个可以跟同学、朋友、老师分享的智慧的时候，带给学生的不仅仅是兴奋，更有梳理思维的价值感，这一价值感会进一步激发学生下一次深入学习的欲望。

三、用高阶问题助推思维发生

所谓的高阶问题，就是具有高阶思维价值的问题，也就是能引领学生深度思考的问题。在学生的学习中，设计有思维价值的问题尤为重要。因为，课堂不断前行的过程就是学生解决一个个问题的过程。但是，设计有思维张力的问题恰恰是很多教师教学的短板。走进课堂，我们会发现，教师的提问大多落脚于知识的记忆和理解以及机械的操作层面，对分析、综合、评价这一类的涉及复杂思维的问题涉及甚少。这样的情况也反应在我们教材后面的练习题上。例如苏教版《人类的“老师”》一文课后练习第五题是这样的：“你还知道哪些以生物为‘老师’的事例？搜集有关的文字或图片资料，在小组里跟同学们交谈。”这道题考的是学生的理解、记忆、平时的阅读量和搜集资料的能力，并没有让思维真正发生。但是，如果我们把问题设计成“你能否通过仔细观察某个动物，设想一个仿生学的产品呢”，这样的问题就蕴含了运用知识和综合创新的能力，有利于学生思维向纵深推进。

回到我们的教学中，怎样的问题是属于高阶的问题呢？我想到自己曾经教过的六年级的小小说《爱之链》。这是一篇讲述发生在乔依、老妇人和女店主之间爱的传递的故事，小说最大的特点是每一个活动场景中都只有两个人，三个人物从没有一起会面过。这就构成了小说本身的张力，给学习留下了思维的空间。教学中，我们如果按照事情发展的顺序一步步梳理每一个阶段发生的事情，并从中感受人物的特点，就丢失了这篇小说所有的灵气。于是，在教学中，我设计了“谁知道什么，不知道什么”这一个问题，这个问题看似简单，实则很有难度。一是需要学生涵泳在文本中思考乔依、老妇人和女店主分别做了什么，二是需要搞清楚所有事情之间的联系，三是需要学生把相关联的事件组合在一定的语言情境中并准确地表达出来。要很好地完成这个问题，学生必须在文字中穿行，不仅要做到准确理解，而且要分析比较，同时还要发现联系，并准确表达，可以说这一问题集多种能力与素养为一体，极具挑战性，也极富有思维的张力，带领着学生的思维不能不、不得不向更深处延展。同样是这篇课文，教材中有一道练习题：以“乔依醒来……”为开头，展开想象写一段话。这是典型的续写故事结尾，是大家习以为常的练习形式。如何把这样的练习变成高阶思维力培养的依托呢？我借鉴薛法根老师的做法，让孩子们围绕“一切都会好起来的”这一文章主题写一段环境描写。这一个角度的轻轻转变，带动了学生思维的转向，加大了学生思维的难度。在这一过程中，他们的思维要经历几个层次——景物能表现人物心情么？如果能，开心的时候用哪些景物来表示？哪些景物能够代表着一切会好起来？我要选择什么？我的理由是什么？一系列的思维带领学生走向了一个更深入的思考空间，把景物、心情和未来联系起来，创造了一种能助推思维深度发展的有我之境，让学生的学习真正发生。

再比如那个著名的中美教《灰姑娘》的案例，美国教师提出了“如果灰姑娘午夜十二点的时候没有出来，会出现什么情况？”“如果你是辛德瑞拉的后妈，你会不会阻止辛德瑞拉去参加王子的舞会？”“这个故事有没有不合理的地方？”……这一系列的问题让孩子们在设身处地的思考中理解了后妈，知道了灰姑娘有美好结局的重要原因，同时明白了守时和爱自己是高贵的品质。

结合上面所讲的案例，我们不难发现，高阶问题最大的价值就是帮助学生形成综合思维力，甚至是批判性的思考力，让学生在学习中能立足文本的内容，跳出文本思考，获得全方位的提升。

四、让知识以结构的形式呈现

让知识以结构的形式呈现是助推思维向深处发展，让学习真正发生的重要手段。但是，反观我们的课堂学习，这恰恰又是很多教师极其欠缺的。教师在带领学生学习时，重视获得文本所呈现的知识，也重视通过文本习得不同的学科能力。但遗憾的是，每一个所重视的知识点在教师眼睛中都仅仅是一个点而已，很少有教师主动把一个个知识点放在学科大背景下进行思考和梳理。不仅如此，有些教师甚至连将它们放在同一个单元的背景下梳理也做不到。所以，我们常常在听课中发现，同一个知识点在不同的年级出现，会被老师拿来做相同的处理。看不到变化，更看不到生长。为什么会这样呢？一个很重要的原因就是教师个人对于学科知识没有一个系统的了解，更没有进行过系统的、完善的梳理。学生在学习中更是把教师心中破碎的知识学得更加支离破碎。破碎的知识是没有力量的，破碎的知识也是没有价值的！这就带来了一个问题：作为教师，我们如何教给孩子们更多有价值的知识，让他们真正感受到知识的力量，并能够熟练运用知识解决问题呢？一个十分重要的方法，那就是帮助他们建立起合理的、系统的、相对而言比较完善的知识结构。

让知识结构化，这应该是教师在课堂上引发学习真正发生的又一个重要的手段。那么，什么是知识的结构化？怎样做才能让知识结构化呢？有学者说，知识结构化就是把所学的知识要素按其相互作用、相互联系的方式和秩序组合起来，使知识由繁杂变成简化概括，使学生对知识的体系和结构产生形象化的感觉和认识。在这一段有点拗口的表述中，有几个关键词——组合，概括，形象化。也就是说，我们教师要帮助学生从所学的散碎的知识中，找到一条联系它们的线索，让它们首先成为一个整体，然后对这一整体中的同类知识做一汇总和提炼，让支撑知识线索的部分不再是一个个知识点，而是一方方知识块，最后按照知识本身的内在逻辑建构起一个比较形象的样态，从而成为一个有机组成的整体。我们平时经常谈到的知识树、知识结构图、概念图等等都是让知识结构化的重要方式，语文教学中经常使用的表格，让学生通过阅读、填写表格的方式来梳理学习的内容，了解文章的重点也同样是让知识结构化。比如，张老师在教学苏教版《大自然的文字》时，让学生分别从“文字”“信息”“作用”三个方面来梳理文章中所呈现的内容，在梳理中，“北极星”“砧状云”“石灰石”“花岗石”所传递的信息和在实际生活中的作用就清楚地呈现在学生脑海中了。这样的归类法学习在中年级也可以使用。比如陈老师执教《剪枝的学问》，让学生抓住三进桃园所看到的景象和不同的心情来梳理作者的写作思路，并从中获得写作的窍门。

让知识结构化不仅仅有利于理解和记忆，更重要的是有利于学生深度处理知识信息、深度重塑逻辑结构、深度探寻价值意蕴，从而促进知识内容和学习过程的整合，推动对新知识信息的理解，并迁移应用，最后将其内化为个人的知识体系。

五、让讨论和追问引领思维走向深入

想到金庸小说中的武林高手，他们高超的武艺一方面来自自身的修炼，另一方面得益于和对手的交锋，在交锋中把积累在自己脑海中的武功套路融会贯通，在交锋中又产生了新的思考，悟出了新的要领，得到了新的启迪，于是武功的精髓就在一次又一次的切磋中化成了自己的一部分。武功的领悟需要切磋，学生的学习也少不了和同伴之间的交流。这种交流呈现在课堂学习中就是讨论，就是对一个问题的深入研讨，就是在研讨中对于不同的观点或者有疑惑的问题不断地追问。日常的教学中，我们本不缺少同学间的讨论，遗憾的是，我们的讨论并不是严格意义上真正的讨论，而仅仅是同学之间、小组内部彼此交换了自己的观点而已，甚至有的同学来不及交流，讨论就终止了。尤其是追问，更是罕见，不仅同伴之间没有追问的习惯，就连教师也不习惯对学生进行追问。其实，追问是迫使学生思维一点点走向深入的非常重要的方式方法，一个个追问能够形成一条问题链，迫使学生不得不、不能不去更全面地思考问题，更深入地研究文本，更准确地表达自己的观点。一个能应对一连串追问的学生绝对是一个极具学习力的学生。

记得在教学绘本《石头汤》的时候，我提出了这样一个问题：“有人说这个故事不好，因为三个和尚是采用欺骗的方法做成的石头汤。你认为呢？”学生不假思索地摇头，一个学生说：“三个和尚没有欺骗，那只是善意的谎言。”我追问：“善意的谎言不是谎言吗？是谎言难道不是欺骗吗？”学生回答：“善意的谎言出发点是好的，即使是欺骗也是为了大家好。”我继续追问：“三个和尚真的欺骗了村民吗？你们知道什么是欺骗吗？”在我出示并阅读“欺骗就是用虚假的言行掩盖事实真相，并故意欺诈使人上当”的解释以后，我继续追问：“和尚们用虚假的言行让人上当了吗？”“没有！”“那他们的行为是欺骗吗？”“不是！”我再一次追问：“不是欺骗，是什么？”经过短暂的沉默，孩子们得出了“和尚们用自己的智慧让村民们懂得了分享使人快乐”这样的结论。“真好！看来煮石头汤不是欺骗！”“可不是欺骗，那是什么？”“是和尚的智慧！”“是的，不是欺骗，是智慧的唤醒！”在这一段对话中，围绕着“是不是欺骗”的问题，我进行了六次追问，在这样一个又一个立足于学生实际回答基础上的追问，让孩子们对三个和尚的行为有了更深入的思考和更深刻的体会，从而真正理解了和尚们的行为。而“不是欺骗，是智慧的唤醒”这一认识更是达到了哲学的境界。

在这一节，笔者从五个方面阐述了引领学生思维深度发生的路径和方法，其实，借助思维力发展，助推学习真正发生的途径还有很多，以上所谈仅仅是个人的点滴浅思。期盼教师们生发更多的思考，创造更多的路径，让每一个学生在课堂上的学习都真正发生。

第四节　教学，以活动的形式开展

随着课程改革的进一步深入，教学应该带给学生哪些方面的成长、怎样的成长，这些问题越来越清晰，社会、家长对于学生学习结果的要求也越来越高。就语文学科而言，人们已经不再满足于学生形成常规的听说读写能力，而是更加关注学生的综合学习、高阶思维等高级能力的发展。而综合能力、高阶思维的形成与发展就成为常规教学方式或者教学设计不能承载之重，所以，打破原有的教学框架已经成为摆在每一位教育者面前的重要的课题。其中，为学生设计丰富的、合适的学习活动成为被普遍关注的话题，设计学习活动的能力也成为评价教师素养的一个重要指标。但在现实教学中，教师的学习活动设计能力远远跟不上时代的需要和学生的发展，相当一部分教师甚至对学习活动是什么还没有清晰的认识，这就在很大程度上限制了教学改革的进程，阻碍了学生深度学习能力的发展。所以，对学习活动的深度认知和合理设计与运用就成了一个亟待解决的问题。

那么，什么是学习活动呢？

学习活动是一个经常被提起，却无法为它下一个定义的词汇，因为关于它的概念到现在也没有一个统一的、明确的解释。学术界使用较为广泛的是杨开诚的定义：“学习活动是指教师为了达成特定学习目标而进行的操作总和。”关于这一个定义，华东师范大学邵丽教授认为，这一概念把“学习活动”定义为“操作总和”，有忽视学习活动的复杂性和动态生成之嫌，我个人也深以为然。那么，学习活动作为一个系统，必然由一系列相互关联的要素组成。学界普遍以活动理论为学习活动设计的理论基础。乔纳森的观点是:“活动理论认为活动是主体为达到一定目的,在既定的规则框架内使用工具,群体成员分工合作,实现与周遭世界的交往。”可见,好的学习活动应该让学生产生“经历感”和“探索感”,在活动中推动学生认知、思维与实践能力的深入发展。正是因为教师对学习活动的概念认识不够清晰,所以,教师在对学习活动的设计和使用方面存在着十分明显的误区。具体有以下两种:

误区一:把浅层活动看成学习活动的基本样态。说到学习活动,很多老师都认为自己每节课都在带领学生进行学习活动,学习活动在课堂学习中无处不在。从广义上讲,这样的认识是有道理的,因为学生在教师的提问中读书、思考,发表自己的观点是学习活动;为了促进理解进行的朗读、默读是学习活动;对文章进行理解、分析、反馈是学习活动;小组合作解决问题是学习活动……但不能不承认,这些都是简单的学习活动,在这样的学习活动中,学生囿于字词中,纠缠于句段里,留恋于对浅表知识的学习,习惯于对问题的浅层认知,既不能把知识形成网络,又不能激发学生思维走向深刻,所以,学习的效度就会大大降低。像这样问题单一、思考单向、反馈单薄的活动,我们称之为“浅活动”。但是很多教师把浅活动看成是学习活动的基本样态,小学如此,中学也不乏其例。曾经看到一位中学教师以“设计学习活动”为主题谈一节课的教学设计,大约是这样几个环节:读三四段,选择自己认为写得好的句子来读,然后合作朗读,读出喜爱之情——画出你认为最有味道的句子,说说语言表达的精妙——找一找哪些鸟让作者感觉悲苦,选择其中一只鸟开展创造和想象活动,补充它和作者的对话……在这个课例中,不仅教者认为自己一直在为学生设计有价值的学习活动,评课者也同样站在活动精妙的角度大力褒扬,但这恰恰说明了当下大多数教师对学习活动认识的不足。

误区二:让学习活动以“真”的形式做“假”的呈现。这句话看似有点拗口,其实就存在于许多教师的教学之中,普遍到我们自己都已经习以为常,甚至认为这就是学习活动应是的样态。这里所谓的“真”指的是形式,比如学生针对某一个观点进行交流,小组合作完成某一个学习任务等等,这些交流、合作的形式的确是“真”的存在,但关键是学生在这样“真”的形式中呈现的并不一定是“真”的学习。具体表现是:学生还来不及思考,活动就已经结束;只有优秀的同学说出了自己的观点,反应慢的同学还在回味,活动就已经结束;好不容易产生了不同意见,还没有交流出一个结果,活动就已经结束……公开课堂上这样的学习活动承载着更多“假”的学习经历——因为课前的预习基本已经到位,很多学生心中已经有了定论,这个时候的交流合作其实就是做个好样子给大家看看而已。诸如此类的学习活动,即使做出认认真真的研究状态,即使有热闹精彩的汇报交流,也只能用一个“假”字来定义,因为活动中没有思维火花的绽放,没有真正的思考碰撞,没有真正引发学习的深度发生。

那么,怎样的活动是真正的学习活动呢?我想,可以从以下几个方面来考量:

1. 能促进学生高阶思维的发展。真正的学习活动不会仅仅停留于接受信息层面,也不会止步于简单的读书、背诵，或者回答简单的问题，做流于表面的沟通，因为这样的学习活动带给学生的仅仅是知识的积累，是低层次思维的发展。真正的学习活动应该给予学生在文本中涵泳的机会，可以让学生通过阅读、理解、甄别、鉴赏、综合、概括等方法得出某种结论，或者对某种现象做出解释，能完整阐述自己的观点，并且用语言、行为等方式表达或者表现出自己的理解。一句话，应该呈现出高阶思维发生和发展的过程或特质。

2. 能体现对知识的深度学习。知识是有深浅之分的。比如说平时我们在教学中，引导学生对字词音形意的理解，对比喻拟人等常见修辞手法的认识、体悟与交流，乃至对文章构段构篇方法的了解等等，对于学生，尤其是中高年级的学生来说都可以说是浅显的知识，因为这些知识要么没有触及内容的本质，要么是旧知识的再现，要么是碎片化的存在。真正的学习活动必须要能体现对深度知识的学习，比如在识字中了解了字理，在体悟词语中知道了运用的准确，在认识修辞时懂得了运用的精妙，在解构篇章结构时明晰了如何突显文章主旨等等。这些知识藏于浅显知识的背后，需要教师带着学生向前跨一步才能发现，这样的学习活动触及了学习主题或者核心表达形式，给予了学生鉴别、论证、提出解决问题方案等深入运用知识、系统思考和研究的机会，这才是真正的学习活动。

3. 能打通文本之间、学科与学科、乃至课堂与社会之间的联系。真正的学习活动应该着眼于对问题的深度分析和解决，这就要求学生必须以当下学习的文本或者讨论的话题为核心，引入更多同质或者异质的文本来支撑或说明某一观点，解决某一问题。比如带领学生学习季羡林先生的《自己的花是让别人看的》一文，要想让学生体会到季羡林先生对德国街上鲜花满窗景色的留恋，感受他自内心洋溢而出的喜爱，就可以用李广田先生《花潮》一文中对看花人流连花下姿态的描写作为补充。再比如学习科普说明文《大自然的文字》的写法，就可以拿科学工作者对同一现象的描写来作对比。当然，很多时候还需要联系课堂以外的生活和社会背景来引发深入思考。有人说，学习与生活的社会背景联系越紧密，学习的真实性就越强，真实性越强，越容易让学生产生深入走进的欲望，真正的学习就是在这样的基础上发生的。

4. 能激发高水平对话的产生。所谓的高水平对话，在我看来不仅指对话本身能紧紧围绕主题而不旁逸斜出，同时对话者对事物的认知、对问题的看法都应该有创造性的认识，而且对话者之间能够相互激发，让喷薄的灵感带领对话人的思维或认识完成新的升华。所以，高水平对话不仅仅指对话本身的质量，还包含着对话人之间彼此的推动和点燃。在这样的学习活动中，学生充分思考与交流，不断提炼、概括、甄别与完善，在相互理解、彼此接纳中形成更加完整的认识，让个人的表现与表达更趋近于文本所呈现的真实，使自己和同伴的认知得到进一步提升与发展。

那么，怎样才能设计出优质的学习活动呢？

首先，要有意识地给予学生广阔的学习时空。这里的“时空”指的是时间和空间的聚合。有时间不一定有空间，空间必须依托时间才能真正存在，所以，要想在学习中为学生提供时空，就必须保证时间和空间同时存在，也就是说，教师在设计学习活动的时候，既要用大问题撑起学习的空间，又要有足够的时间作保证。但教学中能够让两者很好融合的学习活动依然凤毛麟角。还是以前面所谈到的那位中学语文教师开展的学习活动为例，学生要么朗读课文，寻找吻合问题的相关语句，要么抓住句子，从字里行间体会情感，要么在对鸟生活的想象中完成语言实践，每一个环节的学习活动都是单线的，思维都是单向的，回答都是单纯的，所以，没有大空间问题的保证，即使留给学生再长的时间，也不能给予学生广阔的学习时空。我曾经看到浙江何必钻老师谈到的对《雅鲁藏布大峡谷》一文的学习，教师在引导学生想象画面时，设计了这样一个学习活动：引导学生结合《观潮》想象雅鲁藏布大峡谷景色的壮丽，同时通过阅读，比较同是自然景观，却有着怎样不同的壮丽风采。这个学习活动设计得就很有时空感，首先用两篇文章撑起了学习的空间，然后在对比阅读中再现景色的壮美。因为学生已经学习过《观潮》，已经直观见证了钱塘江大潮的震撼，所以，学生会无意间把两者做一个比较，并在此基础上，结合课文的描述，产生新的想象。于是，学生不仅完成了新旧知识的对接与转化，还通过对语言文字阅读的理解生成了新的创造性想象。在这样的活动中，学生有机会在新旧知识、新旧画面、新旧文本、新旧认知之间不停地辗转腾挪，学习也就变成了一个让自己成长的事情。

再比如，浙江官正华老师曾经谈到《夸父追日》一课的学习活动设计，教师在引导学生复述课文的时候设计了两个板块：一是讲短故事，二是讲好故事。讲短故事就是要求学生概括地讲，讲好故事就是让学生详细而创造地讲。简单的板块，为学生留下了更大的读书思考空间：该怎样把故事讲短？哪些内容该省略？为什么省略这些内容？该抓住哪些内容来讲才能够短而清晰？怎么讲好这个故事？哪里要详细讲？该以怎样的表情或者动作辅助才能让故事更生动？等等。学生的学习能力就在这一系列问题的自我思考和同伴互助中形成了。学习时空对学生成长的价值就在于此。

其次，让活动在复合的学习内容中发生。所谓的复合就是指事物因某种原因而结合起来。复合的学习内容就是把多篇文本按需要组合在一起供学生学习的内容。一般有三种形式的复合：一是以所学文本为主，融合进同质的课外文本，为学生提供更多的学习资料；二是以单元为整体进行教学；三是把教材中的文章根据主题进行重组。这三种方法共同的本质是打破一篇文章学习的常规，让学习内容丰富化、多样化。提供复合的学习内容最大的益处就是用文本为学生架构起学习的广阔空间，文本之间互相解释，互相补充，从不同的维度呈现共同的主题或说明共同的问题。多篇文章的组合学习，容易跳出单篇文章教学精雕细刻的窠臼，从大局着手，通盘考虑，更容易让学习活动真正发生。当然，文章组合的方式有很多，比如：可以按照叙述主题组合，把描写景物的文章组合在一起，组合中可以有现代诗歌、古诗词、散文等，让学生在阅读中不仅感受到不同景物的不同美好，同时还可以看到不同文体间不同的表达方式；还可以按照文体形式组合，分成散文篇、小说篇、神话篇等等，因为文体相同，所以有很多共有的特点，学生可以类比阅读，这对于掌握某类文体的表达方法很重要。很多教师已经开始研究小学教材的单元重组，比如薛法根老师和他的团队就曾经对苏教版三年级课文进行了这样的重组：描写事物的记叙文主题——《美丽的南沙群岛》《海底世界》《恐龙》《庐山的云雾》《荷花》《槐乡五月》；描写事件的记叙文主题——《翻越远方的大山》《雪儿》《花瓣飘香》《赶海》；描写人物的记叙文主题——《菩萨兵》《李广射虎》《少年王勃》《大作家的小老师》……其他还有叙述事理的记叙文、童话、科普、神话（传说）、诗歌等不同种类。在这样的组合中，不同的文章形成了一个“貌离神合”的整体，站在整体的角度学习，更能够培养学生的贯通意识，更能让学生将所学化为所用，将理解化为表达。

我曾经听郑州陇西小学吴丰老师教学统编教材三年级第六单元《古诗三首》，三首诗分别是《望天门山》《饮湖上初晴后雨》《望洞庭》，看似分别描绘了波澜壮阔的长江从天门山中间奔流东去的雄奇景色、西湖在不同天气下呈现的不同风姿，以及色调和谐、淡雅无比的洞庭美景，实则共同勾勒出一幅祖国山河的壮丽画卷。虽然同为写景，但是景物特点、表现手法、诗歌气质各不相同。吴丰老师把三首诗复合起来进行教学，以“比较”为主要方法进行学习活动：比较朗读，大气磅礴和温润如玉是两种不同的诵读风格；比较景色，长江的大气，西湖的秀美，洞庭的静谧，美得各有特色。整节课打破了古诗词教学的常规，学生在不断切换中比较、理解，让学习走到了一个新的高度。

最后，用明确的任务群组为学生提供活动的任务。“任务群”是高中语文课程中的概念，小学虽然没有特别提出，但是也已经渗透了一些重要的元素，比如说，统编教材对每一单元教学目标提出的“双线并进”的原则，在一定程度上就是站在任务群的基础上设定的。有效的学习活动必须靠明确的学习任务来支撑。因为学习活动都是在有效的教学目标的驱使之下进行的，而目标是遥远而虚无的，只有在分解成一个个学习任务的时候，才有达成的可能。比如前面所谈到的《古诗三首》的教学目标有三点：

1. 认识“亦”“宜”“庭”“未”“盘”等5个生字，读准多音字“抹”“磨”，会写“楚”“初”“遥”，理解“潋滟”“空蒙”等词语，有感情地朗读古诗。

2. 想象诗中所描绘的景色，尝试用自己的话说出课后习题中诗句的意思，背诵古诗。

3. 体会祖国山河的壮美。

三个目标中，“有感情地朗读古诗”“想象诗中所描绘的景色”“体会祖国山河的壮美”几个要求都是笼统的、概括的，学生虽然可以通过体会文字、观看图片和视频获得浅表性的理解和认知，但是真正有价值的、直抵心灵的体会必定是在一个个活动之中，或者说是在对一个个目标任务的完成之中才能获得的。所以，教师才有了运用自己读、齐读、对比读、表演读等以各种形式的朗读为主的学习活动，才有了“抓字词想象”“听声音想象”“看画面比较”等不同形式体会景色壮美的学习活动。这一个个小小的任务构成了任务群，支撑起了学生的整个学习过程。

我也曾经听无锡市崇宁路小学季琳老师教学《麋鹿》一课，这是一篇说明性散文，很难让学生学得有趣、生动和深入。但是季琳老师抓住“珍贵”和“奇异”两个核心词，引领学生提出了一系列问题：为什么说麋鹿奇异而珍贵？“奇异”在哪里？又为什么“珍贵”？文章是怎么介绍的？然后，教师巧妙地把一系列问题转化为揭秘麋鹿特点和探究文章表达方法的任务群组，让学生分小组在全文的描述中发现并借用表格进行梳理，结合教师补充的“梅花鹿”“马鹿”等七种不同种类鹿的怀孕期和产仔数量与文章介绍相比较，从中发现作者介绍的独具匠心。就这样，学生在对文字的比较品味中、在师生共同的交流思考中圆满完成了整节课的学习。任务群组对于学生学习的魅力在本节课得到了充分彰显。本节课的成功也许正诠释了建构主义的观点：学习发生在真实的学习任务中。不仅因为“客观活动是个体建构知识结构的源泉，而且因为真实的学习任务有利于激发学习者的学习主动性”。

总而言之，良好的学习活动打破了教师“带着知识走向学生”的惯性，建构了“带着学生走向知识”的教学新思维，这种转换让我们有机会享受“伫立在学生身边看他们走路”的教育境界，这真是一件美好的事情。

第五节　教学，指向语文要素的落实

语文要素是什么呢？为了明晰这个概念，我把散落在一至六年级的语文要素做了粗略整理，主要包括朗读、想象、观察、积累、理解、思维、复述、预测、提问、批注、速读、查找资料、提取信息、评价、联想、鉴赏等。语文要素中既包括语文知识，也包括语文能力，还包括语文学习的方法和习惯。这些要素有机分布在每册教材、每个单元、每篇课文之中，成为教师解读教材、设计学习活动的重要的凭借和依托。所以，教学中要想很好地落实语文要素，就必须对其内涵和序列有明晰的认识，了解并掌握促使语文要素落地的实施策略。本书就尝试解决这些问题。

第一，抓关键词——读懂单元语文要素的内涵。

小学语文教材中的语文要素基本上都是以一两句话的形式呈现在单元导读部分，表达看似简单，实则信息丰富，所以读懂它就显得非常重要。比如五上第三单元的语文要素就是“了解课文内容，创造性地复述故事”。这里的“创造性”就是老师们要特别关注的——不是详细复述，也不是概括复述，而是要在故事中加入自己对文中人物言语行为，或者对故事情节发生发展的想象和补充，让人物形象更丰满，让故事情节更生动。再比如，五上第五单元的语文要素是“用恰当的说明方法，把某一种事物介绍清楚”。这一语文要素中最重要的一个词语是“恰当”。能够说明事物的方法有很多，但是对于“这一种”事物来说，对于本文来说，对于本文所面对的读者来说，必定有最合适的、最恰当的方法。扣住了“恰当”一词，也就明白了本节课教学的重点和学习的方向。

四年级下册第一单元的语文要素是“抓住关键语句，初步体会课文表达的思想感情”，围绕着这一语文要素，编者安排了三篇课文——《乡下人家》《天窗》《三月桃花水》。如果教师在教学中仅仅看到语文要素中“关键语句”“思想感情”两个词语，本单元教学目标的达成并不难。《乡下人家》的关键语句是“乡下人家，不论什么时候，不论什么季节，都有一道独特、迷人的风景”。它出现在文章末尾，通过这个句子，可以体会到作者对乡下人家的喜爱和对乡间生活的无限向往。《天窗》的关键语句是“这时候，小小的天窗是你唯一的慰藉”，它出现在文章中间，表达了作者对童年乡下生活的美好回忆。《三月桃花水》的关键语句是“三月的桃花水，是春天的竖琴”“三月的桃花水，是春天的明镜”“啊，地上草如茵，两岸柳如眉，三月桃花水，叫人多沉醉”，前两句出现在文章中间，后一句出现在文章末尾，表达了作者对三月桃花水的喜爱和赞美之情。但是语文要素中还有一个十分重要的关键词语“初步体会”，“体会”是体验领会，“初步”是开始阶段的，不是最后的或者完善的。“初步体会”告诉了我们理解的度。可见本单元对课文表达的思想感情的体验和领会是初步的就可以，不用拔高要求。

可见，教师要读懂语文要素到底说的是什么，就必须关注其中的关键词语，关键词语抓住了，理解了，教师的教学就会避免高低深浅不适度的问题了。

第二，理清序列——明晰语文要素存在的价值。

很多一线教师在教学中存在的最大的问题是看到什么教什么，教的就是自己懂的，自己想到的，或者自己小的时候老师教的。而对于语文中包含的知识，语文学习应该形成的能力，很多老师心中没有一个清晰的序列，更不能发现同一知识和能力在不同学段教与学的侧重点，以至于教与学的梯度不明晰，让语文学习处于原地旋转的状态。而语文要素的存在就很好地解决了这个问题。编者把同一个语文要素分成若干个“点”，这些“点”呈阶梯状分布，由浅入深、由易及难，序列性十分清晰。那么语文要素在教材中呈怎样的梯级排列呢？

首先，同一个语文要素出现在不同的年段、学期中。比如，同样是“抓住文章主要内容”这一个语文要素，教材中各单元的要求却各不相同。

三下第八单元的要求是“了解故事的主要内容，复述故事”。

四上第四单元的要求是“了解故事的起因、经过、结果，学习把握文章的主要内容”。

四上第七单元的要求是“关注主要人物和事件，学习把握文章的主要内容”。

四上第八单元的要求是“了解故事情节，简要复述课文”。

四下第六单元的要求是“学习怎样把握长文章的主要内容”。

五下第六单元的要求是“了解人物的思维过程，加深对课文内容的理解”。

六上第八单元的要求是“借助相关资料，理解课文主要内容”。

从没有具体要求的复述课文，到根据“起因、经过、结果”和“主要人物和事件”复述，再到简要复述，最后到借助教材以外相关资料来理解课文，由易到难，层层推进。

而“介绍一种事物”这一语文要素在三至六年级的训练要求中更加清晰：

三下第一单元的要求是“试着把观察到的事物写清楚”。

三下第七单元的要求是“初步学习整合信息，介绍一种事物”。

五上第五单元的要求是“用恰当的说明方法，把某一种事物介绍清楚”。

五上第七单元的要求是“学习描写景物的变化”。

五下第七单元的要求是“搜集资料，介绍一个地方”。

从放开手来写，到用恰当的方法介绍；从描写某一时间看到的具体事物，到讲述不同时间段景物的变化；从把自己看到的客观存在的事物特点写清楚，到搜集资料深度介绍，充分体现了由单一到多样，由浅表到深入的能力发展要求。

其次，同一个语文要素在单元内部推进。这也是一个常常被教师们忽略的存在。其实，同一个单元中的语文要素，在不同的课文中学习的侧重点是不同的，也正是这些微小的差异，建构起了单元内部的上升梯级。

比如五年级上册第二单元的语文要素是“学习提高阅读速度的方法”，围绕这一要素，有层次、有梯度地安排了三篇课文，借助学习提示、课后练习题，介绍提高阅读速度的具体方法。

《搭石》——不回读，遇到不懂的不要停。

《将相和》——扩大视域，连词成句地读。

《什么比猎豹的速度更快》——带着问题读。

从“不回读”到“连词成句读”，再到“带着问题读”，从单纯缩短阅读时间，到有方法地提高阅读速度，再到走进深度阅读，学习步伐扎实稳健。

语文要素在单元内部层层递进式的存在，在四年级上册第二单元中呈现得更加充分。其语文要素是“阅读时尝试从不同角度去思考，提出自己的问题”，围绕这一要素，为了让“提问”这一策略在教学中落地，编者安排了四篇课文，它们各有侧重，层层深入：

《一个豆荚里的五粒豆》主要让学生愿意提问，能试着针对课文的局部或整体内容来提出问题，尝试整理问题。

《蝙蝠和雷达》主要学习从“内容”“写法”“启示”这三个角度来提问，分类整理问题。

《呼风唤雨的世纪》练习从不同角度提问，整理、筛选出对理解课文最有帮助的问题。

略读课文《蝴蝶的家》学习提出问题、分类整理问题，并尝试解决问题。

《语文园地》中的“交流平台”总结了提问的方法和注意点，“日积月累”中用名言警句道明“提问”的意义。

习作《小小“动物园”》，学生可以问自己：家人和哪个动物相似？什么地方相似？可以选择什么事例来写出相似之处？

可见，一个单元就是一个团队，大家分工负责，成为一个统一的整体。《一个豆荚里的五粒豆》《蝙蝠和雷达》《呼风唤雨的世纪》是精读课文，它们的作用是学习、发现、尝试运用提问的方法，《蝴蝶的家》是略读课文，它的作用是方法的迁移和运用，《语文园地》中的“交流平台”侧重于总结，“日积月累”是提升学生对“提问”意义的认识，习作《小小“动物园”》是让学生用“提问”的方法布局谋篇，明确自己写什么。

如此，由学习阅读方法，到运用方法阅读，再到总结提炼，纳入网络，最后到在方法指引下创作，环环相扣，步步提升，学习的层次性、推进性得到充分的体现。

最后，操作策略——促使语文要素向学生素养转化。

如上文所谈，所谓的语文要素就是学生在语文学习中应该掌握的语文知识和语文学习能力，所有要素聚集起来，就形成了学生良好的语文素养。那么，教学中，教师怎样实施教学，才能催化从语文要素到学生素养的积极转化呢？我想，可以尝试以下策略。

策略一，在阅读中帮助学生深入领会语文要素。这一种策略更多适合写作类语文要素的学习和掌握，语文要素清晰地呈现在文本中，学生在阅读文本的过程中感受它的存在形式，体会其独特价值，在深入的学习和体会中掌握其运用方法。比如三年级下册第一单元的语文要素“体会优美生动的语句”“试着把观察到的事物写清楚”。作者是怎样把观察到的事物写清楚的呢？其中在遣词造句、语言语法、布局谋篇方面有哪些独特之处？这些都是要在阅读中去领会和感悟的。再比如四年级下册第四单元“体会作家是如何表达对动物的感情的”这一语文要素也需要在阅读品味中学习写作的方法，用于完成第二个语文要素“写自己喜欢的动物，试着写出特点”。

六年级上册第二单元的语文要素是“了解文章是怎样点面结合写场面的”。为了达成这一教学目标，编者安排了《狼牙山五壮士》《开国大典》《灯光》三篇课文和《七律·长征》这首诗，其中《狼牙山五壮士》是点面结合写场面的典范，所以编者将其放在了第一篇，课文中痛击来敌、诱敌上山、顶峰歼敌三个部分都是非常经典的点面结合写场面的例子。教学中可以这样落实语文要素——

学习第二段：

1. 课文描写的是一次群体战斗，像这样描写了在特定时间与地点内许多人物活动的总体情况，就是场面描写。让我们聚焦第二段，看看作者是怎样描写“痛击来敌”这个场面的。

点拨：先描写群体英勇无畏的表现，这是“面”的描写；再逐一写五位战士的个体表现，这是“点”的描写。

2. 出示写“点”的四个句子，思考：五位战士分别有什么特点？作者是用什么样的方法来写“点”的？

点拨：马宝玉——从神态和语言上表现了人物的冷静善战；葛振林——从动作和语言上表现了人物的勇猛；宋学义——抓住动作描写，表现了人物的嫉恶如仇；胡德林和胡福才——从神态描写表现了对敌时的专注和认真。这些个体形象的细节描写就是场面描写中的“点”，既表现了不同人物的性格特点，又互为依托，完成了群像的塑造。

3. 议一议：这部分点面结合的场面描写有何作用？

点拨：既有群体叙述，又有个人描写，既有总体概括，又有具体刻画，这样读者既对总体面貌有所了解，又对个体活动有具体认知，给人身临其境的感觉。同时点面结合的场面描写还可更好地渲染气氛，塑造人物，表现主题。

学习三至六段：

1. 自读“顶峰歼敌”和“舍身跳崖”部分，思考：作者是如何展开“点”“面”描写的？

交流要点：写“点”的语句。

(1) 他刚要拧开盖子，马宝玉抢前一步，夺过手榴弹插在腰间，猛地举起一块磨盘大的石头，大声喊道：“同志们！用石头砸！”

(2) 马宝玉嗖的一声拔出手榴弹，拧开盖子，用尽全身气力扔向敌人。

(3) 班长马宝玉激动地说：“同志们，我们的任务胜利完成了！”说罢，他把那支从敌人手里夺来的枪砸碎了，然后走到悬崖边上，像每次发起冲锋一样，第一个纵身跳下深谷。

三句话都是写“点”，都描写了同一个人物——马宝玉。侧重描写了人物的动作、语言、神态，生动传神地刻画出了马宝玉作为班长的当机立断、英勇无畏，对敌人满腔的仇恨以及视死如归、以身殉国的英雄气概，壮士形象跃然纸上。

写“面”的语句。

第四段“顶峰歼敌”中的第1～4句是写“面”，描写了五位壮士群体活动的情况及敌人的情况；“舍身跳崖”中第1、第2句是写“面”，第5、第6句也是写“面”。

2. 议一议，同样是点面结合的场面描写，“顶峰歼敌”“舍身跳崖”和“痛击来敌”在写法上有何不同？为什么这样写？

“点”的选择不同：“痛击来敌”是五位战士作为“点”逐一展开描写，“顶峰歼敌”“舍身跳崖”是主要写马宝玉这个“点”。

这样写的原因：一开始对五位战士的介绍，可以让读者对人物形象有总体的了解，有利于群像的塑造；后来抓住重点人物马宝玉具体描写，可以凸显主体人物的壮言壮行，让其有血有肉，形象丰满，从而以点带面，给人留下深刻的印象。

在这个课例中，站在读懂文章所写内容的基础上落实了“点面结合写场面”的语文要素，学生在对语言的阅读中明晰了点面结合是什么，有什么价值，又在不同场面写作方法的对比中发现了变化，深入体会了人物形象。本节课教学最大的妙处就是实现了文本阅读、语文要素落实和人文熏陶三者的和谐统一。

策略二，在阅读中发现并提炼出隐含的语文要素。这一种策略和上一个“在阅读中深入领会语文要素”的区别在于，前者在学习前学生就有了浅显的认知，在“这一课”的学习是为了深入和强化，或者说这一语文要素是操作层面的，容易发现并掌握。所以，在《狼牙山五壮士》一课的教学中，教师直接点明“课文描写的是一次群体战斗，像这样描写了在特定时间与地点内许多人物活动的总体情况，就是场面描写”，并且在交流中点拨“先描写群体英勇无畏的表现，这是‘面’的描写；再逐一写五位战士的个体表现，这是‘点’的描写”。但是也有一类语文要素不容易被发现，或者说是理解起来很有难度，就需要我们选择一定的策略来帮助学生认识并体会。

四年级下册第七单元的语文要素是“从人物的语言、动作等描写中感受人物的品质”“学习用多种方法写出人物的特点”。本单元第一篇课文是三首古诗——《芙蓉楼送辛渐》《塞下曲》和《墨梅》。从题材上看，一首送别诗，一首边塞诗，一首咏物诗，各不相同。从内容上看，一首送别友人，自我剖视，一首感叹赞颂戍边战士的英勇无畏，一首借赞颂梅花抒发情怀，同样各有不同。这三首诗和本单元语文要素有什么关联呢？很多教师在教学中甚是困惑。在这种情况下，教师就需要带领学生深入文字内部进行梳理、提炼，如抽丝剥茧般，在学生对诗意一点点的理解中，一步步走向诗人的内心。随着三首诗写作特点的呈现，三位作者的人生品性、生活格局也逐渐清晰起来，本单元的语文要素也随之浮出文本，最后带给学生的是一种拨云见日的欣喜和震撼。

策略三，用语文要素推进阅读的步步深入。这时候，语文要素不是隐藏在文字中、故事的情节里，而是一种阅读手段、阅读策略，学生使用这种策略，促进阅读的深入开展。这一方法更适合于“提问”“预测”等这一类语文要素在学习中的落实。

四年级上册第二单元的语文要素是“阅读时尝试从不同角度去思考，提出自己的问题”。围绕这一语文要素，安排了《一个豆荚里的五粒豆》《蝙蝠和雷达》《呼风唤雨的世纪》和《蝴蝶的家》四篇课文的学习。本单元的语文要素如果用通俗的语言表达，那就是“运用提问的方式读懂课文”，“提问”在本单元中成为读懂课文的首选策略，文本的阅读就是在这种策略的推动下展开的。这里对“不同角度”做一简要说明：所谓不同的角度，从大的板块来说，可以从题目的角度，从内容的角度，从写作的角度等等。从小的块面来讲，可以从遣词造句的角度，从修辞手法的角度，从标点符号的角度等等。也就是说，凡是你有疑问的地方、你感觉精彩的地方、你想进一步探讨的地方，都可以提出问题。

具体怎么操作呢？以江阴费洁老师执教的《蝙蝠和雷达》一课的教学为例来谈。

片段一：关注“内容”，学会提问

1. 不仅可以对题目提问，还可以对文中的词语、句子、段落等来进行提问。譬如，在课文第七段的左侧有这样一个问题：“蝙蝠如何分辨障碍物和猎物呢？”这就是针对课文内容中的一个句子来提问的。

2. 你会针对“内容”来提出问题吗？可以是一个词语，一个句子，一个段落。譬如，读到第三段时，你有问题吗？

(1) 学生默读第三段。屏幕显示这个段落。(2) 学生从“内容”这个角度自由提问。(3) 教师紧扣某个词语、句子或段落等具体内容来点评。

3. 阅读课文其他部分，从“内容”这个角度来提问并试着解答。

4. 找出组内不能解决的问题，一起来解决。

片段二：聚焦“写法”，学习提问

1. 我们还可以从课文的“写法”来提问。譬如第三段：“而且”“即使……也”，为什么要用上这些关联词？作者写这段最后一句时用了反问句，这样写好在哪里？这就是从“写法”上来提问。(相机板书：写法)

2. 你会从“写法”上提问吗？

提示：从“写法”上来提问，可以从修辞手法、标点符号、文章结构等等去考虑。以第二段为例，学生练习提问。

3. 难道它的眼睛特别敏锐，能在漆黑的夜里看清所有的东西吗？于是，科学家做了实验。

(1) 三次实验准备一样，实验方式和实验结果怎样？读读课文，填写表格。

<table>
<tr><th>第几次</th><th>实验准备</th><th>实验方式</th><th>实验结果</th></tr>
<tr><td>第一次</td><td rowspan="3">拉绳子
系铃铛</td><td>蒙上眼睛</td><td>飞了几个钟头，铃铛没响，绳子没碰。</td></tr>
<tr><td>第二次</td><td></td><td rowspan="2"></td></tr>
<tr><td>第三次</td><td></td></tr>
</table>

(2) 交流填写结果。

<table>
<tr><th>第几次</th><th>实验准备</th><th>实验方式</th><th>实验结果</th></tr>
<tr><td>第一次</td><td rowspan="3">拉绳子
系铃铛</td><td>蒙上眼睛</td><td>飞了几个钟头，铃铛没响，绳子没碰。</td></tr>
<tr><td>第二次</td><td>塞上耳朵</td><td rowspan="2">没头苍蝇，到处乱撞，铃铛响个不停。</td></tr>
<tr><td>第三次</td><td>封住嘴巴</td></tr>
</table>

4. 实验准备一样，实验方式不同，结果不同。三次实验，表述不一样，第一次实验写了整整6行，第二次和第三次合在一起才写了4行。

(1) 在“写法”上你有问题吗？想请谁来解答呢？

(2) 这样写，清楚地得出了这一结论：三次实验的结果证明，蝙蝠夜里飞行，靠的不是眼睛，而是靠嘴和耳朵配合起来探路的。

5. 第八段和第七段在“写法”上有相同之处吗？为什么要这样写？

在这篇文章的教学中，教师紧紧抓住“提问”这一语文要素展开学习活动：从围绕内容提问，到围绕写法和启示提问，板块清晰，张弛有度。内容、写法和启示三个块面内部提问逻辑严谨，步步深入。例如内容板块，从利用文中范例给出提问的例子，到聚焦一段降低提问难度；从围绕内容放开提问，到聚焦重点问题深入阅读……学习策略的运用由浅入深，由易到难，学生的学习在策略的推动下向深度展开。

策略四，抓住语文要素中“特别的要求”展开阅读。语文要素在每单元往往用一句话的形式呈现，单元要素前面会有一些说明性的文字，教师在教学中一定要特别关注这些文字，因为这些文字要求的恰恰是语文要素在不同课文或者不同学段的梯级。

例如，五年级上册第五单元的语文要素是“阅读简单的说明性文章，了解基本的说明方法”“搜集资料，用恰当的说明方法，把某一件事物介绍清楚”。在本单元的语文要素中，“了解基本的说明方法”和“用恰当的说明方法”是两个递进性的梯级，前者为基础版，后者是升级版。教师在教学中，目光往往只在基础版中逡巡，而后者往往被忽略，但是被忽略的往往才是最有价值的。下面以《太阳》一课的教学片段为例，来谈一谈这一策略的运用。

师：刚才我们已经发现了作者用了三种方法向我们介绍了太阳离我们很远。谁来把三种方法归纳一下？

生：作者先用了列数字的方法介绍，比如，一亿五千万千米远，三千五百年，二十几年等。然后又举了步行和坐飞机两个例子，在举例子的同时运用了作比较的方法。

师：归纳得很完整。我想知道的是，作者为什么用这样的方法来介绍太阳的远？

生：列数字的方法让我们能清楚地知道太阳离我们的距离，真切感受到太阳离我们很远。

师：既然如此，文章只要用“太阳离我们约有一亿五千万千米远”这一句话就可以了。为什么后面还要举例子？

生：一亿五千万千米，数字太大了，我们不知道到底有多远，心中没有概念，所以才要举例子，如果步行，需要走三千五百年。

师：我知道了，举例子的作用就是进一步贴近我们的生活，让读者可以和自己的生活对接起来理解。如此说来，举一个例子就可以了，为什么作者在步行的例子举完以后，还要增加一个坐飞机的例子？这不是啰唆吗？

生沉默。

师：你们知道三千五百年是多长的时间吗？（学生摇头）从刘邦出生时开始走，走到现在是两千多年，差不多还要走一千五百年。（学生惊呼）

生：我知道了，步行的时间我们还是没有概念，所以增加了一个坐飞机的例子。

师：的确如此。那么，面对这两个例子，你还有疑惑吗？

生：如果像刚才说的，直接举坐飞机的例子不就可以了吗，为什么前面还要多写一个步行的时间？

师：很好的问题。谁能解答？

生：只有一个坐飞机的例子不能让读者感到震撼，两个例子放在一起比较，更能凸显太阳的远。

师：所以，这三种说明方法在这里运用得就很恰当！

所谓的深度学习，很多时候就是在大家止步的地方再往前迈一小步。在这个教学片段中，“为什么还要举例子？”“为什么要举第二个例子？”“为什么还要举第一个例子？”三个“为什么”把学生的思维引向了深处，把语文要素的落实从基础的认知引向了比较鉴别的层面，最后在选择中深刻理解了什么是最合适的、最恰当的。

语文要素落实的方法还有很多，比如“在读懂课文内容的基础上落实语文要素”“在多种方法关联中落实语文要素”等，我想，随着教师们对语文要素理解的日渐深刻和教学实践的逐步深入，会有更多行之有效的方法被发现，被运用，学生的语文素养也会在语文要素的落实中螺旋上升。

第六节　教学，指向核心素养的达成

一、关于“核心素养”和“学习活动”概念的辨析

关于核心素养，我们可以看到不同的论述。有专家说：核心素养是学生在接受相应学校教育过程中，逐步形成的适应个人终身发展和社会发展需要的必备品格和关键能力。2017年新版的《普通高中语文课程标准》这样界定：语文学科核心素养是学生在积极的语言实践活动中积累与构建起来，并在真实的语言运用情境中表现出来的语言能力及其品质；是学生在语文学习中获得的语言知识与语言能力，思维方法与思维品质，情感、态度与价值观的综合体现。在《PISA2018分析框架草案》中对“阅读参与度”“批判性思考”“读写联系体”三个新概念价值特征逐一透视，以人类语用的第一功能即“表达”为逻辑起点，对语文核心素养的本质加以界定：“阅读参与度”强调彰显独立思考的自觉意识和自主表达的重要能力，“批判性思考”强调深入融入文本内部并且给出经过学习者心灵过滤后的“独立评论”，“读写联系体”强调阅读唯有通过表达，阅读主体才能

获得输入型语用逻辑的“价值和意义”。文章认为，“表达本位”及其相关术语，可能也应该成为象征语文核心素养的标志性文化符号。荣维东则认为：语文学科是一个以“语言（言语、语用）学习”为核心的包括语言文字、语言文章、语言文学、语言文化等内在的循序渐进的母语课程教学体系。语文素养的核心理念应该是学生适应社会发展的、灵活高效的、真实的语用能力。

综合各方观点，我想，语文的核心素养主要表现在语言力和思想力两个方面。

学习活动又是什么呢？我在《学习活动设计的误区特征与方法》一文中，曾经做过详细的阐述。好的学习活动应该让学生产生“经历感”和“探索感”，在活动中推动学生认知、思维与实践能力的深入发展。好的学习活动应该有如下的特点：一是能促进学生高阶思维的发展。让学生的学习不是停留在接受信息层面，不是简单的问题回答，不是流于表面的浅层次沟通，而是充分给予学生在文本中涵泳的机会，让学生通过阅读、理解、甄别、鉴赏、综合、概括等方法得出“经过心灵过滤”的某种结论，能完整阐述自己的观点。二是能体现对知识的深度学习。知识是有深浅之分的，好的学习活动应该给予学生提问、鉴别、思考、交流、论证的机会，给予学生运用知识解决问题的实践过程，帮助学生在学习中窥见内容背后的意义和形式中蕴藏的知识本质。三是能打通文本之间、学科与学科之间，乃至课堂与社会之间的联系。真正的学习活动应该着眼于对问题的深度分析和解决，学习与生活的社会背景联系越紧密，学习的真实性就越强，真实性越强，越容易让学生产生深入走进的欲望，真正的学习就是在这样的基础上发生的。

二、核心素养和语文要素的关系

在我们看来，语文核心素养和语文要素之间是统领和支撑的关系。语文的核心素养被分解成语文要素在语文学习中呈现，学生在教师的带领下，在每一篇课文的学习中，在对语文要素的掌握中形成了语文核心素养。比如语言的理解力这个核心素养，分布在语文学习中就有如下要素做支撑——

三年级上册第四单元：围绕“预测”这一阅读策略展开。唤醒学生边阅读边预测的意识。实践并总结预测的基本方法和路径。通过讨论、比较和交流等，引导学生掌握预测这一策略。

三年级下册第三单元：了解课文是怎么围绕一个意思把一段话写清楚的。

四年级上册第三单元：体会文章准确生动的表达，感受作者连续细致的观察。

四年级下册第四单元：体会作家是如何表达对动物的感情的。

五年级上册第六单元：体会作者描写的场景、细节中蕴含的感情。

五年级下册第六单元：了解人物的思维过程，加深对课文内容的理解。

六年级下册第四单元：阅读时，关注神态、言行的描写，体会人物品质。查阅相关资料，加深对课文的理解。

在如上的序列中，我们不难发现，“语言的理解力”这一核心素养被分解成许多要点，成梯级分布在一至六年级12册教材中，从字词的理解到句段的把握，从模仿语言的形式到深入感知短篇的表达，从短文到长文，从内容到思想，步步深入，层层提升，帮助学生在日常的学习中一点点累积起语文最重要的核心素养。

三、基于核心素养达成的学习活动设计策略

我将从“字词教学”和“阅读教学”两方面来谈学习活动设计的相关策略与方法。

首先，字词教学的设计策略。说起字词教学，很多人都认为只要让学生会读、会写，能懂得其意思，再掌握简单的运用就可以了，没有太多的技术含量，更不存在思想或者理念的内涵。所以，很多一线教师在有机会上研究课、公开课的时候，几乎都会有意无意避开识字教学。其实不然，识字教学活动有其独特的魅力，识字教学也一样需要教师独到的思考和创造性的设计。识字教学可以和把握文章主要内容联系起来，可以和体会文章写作特色联系起来，也可以和领会人物特点联系起来……一句话，好的识字教学活动是架在识字和阅读之间的桥梁。识字教学有许多策略，在这里我立足于“分类识字”谈几种学习活动设计的策略，供大家研讨。

策略一：按照人物和事物分类学习。

这一策略适合参观、游记等一类的文体。在这类文体中，人的活动和所描写的事物之间有着密切的联系，但作者的描写又各自独立。教学中，分别抓住描写人物和事物的词语进行学习，有利于强化各自的特点，同时清晰地呈现文章不同层面的脉络。

比如四年级上册第一单元《观潮》一文，这篇文章主要描写了钱塘江大潮的奇观，在呈现钱塘江潮涌奇观的同时，使用相当长的篇幅讲述了观潮人之多和所有人对潮水急切的盼望，侧面、正面相互补充，呈现了钱塘江大潮无与伦比的魅力。在这节课的学习中，识字教学就可以按照人物和事物进行分类。我校张莉茗老师是这样设计的：

1. 出示中国地图，标注钱塘江的位置。出示钱塘江潮的图片，揭示课题。（板书：观潮）

2. 归类识记本课词语，初步感受钱塘江潮的特点。

词组一：顿时　逐渐　霎时

(1) 读正确，教书写。“逐”不要多一点，“霎”笔画多。

(2) 找共同点。都是表示时间的。

(3) 三个词语中有一个词语和另外两个不完全相同，你能发现吗？(逐渐)

词组二：浩浩荡荡　闷雷滚动　山崩地裂　震得颤动　漫天卷地

(1) 读正确，教书写。注意“闷”读四声调，“卷”读三声调。

(2) 结合图片及生活中春游的场景，理解“浩浩荡荡”。结合上下文理解“漫天卷地”。

(3) 找共同点：这些词都写出了潮水的什么特点？词语都是有温度的，能读出潮水的气势磅礴吗？找一找，文中还有哪些词也能表现出潮水的气势磅礴。读一读这些词语。

词组三：昂首东望　盼着　人声鼎沸　踮着脚

(1) 这些词语有什么共同点？（都是写人的活动）

(2) 你从中体会到观潮人怎样的心情？读一读。

3. 指导易错字的写法。

(1) 指导书写“鼎”。出示“鼎”的实物图片，以及“鼎”字的演变过程。学生观察，教师指出“鼎”是象形字；“目”是“肉(月)”的变形，而不是锅里煮的太阳。

(2) 指导书写“滚”。推荐歌谣识记：“大公鸡，穿花衣。看不见路，掉水里。骨碌骨碌‘滚’回去。”

在这个设计中，教师把词语分成三类：表示时间的词语、描写潮水的词语和描写观潮人的词语，在学生对字词的分类学习中，教师又引导学生从不同角度走进对词语的深度感知——“三个词语中有一个词语和另外两个不完全相同，你能发现吗？”“这些词都写出了潮水的什么特点？词语都是有温度的，能读出潮水的气势磅礴吗？”“读课文，找一找，文中还有哪些词也能表现出潮水的气势磅礴。读一读这些词语。”“你从这些词语中体会到观潮人怎样的心情？”这一个个对词语理解的深度追问，把字词的学习和对人物、事物的整体认知联系到了一起。

一位老师对《穷人》一课字词的教学设计也极其巧妙——

1. 出示词组一：汹涌澎湃的海浪　溅起一阵阵浪花　炉火熄灭　湿淋淋的渔网　糟糕的天气

(1) 朗读短语，提示：“澎”“湃”“淋”书写时左中右的宽窄、高低变化。

(2) 用上其中的几个词说一说小说中人物生活的环境和状态。

(3) 引读课文的第一段。故事发生在一户普通的渔家小屋内，时间是晚上，这是小说的环境描写。

提示：从环境描写中可以发现人物生活的艰辛和桑娜的勤劳。

(4) 适当补充小说的时代背景。

提示：小说大多是虚构的，却又有生活的影子。小说中的俄国劳动人民处于沙皇的黑暗统治之下，生活极度贫困。

2. 出示词组二：桑娜　渔夫　西蒙

(1) 朗读词组，发现这是小说中出现的人物。

(2) 说一说，小说中人物的身份和关系，发现他们都是小说中的穷人。

示例：桑娜是五个孩子的妈妈，一个渔夫的妻子；渔夫是靠打鱼为生的人，是桑娜的丈夫;西蒙是两个孩子的妈妈,寡妇,桑娜和渔夫的邻居。他们都是穷人。故事是围绕桑娜这个人物展开的。

3. 快速默读课文,5分钟内读完,根据人物之间的关系概述小说的故事内容。

要点:说清楚人物身份和人物之间的关系;说清楚人物之间发生的关键事件。

在这个设计中,教师先出示描写环境的短语,几个短语中包含了多个生字。学生在阅读短语的过程中了解了人物的生活环境,并由此走进小说中故事所处的时代背景,顺便学习了课文的第一段。第二组词语是小说中的人物,读好外国人的名字,在学习外国文学作品中很重要,巧妙的是"说说小说中人物的身份和他们之间的关系",这一个要求直接把字词学习和对小说中人物的初步认知结合在一起,帮助学生架构起了整篇小说的基本框架。

策略二,按照词语的特点分类学习。

这一个分类方法也许是最容易被教师们发现和实践的。比如可以按照词性进行分类,也可以按照词语的字数分类,还可以按照词语的形式(AABB、AABC等)进行分类。这种分类方法有助于学生对词语的积累,或者了解文章语言的特点。

比如,有教师这样设计五年级上册《牛郎织女》一课字词的教学:

1. 出示第一组词语:筛子　瞌睡　好歹　稀罕　眼中钉　落在后面

点拨要点:"罕"的本音读"hǎn",在词语"稀罕"中读轻声;"筛子"是一种可以把细东西漏下去、粗东西留下的有孔器具;多音字"落",表示"丢下,遗漏"的意思时读"là";"眼中钉"是个三字俗语,比喻心目中最痛恨、最厌恶的人。

2. 出示例句,找找叠词:"织女拍拍老牛的脖子……挨挨它的耳朵……"

文中还有很多各种形式的叠词,找出来读一读。

舔舔手　闭闭眼　笑嘻嘻

花花绿绿　勤勤恳恳　干干净净

摇摇耳朵　见识见识　恋恋不舍

3. 引导发现词语特点

要点:本课用词大多比较通俗、易懂,是人们生活中常用的口头语,充分体现了民间故事的语言特点。

教师的这一个设计,重点和特点都十分突出,第一组词语教学,立足于解决轻声字、多音字和有特殊意义的词语,突破的是教学的难点。第二组词语是学生按照样子寻找到的叠词,这些词语凸显的是民间文学口口相传的文体特点,由词语的学习到文章语言特色的发现,顺理成章,毫不违和。

这种字词学习的魅力在很多课的教学中都可以体现。比如,有教师在教学五年级下册《手指》一课时，特别关注了“按弦”“揿门铃”“拧螺丝”“解钮扣”几个词组的结构，并联系生活让学生感受到了它们承载的意义，由此作为切入点，推进到对文章语言特色的感受和梳理中。所以，好的字词学习方式同时可以成为走进文本、体会语言特色的桥梁。

策略三，按照事物（人物）的行为分类学习。

其实，分类识字教学，对教师的教学能力是一个很大的考验，生字表中的字全部是按照在文中出现的先后顺序排列的，教师如何把这些词语重组，充分体现了他的教学理念和教学设计能力。四年级上册《蟋蟀的住宅》一课，有教师在教学中重点关注了三组词语：

词组 1：住宅　藏身所　洞穴　巢穴　大厅　卧室

（1）读正确，教书写。“宅”第四笔是撇，“藏”“卧”写好部件“臣”。

（2）分分类。将词语分成两类，说理由。

要点：按照住的对象不同来分，可以分成以下两类——

住宅　大厅　卧室

藏身所　洞穴　巢穴

（3）再次读题，结合以上词语，初步体会课文拟人的手法。

词组 2：选择　挖掘　建筑　整修

（1）读正确。

（2）发现词组特点。（要点：体现的是修筑洞穴的一般步骤或关键环节。）

（3）连起来说一说修筑洞穴的过程。

词组 3：临时　慎重　专家

重点教识记：“临”左右结构；“慎”右边是“真”；“专”注意第三笔的笔画，是一笔。

三组词语，教师的教学立足在三个角度。第一组指向住宅的不同表述，并由此探究出文章的表达特点；第二组指向建筑住宅的步骤，理出建筑的过程；第三组指向容易写错的词语。每一组词语呈现的目的都十分明确，词语学习不再是割裂的、独立的存在。

再比如四年级上册《普罗米修斯》一课的识字教学，张旭红老师是这样设计识字教学环节的：

1. 自读故事，初识众神。

（1）课文里出现了许多神的名字，自己读一读，写一写，理清各自的身份。

师生合作板书：

众神领袖：宙斯　太阳神：阿波罗　天神：普罗米修斯

火神:赫淮斯托斯　大力神:赫拉克勒斯

(2) 以人为线索,带出一串词组。

老师这里有四排词语,大家看看,分别是描写谁的?(先出示词语,讨论后再对应人物。)

众神领袖宙斯:气急败坏　严厉　惩罚　狠心

火神赫淮斯托斯:敬佩　不敢违抗

天神普罗米修斯:戴着铁环　锁在　风吹雨淋

大力神赫拉克勒斯:愤愤不平　挽弓搭箭　射死

朗读巩固,明确人物、身份、词语的对应关系,加深印象。

在这个设计中,教师从众神的名字入手,在读准确、读熟练的基础上,了解众神的身份,然后结合对众神行为描写的词语,了解他们各自在故事中扮演的角色和形象,如此,在词语学习的环节就对故事中涉及的人物有了初步的感知,为课文的学习做好了铺垫。

策略四,按照事物的类别分类学习。

使用这一策略给我留下最深印象的是一位教师对六年级上册《故宫博物院》识字教学的设计。因为作者以游览者的身份按照参观线路介绍,而且用大段文字介绍故宫博物院的建筑,以叙述和描述性语言为主,所以学生的阅读难度比较大。教师在教学中,设计了独到的生字词学习活动——

1. 归类积累。

第一组:故宫博物院、紫禁城、城中之城

第二组:午门、神武门、东华门、西华门

第三组:太和殿、中和殿、保和殿、文华殿、武英殿

第四组:乾清宫、交泰殿、坤宁宫、东六宫、西六宫

读一读,你能找出词语分组的规律吗?

找出规律后,和同学交流一下,并记一记。

要点:

第一组词:都是北京故宫的名称。第二组词:故宫的四座城门。第三组词:“前朝”。第四组词:“内廷”。

2. 看图,完成练习。

(1) 你能从课文中找出合适的词语给下列图分别取一个名称吗?

要点:殿檐斗拱、镏金屋顶、蟠龙金柱、龙凤呈祥、双凤朝阳

(2) 你能发现故宫建筑共同的特点吗?

要点:(1) 色彩。故宫在色彩上给人的强烈印象是金碧辉煌。金黄色的琉璃瓦与以青绿色为基调的檐饰相对比,在蓝天白云的辉映下显得非常辉煌。(2) 精美。雕梁画栋,镂金错彩,又与殿外单色调红墙和黄色琉璃瓦屋顶形成鲜明对比。(3) 屋顶装饰。故宫的建筑还十分注意屋顶的装饰,不但在屋角处做出翘角飞檐,饰以各种雕刻彩绘,还常常在屋脊上增加华丽的走兽装饰。整体显得金碧辉煌而又雍容华贵,色彩浓重而又端庄和谐。

该设计充分考虑到学生学习的实际,先用归类积累的方法让学生分别认识了故宫的名称、四门、前朝和后廷,在学生心中建构起了一个大而完整的框架,然后结合图片分析了五个反映独特建筑风格的词语,并从中提炼出了故宫建筑的特点,在学生心中留下了清晰的故宫印象。

从上述的案例中我们不难发现,好的识字教学策略可以融字词学习、文章主要内容把握、对人物或者事物特点的认知、文章语言特色的了解和把握等多方面为一体,融知识学习、阅读理解和思维发展为一体,是我们语文教学不能忽略的存在。

其次,阅读教学的设计策略。阅读教学是语文教学的核心所在,也是落实语文要素,培养学生核心素养最重要的环节,所以,阅读教学中学生学习活动的设计策略直接影响着语文学习的效果,被广大一线教师所重视。那么怎样的设计策略能够激发学生学习语文的欲望,很好地落实语文要素,帮助学生形成高品质的语文能力呢?在实际的教学实践中,我们做了以下的尝试——

策略一,梳理同一类事物比较阅读。

这一策略适合通过写“变化”凸显某处景物特点,凸显文中人物行为、心态、精神的改变,或者事物的发展变迁一类的文章。这类文章有一个共同的特点,那就是作者通过相对比较长时间的观察,在一个大时空中架构起人物或者事物成长发展线路图,表现出人物(事物)不同阶段的不同状态或者不同特点。比如《鹿和狼的故事》一文,作者就为我们呈现了凯巴伯森林、狼和鹿的数量这三个方面的变化,教学中对每一类事物发展变化的比较很容易让学生产生深度思考,得到启发和教育。三年级上册《美丽的小兴安岭》一课的叙述十分经典。作者用四个自然段为我们呈现了小兴安岭春夏秋冬四个季节的美丽与富饶，因为四个段落结构相似度很高，所以教师在教学中喜欢采用“扶一半扶一放”的教学态势，美其名曰“体现学生学习方法的习得”和“自主学习的能力培养”。我不否认这种教学策略的价值，但是也很清楚它不可忽略的弊端，那就是因为目光只是集中在一个段落之中，以至于学生的学习空间狭小，在当下关注学生思维力发展的背景下，学习的张力明显不够。我们来看一位教师不一样的学习活动设计——

1. 指名读第一段。小兴安岭给了你什么样的感受？

2. 小兴安岭的树有什么特点？你从哪些词语中体会到的？

3. 有时候标点符号也可以传情达意，文中哪个标点符号可以体现树多？（省略号）猜猜看，可能还有哪些树？

4. 小兴安岭的树的确多，春夏秋冬四个季节里作者都写到了树。分别找出四个季节里写树的句子，比较一下不同季节里的树各有什么特点？你最喜欢哪个季节的树？

5. 比较品味，交流分享四个季节的树。

(1) 春天的树：生机勃勃。春天，树木抽出新的枝条，长出嫩绿的叶子。

从“抽出”一词体会枝条生长的力量和速度。

(2) 夏天的树：枝叶茂盛。夏天，树木长得葱葱茏茏，密密层层的枝叶把森林封得严严实实的，挡住了人们的视线，遮住了蓝蓝的天空。

抓住“封”字感受树木枝叶遮天蔽日、又密又厚的景象，显示出树木在夏天的勃勃生机。

(3) 秋天的树：落叶飞舞。秋天，白桦和栎树的叶子变黄了，松柏显得更苍翠了。秋风吹来，落叶在林间飞舞。

秋天的森林色彩艳丽。抓住“飞舞”体会，在你眼中，这树叶像什么？你能感受到落叶的心情吗？

(4) 冬天的树：积满白雪。冬天，雪花在空中飞舞。树上积满了白雪。

6. 小兴安岭和大兴安岭、长白山是我国最大的林区，它们集中了全国木材储量的三分之一，带着对小兴安岭的赞美之情，再来朗读这些描写树的句子。

这一学习活动的设计有两大特点：其一是放大了学生的学习空间，把学生习惯性聚焦一段研究，改变为聚焦几段文字思考，放大文本空间的同时带来的是学生思考视域的拓展。其二是聚焦了学生的研究方向。把习惯性“找找都写了哪些事物”的多事物关注，改变为对一种事物的深入发现。因为聚焦，所以研究更深入，印象更深刻，学生的脑海中就容易建构起漫山遍野的树木从抽枝发芽到被积雪覆盖的过程。

策略二，在系统的想象中推进阅读的深入开展。

“想象”是一个很重要的阅读学习方法，不分文体，不分学段，甚至不分学科，都可以使用。在想象中能听见小溪的声音，能看见大树的蓬勃，能听懂动植物的语言，能和千年前的人物对话……总而言之，在我们的想象中，一切你需要的都可以出现，一切的梦想都可以成真。所以，教学中，学习《故宫博物院》，我们引导学生想象建筑的雄伟；学习《记金华的双龙洞》，我们让学生想象洞里奇特的景象……童话、神话、散文、记叙文，甚至说明文，我们都可以用这一教学手段带领学生学习。但是，不能否认，我们以往的“想象”一般是立足于某个点展开的联想，只是用来理解某句话或者某段话时的一种独立存在的学习方式，而这里所谈的学习活动设计策略更关注于“想象”的“系统”性。何为系统？字典的解释是：“同一类事物，按一定秩序相连属，而自成一整体。”这里的“系统想象”就是用想象的方法把要阅读理解的内容连接起来，在想象中走进阅读深处。比如，某位老师教学三年级上册《灰雀》一课时，就是这样设计学习活动的——

1. 聚焦重点内容，默读第二至十段中列宁和男孩的对话，用“________”画出列宁的话，用“~~~~~~~~”画出男孩的话。思考：他们在对话的时候各自心里可能在想什么呢？

2. 出示表格，根据学生的回答完成表格。

列宁说	男孩想
你看见过一只深红色胸脯的灰雀吗？	
一定是飞走了或者是冻死了。	
多好的灰雀呀，可惜再也飞不回来了。	
会飞回来？	

男孩说	列宁想
没……我没看见。	
会飞回来的，一定会飞回来的。它还活着。	
一定会飞回来！	

3. 列宁和小男孩在听到对方说的内容后，会想些什么呢？前后四人一起来分角色朗读想象，分成两组，分别扮演列宁或者小男孩，一个读，另一个想。

4. 分角色朗读课文。

在这样的学习活动中，学生把朗读和想象融合起来，不仅触摸到了说话者言语表达的含义，还深入到人物的内心，触摸到内心深处的思考，并且通过真实存在的语言和说出口的内心独白，清晰呈现了人物内心认知与情感的变化，故事中所蕴含的思想、道德、价值观就悄然播种于学生的心灵深处。

这一策略几乎适合所有以对话为主体的文章的学习。比如二年级上册《坐井观天》

一文，学习中，学生通过在小鸟和青蛙的对话中补充进各自的想象，就能够一步步深入到青蛙和小鸟各自内心深处，明白他们说了什么和为什么这样说，寓言中蕴含的寓意也就自然浮现于学生的心中，教学的难点也就在不知不觉中得到突破。

策略三，在情境任务中完成文本阅读与能力的对接与转化。

关于在情境中设计学习活动的重要性，我在《深度思维，让学习真正发生》一文中已有详细论述，这里需要再次明晰"情境性学习"的概念。有专家指出，情境性学习指在学习过程中，为了达到一定的教学和实用目标，根据学生身心发展的特点，教师所创建的具有学习背景、景象和学习活动条件的学习环境，是师生主动积极建构性的学习，是作用于学生并能引起学生学习积极性的过程。在这一段叙述中，"教师所创建的具有学习背景、景象和学习活动条件的学习环境"一句应该引发我们特别的关注。走进我们的教学实际会发现，很多教师已经认识到教学情境创设的重要性，教学中常常可见，且运用相当成熟。但遗憾的是，很多案例中教学情境的创设都是片段型的，是零散的，很少有教师把一个甚至几个完整的学习活动统整到一个特定的学习情境中，因为这样的活动情景任务群的建设对教师的文本解读力、教学设计力都有着很高的要求。但如果能成功创设一次完整的教学情境，将帮助学生完成由学习者到创造者的身份转化。这也是情景任务群在当下被所有教育界的有识之士特别关注的原因所在。

策略四，在核心线索梳理和细节捕捉的结合中凸显精神内涵。

这一策略比较适合长的小说、童话、神话等叙事类的文章。在这类文章中，要么人物线索繁杂，要么人物行为延续时间比较长，或者心理变化比较复杂，长时间、大时空的事件会带给学生一定的学习难度，这就需要教师在设计学习活动的时候注意抓住核心线索，使学生的学习内容简单清晰，学习目标明确，学习重点突出。六年级上册《穷人》一课可谓经典，小说相对来说篇幅比较长，很多教师教学时一般会安排三个课时完成教学任务，但其实不用拉这么长的学习战线。我们来看一位教师独特的学习活动设计——

学习活动二　绘制心理轨迹图，破解心理描写的方法

1. 寻找桑娜的心理轨迹，感受情节起伏。

(1) 浏览课文，找出文中描写桑娜心理的相关语段，并一一呈现。

(2) 朗读描写桑娜心理的语段，结合当时的情境，用"……时，桑娜……"的句式简单说一说桑娜内心的想法和感受。

示例：当大海上寒风呼啸，海浪汹涌时，桑娜十分担忧：出海打鱼的丈夫能不能平安回来；当一次又一次的敲门没人答应时，桑娜十分担心：邻居西蒙怎么了；当桑娜把邻居西蒙的两个孩子抱回来后，她的内心忐忑不安：该怎么办；当渔夫回来后，桑娜紧张害怕：如何跟他说。

(3) 提炼桑娜的内心感受："担忧""担心""忐忑不安""紧张害怕"。

(4) 按照情绪的强烈程度摆放这四个词语的位置，形成桑娜的心理轨迹图。

2. 聚焦重点，探究矛盾心理的表达方式。

(1) 小说中第九至十一段对桑娜"忐忑不安"的心理描写尤为精彩。小声朗读这段话，说一说桑娜此时内心在想些什么。

提示：根据桑娜的心理活动提炼内心想的事情。

(2) 描写桑娜的心理活动时，用了很多个问句。桑娜真的是不知道吗？

要点：桑娜遵从自己的内心，抱回孩子，却对丈夫有可能出现的抗拒产生恐惧心理。

(3) 为什么还要用这么多省略号？（省略号的价值）

要点：桑娜内心紧张、矛盾，省略号反应了她思维的跳跃。

学习活动四　捕捉容易忽略的细节，重新定义"穷人"

1. 捕捉其他细节。

(1)《穷人》这篇文章值得我们反复阅读，琢磨。每一次阅读可能都会有些新的发现。找出文中表明故事展开的时间的语句。

要点："古老的钟发哑地敲了十下，十一下……""睡觉还早"。

质疑：已经是晚上十一点了，为什么说"睡觉还早"，这时不是已经很晚了吗？

明确：我们能从文章的字里行间读懂穷人的"穷"，但"睡觉还早"四个字更能道出穷人之穷。桑娜之所以觉得"睡觉还早"，是生活所迫。往常这个时候，丈夫肯定还没有回来，所以睡觉还早；自己也总是一直缝缝补补，所以睡觉还早；等丈夫回来，桑娜还得与丈夫一起清理渔具，所以睡觉还早。这对贫穷的渔家夫妇就这样起早贪黑地拼命劳作，也只能勉强填饱肚子，可见他们的生活很艰辛。这四个字体现出了作者高超的写作技艺。

(2) 这篇文章中的主人公是桑娜和她的丈夫。文中还有一个穷人是西蒙。西蒙在这篇文章中是不可缺少的角色，作者写她仅仅是为了表现她的悲惨吗？读一读第七段，还可以感受到什么？

思考：

①西蒙爱孩子吗？从哪里可以看出来？

②文中写道："一只苍白僵硬的手像要抓住什么似的，从稻草铺上垂下来。"西蒙临死的时候，想抓住什么呢？

这两个学习活动的设计可谓经典，妙处之一是教师抛开了故事发展过程中出现的枝枝蔓蔓，直接把镜头聚焦到桑娜这个主人公的心理活动之上，一条心理变化路线图的梳理让我们看到了学生读懂文本和提炼筛选信息的能力，看到了故事的核心线索，看到了主人公高贵的品质。妙处之二是对小说中"古老的钟发哑地敲了十下，十一下……""睡觉还早"这两个细节的捕捉和体味，充分体现了教师对于文本理解的深度，体现了教师对文字的敏锐感知力。这里没有汹涌蓬勃的情感，没有振聋发聩的呐喊，但是我们每一个思考者的心都会被悄然拨动，这是文字的力量，这也是主人公身世和品质给我们带来的震撼。学生在这样的学习活动中生发的情感是真实的，是真挚的，也是能够浸润心灵的。

寻找了这么多方法，呈现了这么多课例，我们不难发现，指向核心素养达成的学习活动设计策略有着共同的特点：一是让学生经历真实的学习过程，我们负责把学生带到一处草丰水美、灵气充盈之处，然后做麦田里的守望者；二是要给予学生充分的学习信任，让学习在一个大时空中进行，给予学生广阔的自我表现舞台，在表现中促进学生核心素养的提升。

第三章　基于表现的课堂教学样态

第一节　教学形态回到“元”点

为什么说是“元”点，而不是大家都习以为常的“原”点呢？这还要从它们的自身意义说起。“原”“元”本有共同之义，都有“开始、最初”的意思，但是“原”和“元”分别又有“本来”“基本”的意思，两者看起来相似，却有着根本的区别——“本来”，即由本而来，常被用来形容事物先天本有的、唯一的、不变的自然存在状态。“基本”却是“根本、主要”的意思。如果把“原”“元”组成词语，我感觉“元”字离课堂教学的距离更近。

首先，“元”是开始，在课堂教学中可以理解为“起点”。关注教学“元”点的课堂要求教师关注学生学习的起点，这里的起点不仅仅指学生的年龄段特点，更是指一节课即将开始前学生学习的起点。了解起点是为了教学中适时调节重难点，使教学的详略搭配更加合理，教学中教师的指导更加有的放矢。了解学生一节课学习的起点并在起点的基础上实施教学，才可能把“以学生成长为本”的教育理念落到实处。这是一个看似简单但是常常被教师们忽略的问题，因为，我们很少看到语文以外的其他学科的教师上课开始就检测学生的预习情况，尤其很难看到检测和本节课学习相关的原有知识的掌握情况。而很多语文教师上课的第一个环节不叫“检测”，叫“检查”。所谓的“检测”适用于质量评定，“检查”是为了发现问题而查看，两个词语大意相近，但是“检测”的程度略深，因为它不仅要发现问题，而且要通过问题指向对所做事情的质量进行评定。所以，以检测的形式呈现学生学习的起点不仅能关注到所有学生，让教师的教学更趋于学生学习的实际，对学习中出现问题的学生以更多的理解包容和担待，从而不会忽略任何一个问题，不会错过任何一处精彩，而且有利于教师通过对预习质量的评定，及时调整相关的指导策略。关注学生学习起点的价值也就在于此。

其次，“元”是一种根本。每一门学科都有构成本学科知识和能力的最小的单位，对语文学科而言，基础知识方面最小的单位应该是字词，而数学课堂上最小的单位应该是数与形；从基础的能力方面来说，语文有朗诵、说话、写字等能力，数学有运算、空间想象、逻辑思维等能力。那么，对于课堂来说，最小的单位又是什么呢？我想，课堂是一种活动，活动是动作的总和。所以，构成课堂最基本的单位应该是“动作”——听、说、读、写、书、思这六种动作，构成六种能力，既是教者必需，又是学者必需。既然课堂活动主要是通过动作来呈现，而且这一活动由教师和学生两方面组成，所以，我们不能不承认，教与学的过程在很大程度上是表演和模仿的过程——如何听，如何说，如何读，如何写，如何书，如何思，教师的表演和学生的模仿贯穿于整个教与学的过程之中。我想，课堂应该是有原型的，而教师的表演和学生的模仿就是教学的原型。所以，在课堂教学新形态的构造中，教师不能为了体现学生的主体地位而忽略了自己对于学生学习的影响。

再者，“元”是一种魂魄。在道家看来，人是有灵魂的，人的灵魂称为“元神”。从教学的层面看，教学也是有灵魂的，那么教学的魂魄是什么？我想应该是培养学生独立健全的人格。当下的中小学生最缺少的就是独立和自信，表现在课堂上就是容易产生崇拜的意识：崇拜同学，人云亦云；崇拜教师，揣摩教师心理，推测教师需要的答案；崇拜学习参考书，回答问题不是想着要思考，而是想着要念现成的答案。崇拜的是他者，怀疑的是自我。一言以蔽之，这种独立人格的缺失表现为学生在学习活动中缺乏自觉参与学习活动的愿望、独立思考的意识和自由表达的能力。在这所有的表达中，我最欣赏的词是“自觉”，因为自觉是一种意识，又是一种能力，是学生独立人格形成的核心要素。而育养学生学习思考表达的自觉需要有方法，是长期的训练与培养，然后成为习惯。那么，怎样的教学形态才能育养学生的这种自觉呢？我想，应该是学习中给予学生大空间的，是在这空间里给予学生充分发表意见的机会的，是让学生有机会参与选择的。在这里，我尤其要说的是选择，选择的角度是多样的，比如对自己集中思考的选择，对同学各种发言的选择。相对于思考和表达，选择更能够培养和体现学生的独立精神，能选择出最恰当结论的人就是独立的人。

最后，“元”是一种超越。为什么说“元”是一种超越呢？这首先是“元教育学”给予我们的思考。元教育学就是超出教育内部范畴的研究，是跳出教育、跳出学科来进行的研究。“元”的西文为“meta”，意即“……之后”“超越”。它与学科名相连所构成的名词，意味着一种更高级的逻辑形式。这种新的更高级的逻辑形式，以一种批判的态度来审视原来学科的性质、结构以及其他种种表现，使我们对学科、对教学的思考不再停留在零散的层次上，通过进行系统的反思和反省，进而激活教师的“自我意识”，并在自我意识激活以后，对课程、对课堂做深层次的反思与重建，寻找今后的道路。反思和重建可以说是一个教师成长的必要路径，反思与重建的能力是教师成熟的重要标志，所以，新的教学形态的打造要关注到教师学科思维、教学思考的系统性，促使教师在一次次备课、上课的过程中有意识地整体审视所教学科，从而形成对学科本身的大认知，而后从思想和技术方面完成对当下教学形态的超越。

总之，从教学“元”点出发构建的课堂新形态，应该关注学生基础和学习效果，立足于学生人格养成，不片面强调学生的学而抛弃教师的教，有利于促进教师从语文学科整体性的角度实施教学。这样的课堂，无论形态如何，都一样质朴而有效，能最大限度地达成师与生的共同成长。

第二节　让教学走向“圆”的形态

圆是一种数学图形，课堂教学怎么会和图形联系在一起呢？这一思考首先来自我对学校教师教学形态的基本要求。在学校打造教学范式的过程中，呈现的教学流程里有两个突出的环节——前测和后测，两个检测首尾呼应，构成了一个现实意义上的，看得见、摸得着的圆形。这种教学流程要求教师既要关注学生学习的起点，又要关注学生学习的效果，要求教师以学生学的情况来衡量教学目标的达成状况。从这样的教学实践中，我发现，课堂教学呈现出“圆”形应该是课堂教学新形态的一个突出的特点。

首先，“圆”应该是课堂教学的追求。如果我们为“圆”扩词，就会发现，很多词语述说的正好就是课堂教学中我们所追求的境界。比如——圆通，圆融，圆灵，圆变。通融灵变的课堂，不仅要求教师把本学科、本阶段的知识融会贯通，把不同学段对于同一种知识学习的深度有清晰的认识、准确的把握，而且要求教师对前后学段的学科知识有相对深刻的认知，甚至对本学科以外的知识也应该有所了解。这种要求在教师素养比赛中，在招聘教师的考试中已经明显体现出来了。比如，小学数学教师的素养比赛试卷中，一定有相当一部分是中学的函数、方程等内容，而小学语文教师素养比赛中，一定会出现颇有难度的经典诗词曲赋、相关文学常识，甚至对经典著作作深入分析等题目。这样的考试内容不是为了为难教师，而是向每一个教师和愿意成为教师的人清晰传达着一个信号——作为一个学科教师，你应该有足够系统和丰富的知识。因为只有眼界宽了，教学的格局才大；知识广了，给予学生的才丰富。在这样的课堂上，教师不怕教学内容难度大，因为他可以化难为易，深入浅出；不怕学生提问、质疑和犯错，因为“胸中有丘壑，何妨对圣贤”。我想，这样举重若轻、灵活机变的课堂应该是我们每一位为师者向往的。

其次，“圆”还是课堂学习中教师应该着意描述的一种课堂结构。为什么这样说？因为教师在课堂教学中应该关注的育人价值、教学目标和呈现的课堂形态恰如数学上“圆”的圆心、半径和形体。在数学上，以圆心为定点，以半径为定长，绕圆心旋转一周就形成一个圆。其中圆心决定圆的位置，半径决定圆的大小。在教学中，圆心和半径同样可以决定圆的位置和大小。既然教学的圆心是学科的育人价值，那么教学的半径一定是学科知识、能力、素养、思维等等。我想，构成半径的这些要素应该是大家都认可的，但是我们不能不思考的是，即使是同一门学科，同样的育人价值，不同的教师在教学中确定出的圆心也会不同。比如语文教学中，有人会把圆心定位于学科素养收获，把学科独特的知识能力当作教学的全部；有人则更着重于关注学生精神层面的成长。同样是定位于精神的成长，不同学识和阅历的教师所确定的圆心也不一样，有的习惯从教材中发现美好，有的则常常从美好中发现问题；有人在不知不觉中消磨了学生的辨别能力，有人通过日积月累让学生练就了一双犀利的眼睛……学生所有成长的差别，都取决于教师教学圆心的位置。所以，教什么永远是教师实施教学时要首先思考的核心问题。

在课堂教学中，不同的圆心定位同时又关系着半径的长短和圆的大小。这是为什么呢？要回答这个问题，我们必须了解"圆"课堂教学半径的特点。前面我们说"圆"课堂的教学半径包括学科知识、能力、素养、思维等要素，这些要素看似清晰地呈现在大家面前，教学中教师只要把几个方面适当地融合即可。但事实上，不同的教师呈现出来的教学半径一定是不一样的，甚至有着巨大的差别。比如很多教师教学《鹬蚌相争》这则寓言故事，其中也包括著名特级教师薛法根和语文界著名的思想者干国祥，比较一下他们设定的教学目标，你会发现差别还是很大的。是什么因素影响了教师教学半径的长度？我想可能有这样几种因素：一，教师自身的文化基础。自身学科知识是薄弱的，就无法从教材中看出深刻；教师自身习惯于深度思考，就想带领学生去追寻"一花一世界，一叶一菩提"的境界。二，教师对于课程认识的高度。如果教师对于语文的定位仅仅是语言文字的学习，对于数学的定位局限于计算和解题，那么，如何能够期盼这些教师会在课堂上关注语文思维、数学思维的形成呢？三，教师对教学认识的深度。什么是教学？什么是好教学？怎样的教学形式才是价值最大的？这些看似普通的问题其实很不普通，它体现了教师对教学认识的深度。深刻认识教学实质的教师不仅不会习惯于"教"，同样不会过度强调学生的"学"，因为表演与模仿是教学尤其是小学教学的重要方式。四，教师对学情把握的状态。了解学生学习的基础也是决定教师教学半径长短的一个重要因素，这就是我们常说的因材施教、因人施教，而施教内容的多少、深浅其实就是我们现在所说的教学半径。

所以我们说，教学的半径是有延展力的，教学中的半径也不是越长越好，"适度"是教师在教学中要把握的一个重要的准则。

再次，"圆"是课堂教学呈现出的形体。人有形体，树有形体，世界上很多事物都有自己的形体，那么课堂作为一种真实的存在，它有形体吗？我说，当然有，而且课堂的形体很丰富。比如，简约是一种形体，丰满也是一种形体，扁平的、立体的、深度的、轻浅的是课堂形体，关注个别学生、关注碎片知识的小空间课堂和关注全体学生、关注知识系统的大空间课堂等等都是课堂教学中所呈现出的不同形体。

那么，"圆"课堂是怎样一种形体呢？谈这个问题以前，我们不妨先来回顾一下叶圣陶先生的一段话："要把材料组成一个圆球，才算到了完成的地步。圆球这个东西最美满，浑凝调和，周遍一致，恰是一篇独立的、有生命的文字象征。圆球有一个中心，各部分都向中心环拱着。而各部分又密合无间，不容易动，方得成为圆球。"这段话是关于材料与中心关系的绝好比喻，然而联系到我们的"圆"课堂中又是那样妥帖。以河北省承德市苏天祥老师在一篇文章中讲到的《爬山虎的脚》的教学作为例证来看看吧。课开始以前，教师请学生交流预习中查阅的爬山虎的资料，学生们说了很多。老师问："叶圣陶先生为什么没有把你们查阅的这些资料写进文章，偏偏用一段话写叶子呢？"同学们议论纷纷，教师没有急着规范他们的认知，而是带领他们走近了课文中对叶子的描述，感受那景色的奇特与美妙。当学到爬山虎是怎样爬上墙的这部分时，有一位学生提出“爬山虎的脚为什么由直变弯呢，不变弯就爬不上去吗”这一问题，经过大家讨论，同学们找到了原因：由直变弯，缩短了距离，产生了拉力，使爬山虎的茎紧紧贴在墙上。老师又提出：“此时你明白作者为什么写爬山虎的叶子了吗？”学生回答：“开始我不明白叶子为什么在墙上铺得那么均匀，还以为是园丁的功劳，现在我知道了，是爬山虎‘脚’的力量使叶子变得这么美的。”写叶子是为了突出脚的特点和重要性，很好地凸显了文章的重点。这一个案例不仅仅首尾呼应，而且还通过一个问题很好地把语文知识的学习、写作知识的渗透，以及学生自我学习、教师点拨指导几方面融合在了一起，构成了一个密合无间的圆。所以，“圆课堂”的形体应该是有着简明教学环节的，而且每一个环节又单独构成一个圆的形态，圆圆相连，进而形成呈螺旋状上升的形体。这一种形体体现两个关键词：空间和成长。每一个环节都有各自的空间，环节相连呈现的是成长。

另外，“圆”体现了一种学习的过程。数学中，圆的形成要经历一个从无到有、从半圆到圆的过程，教学所呈现的圆同样需要经历这样一个过程。教学开始前，学生面对的是新的学习内容，对他们来说，本次学习中会遇到什么，最终会得到一个怎样的结果都是未知的；对教师来说，自己所选择的教学方法是否合适，教学中会出现怎样的问题，自己该如何解决也同样是未知的，也就是说，双方都站在未知的点上开始经历一节课的行走过程。随着教学环节的延展带动了学习内容的变化，学习内容的变化又引领着学生的思考向深处和向四周扩展，这些深入和扩展同时带动了学生学科知识和能力的获得，带动了他们学科思维力的发展，以及对学科、对社会认知的提升等等，直到完成一节课的学习任务，师生重又站立在一个新的起点上。在学习过程中，我们虽然不能清晰地看到一个实物的圆，但是能清晰感受到课堂学习达成圆满所走过的历程，感受到学生围绕圆心成长发展所形成的轨迹。在这个轨迹中，有矛盾，有冲突，有认同，在不断的冲突与认同中，我们的课堂由一个点变为一个圆，由学习的不圆通、不圆融变为圆通和圆融。

最后，“圆”是一种课堂学习的状态。“圆”课堂应该呈现怎样的状态呢？我们依然先从数学图形上来思考。在数学图形上，圆形是由流畅的曲线构成的，这个图形是圆润的、流畅的，所以，“圆”课堂教与学要带给学生的也应该是这样一种舒适、流畅和温馨。在这样的课堂上，教师要有意识地规避掉艰涩的讲解、粗糙的指导，让师生之间关于教与学的对话流淌着温暖和关心。不懂了，就问，没有担心，不用害怕，教师不会因学生的问题浅显而不耐烦，不会敷衍与漫不经心地去指导任何一个人。在教师心中，有一种根植于内心的认识——一切问题皆有可能。在这样的认知之下，面对学生五花八门的问题时，我们就会存一颗理解与体谅之心，存一份对教学自我省视的意识。这样，学生们才能敞开思维，放飞自己的心灵，学习才能成为一种学生热爱的生活。浸润其中，师生的感觉才会是舒服的，教与学也才能够达到交融共生的境界。

是啊，让学生不把学习当作一种必须完成的工作，而是成为一个给予他们快乐的生活的一部分。这样的课堂才是教师所向往的课堂，这样的学习才能成为学生们向往的学习。这也是“圆”课堂所追求的境界。

第三节　关注文本的形式——语文教学不能忽略的存在

【细节阐述】

不知道从什么时候起，语文老师在教学中总是把目光集中在所教学文本的内容之上，而且分析、讲解乐此不疲，以至于语文教学被大家批评为“少慢差费”。出现这种状况的原因也许有二：一是语文本身的因素，老师们的目光总是不由自主地被吸引到文本所叙述的事件和所介绍的事物上；二是我们没有足够的语文积累，以至于对承载内容的语言形式视而不见。其实语言的形式和内容是相辅相成的存在，任何一个只取其一的做法都是对语言的伤害。更何况如果把语言的内容看作是“道”，那么承载它的形式就是“器”，忽略了“器”的存在又怎么能很好地悟“道”呢？所以，语文教学一定要关注文本的语言形式，通过对语言形式的把握认知，更好地体会文章的内容，完成语文学习任务。

【典型案例】

《莫高窟》教学实录

一、由题目入手，远窥莫高窟的神秘

师：（出示中国地图）据说，在一千六百多年前，有一个叫乐尊的僧人要去西天求取真经。这一天，他步行到一个叫三危山的地方，忽然看到山上万道金光闪耀，如同出现了万尊大佛，他认定这里是一个圣地。于是，乐尊就开始化缘，筹集资金在山上凿了一个洞窟，建成了第一尊佛像。后来这里成了著名的古丝绸之路的必经之地。很多商人就从这里走出关外，故乡已在远方，思乡情更切，很多人就烧香拜佛，求菩萨保佑自己和家人平安。极其旺盛的香火又吸引了更多达官贵人来开凿洞窟，建造佛像。经过一千多年的开凿，这里就形成了蔚为壮观的洞窟群，这就是著名的敦煌莫高窟。

师：（板书课题）“莫高窟”这个名字是什么意思呢？

生不语。

师：如果把“莫”变为“漠”，是不是就可以猜出来了呢？

生：漠——沙漠。

　　高——高处、高山、高地。

　　窟——石窟、洞窟。

生：莫高窟就是“沙漠高处的洞窟”。

生：莫高窟就是“沙漠中高山上的石窟”。

师：莫高窟的名字是这样的意思吗？我们来看一段话。（出示文章第一段）

敦煌莫高窟是祖国西北的一颗明珠。她坐落在甘肃省三危山和鸣沙山的怀抱中，四周布满沙丘，492个洞窟像蜂窝似的排列在断崖绝壁上。

学生齐读。

师：谁来说一说，莫高窟在哪里？

生：莫高窟在祖国西北。

生：莫高窟在祖国西北三危山和鸣沙山的怀抱中。

师：还有一个很关键的表示位置的词语被大家忽略掉了。

生：莫高窟在祖国西北三危山和鸣沙山的断崖绝壁上。

生：莫高窟在甘肃省三危山和鸣沙山的断崖绝壁上。

师：真好！同学们抓住了这段话中表示地点和方位的词语，准确地说出了莫高窟所处的位置，这就叫提炼概括，写在这段文字的旁边吧。

学生写。

师：(小结)这许多排列在断崖绝壁上的洞窟，我们就叫它“漠高窟”。后来“莫”和“漠”通用，就被写成了“莫高窟”。

教师出示莫高窟的外观图片。

师：看看，这就是莫高窟，它带给你的第一印象是什么？

生：阳光照在它身上，金碧辉煌的样子。

师：这是阳光的杰作。

生：感觉不漂亮，外面很粗糙。

师：对啊，因为这是粗糙的山体。

生：很多的洞窟看不到里面有什么，所以感觉像蜂窝一样。

师：就是这样的从外表看起来粗糙，很不起眼的洞窟群，联合国教科文组织却把它和长城、故宫一起收入世界遗产名录。一些外国游客看过莫高窟后，这样评价它：

看了敦煌莫高窟，就相当于看了世界的古代文明。

莫高窟是世界最长、规模最大、内容最丰富的画廊。

莫高窟是世界现存佛教艺术最伟大的宝库。

指名学生读。

师：如此高的评价，让我们不能不好奇，这洞窟中都有什么呢？让我们走进去看一看吧。

二、深入文本深处，近观莫高窟的精彩

师：请同学们自由读一读这篇文章，发现一下，作者向我们介绍了莫高窟的什么呢？

学生自由读。交流。

生：这篇文章向我们介绍了莫高窟的彩塑、壁画和藏经洞。(教师板书)

师：其中彩塑和壁画是莫高窟的主要艺术表现形式，是莫高窟被称为艺术宝库的最核心的内容。既然如此，我们就先走近它们。

（一）体会结构的精巧

师：谁来读一读作者描写彩塑的段落？

学生读。

师：作者向我们介绍了哪些彩塑呢？

生：介绍了菩萨、天王、力士、卧佛。

师：请同学们把介绍它们的句子画出来，仔细读一读，看看这一部分描述中，哪些介绍是重点，需要我们关注、留意一下。

学生读。

师：我这里有几幅图片，你们知道分别是谁吗？（出示天王、力士、菩萨的照片）

生：最后一幅是菩萨。

师：你的理由是什么？

生：你看他的眼睛微微闭着，很漂亮。

师：漂亮就像菩萨吗？这个理由有点不充分。

生：他的眼睛微微闭着，神态很安详，让人一点也不害怕，和庙里的菩萨很像，所以，我猜测这是菩萨。

师：她说，这尊彩塑很平和，让人一点也不害怕。用一个词语来表示就是——

生：慈眉善目！

师：对啊，慈眉善目是菩萨的特点！

生：我知道第二幅是天王，因为他穿着金色的盔甲，很威武。

生：我也感觉第二幅是天王，因为他的眼睛睁得很大，嘴巴大张着，好像在呼喊着："本天王在此，谁敢上来！"特别威风！

师：描述得很形象！用一个词语概括，这尊彩塑——

生：威风凛凛！

师：第一幅呢？

生：第一幅是力士。你看他身上的肌肉一条一条的，他还这样做。（说着，学生做了一个弯起手臂、露出肌肉的样子，台下大笑）好像很多人一起也打不过他。

生：他很强壮勇猛！

师：真好！同学们很好地抓住了三尊彩塑的特点。像这样不同的身份、不同的性格、不同的表情和神态，用两个词来形容就叫——

生齐：个性鲜明、神态各异。

师：卧佛的图片我怎么也没找到，他是怎样的姿态呢？你们能表演出来吗？

一生到台前来，侧卧在地上。

师：你们认为他演得像吗？

生齐：像！

师：有没有需要改进的地方呢？

生：他睁着眼睛！应该眼睛微闭。

生：他一直在笑。而文中描写的是神态安详。

师：对啊！他表演的卧佛仿佛很顽皮的样子。

生：他的手支着头，我感觉佛不会这么随意，一定是枕着枕头。

师：（面向表演的同学）大家的建议你认为有道理吗？

生：有道理。

师：我们一起读一下写卧佛的句子，看看这尊卧佛到底是怎样的姿态。

学生读。

有一尊卧佛长达 16 米，他侧身卧着，眼睛微闭，神态安详。

师：这句描写的关键词有哪几个？

生：侧身卧着，眼睛微闭，神态安详。

师：很好！看看天王、力士、菩萨的图片，谁的表情是安详的？

生：菩萨。

师：好了，请这位同学再来演一下卧佛。

学生上台，表演的姿态和文章描述的基本吻合。然后师生看着图画配合读——

师：这些彩塑个性鲜明，神态各异——

生齐：有慈眉善目的菩萨，有威风凛凛的天王，还有强壮勇猛的力士。有一尊卧佛长达 16 米，他侧身卧着，眼睛微闭，神态安详。

师：这段话最后一句写的是什么呢？

生：写游人都啧啧赞叹。

生：写的是人们的感受。

师：你能用上"先……然后……最后……"这组连接词说说这段话向我们介绍了什么吗？

生：这段话先总地介绍了莫高窟的彩塑个性鲜明、神态各异，然后分别介绍了菩萨、天王、力士、卧佛，最后写了人们的感受。

师：简洁明了！真好。请大家都说一说。

生自由说。

师：第三段介绍壁画又是怎样的顺序呢？请同学们自由读读第三段，画出开始和结束的句子，想想写的是什么，在这一段起什么作用。

生读，画。

师：再认真读读中间几句话，看看介绍的又是什么。

生读，画。

师：相互之间说一说，这段话又是怎样向我们介绍的，介绍了什么？

生相互交流。

生：第三段先告诉我们莫高窟不仅有精妙绝伦的彩塑，还有四万五千多平方米宏伟瑰丽的壁画;然后介绍了壁画的内容有记录佛教故事的,有描绘神佛形象的,有反映民间生活的,还有描摹自然风光的,还重点介绍了飞天;最后介绍了人们走进去就像走进了灿烂辉煌的艺术殿堂。

师:很好!这位同学条理清楚地为我们介绍了第三段的内容。你们有什么发现吗?

生:第三段的写作顺序和第二段完全一样。

生:这位同学介绍得太详细了。

生:还可以再精练一些。

师:哪些方面可以做概括?

生:这位同学把一些文章的原句都说上来了,可以概括。比如,第一句就可以说:先概括介绍了莫高窟有很多宏伟瑰丽的壁画。

师:很好啊!但为什么把前半句给省略了?

生:因为第一句是过渡句,前半句说的是彩塑,彩塑是第二段的内容,我们已经学过了,这一段主要介绍的是壁画,所以,只要说壁画就可以了。

师:掌声送给他!说得有理有据!特别好!

生:第二句也可以缩减成:然后具体介绍了壁画的内容很丰富,重点介绍了飞天。

师:对啊,用一个"丰富"就可以概括那么多壁画的内容。

生:最后一句依然写的是人们的感受。

师:谁能够把大家刚才的建议融合起来,介绍一下这段话按照顺序分别讲了什么?

生自由说,指名说。

生:第三段先概括写了莫高窟的壁画宏伟瑰丽,又具体写了画面的内容十分丰富,重点描写了飞天,最后写出了人们的感受——走进去就像走进了灿烂辉煌的艺术殿堂。

师:好了,在同学们对这一段话主要内容的梳理把握中,我们知道了作者介绍壁画主要介绍的是壁画的内容。让我们一起把这几句具体写壁画内容的句子齐读一遍。

生齐:壁画的内容丰富多彩,有记录佛教故事的,有描绘神佛形象的,有反映民间生活的,还有描摹自然风光的。其中最引人注目的,是那成百上千的飞天。壁画上的飞天,有的臂挎花篮,采摘鲜花;有的怀抱琵琶,轻拨银弦;有的倒悬身子,自天而降;有的彩带飘拂,漫天遨游;有的舒展双臂,翩翩起舞……

(二)感受语言的美妙

师:其实,这两段的描述不仅仅是结构相同,就连语言形式也完全相同。请同学们关注一下这两段中的短语或者词组,把结构相同的用同样的符号画出来。

学生寻找,但是感觉无从下手,不少学生画出来的词组不是结构相同的。

师:我看到同学们寻找到的词组都不尽相同,给大家一个提示吧,请同学们看这句话,能不能找到两个结构相同的词组。

出示:

莫高窟不仅有精妙绝伦的彩塑,还有四万五千多平方米宏伟瑰丽的壁画。

生:精妙绝伦的彩塑,宏伟瑰丽的壁画。

师:是的,找找这两段中有没有和这两个词组结构相同的,画出来。

生读,画,交流。

生:慈眉善目的菩萨、威风凛凛的天王、强壮勇猛的力士、惟妙惟肖的彩塑、成百上千的飞天、面积不大的洞窟。

师:自己读一读,发现这一组词语有什么特点?

生:都有一个“的”。

生:“的”前面是形容词,后面是名词。

生:每一个词组都有七个字。前面的形容词是四字词语,后面的名词是两字词语。

师:真会发现!像这样的字数相等、词性相当的词组,就叫语言的对称。(板书)对称的语言读起来特别朗朗上口,谁来读好它们?

学生读。

师:在这两段中,还有没有其他形式的对称的语言呢?继续找找。

学生寻找,批画。

生:记录佛教故事、描绘神佛形象、反映民间生活、描摹自然风光。

师:你为什么说这些词语也是对称的呢?

生:因为它们都是六个字,前面是动词,后面是名词,动词都是两个字,名词都是四个字。

师:也就是说符合“字数相等,词性相当”这个条件,所以也是对称的语言。对称的语言读起来朗朗上口,很有音乐感。我们来读一读,注意节奏。

生读。

师:放在文章中来读一读,体会一下语言的节奏感。

出示:

有慈眉善目的菩萨,有威风凛凛的天王,还有强壮勇猛的力士。

壁画的内容丰富多彩,有记录佛教故事的,有描绘神佛形象的,有反映民间生活的,还有描摹自然风光的。

生读,教师指导语言的抑扬顿挫。

师:还有没有对称的语言了呢?

生:臂挎花篮,采摘鲜花;
怀抱琵琶,轻拨银弦;
倒悬身子,自天而降;
彩带飘拂,漫天遨游;
舒展双臂,翩翩起舞……

师:这些都是描写谁的词语?

生:描写飞天的。

师：你们知道飞天是什么人吗？

生：飞天是天上的仙女。

师：传说飞天是天上的乐神，他们抚琴弄箫、能歌善舞，那一份音乐之神的洒脱就在这对称的语言中充分体现出来了。我请男女生对读。

男女同学读得声音响亮，但是缺乏节奏感，教师让学生和自己对读，要求学生跟上自己的语言节奏，在对读中触摸到抑扬顿挫对于朗读表现的作用。

师：这些对称的词组中，第一个都是写飞天的姿态，后一个写的是飞天在做什么？放入文章中，我们再来读一读。

出示：

其中最引人注目的，是那成百上千的飞天。有的臂挎花篮，采摘鲜花；有的怀抱琵琶，轻拨银弦；有的倒悬身子，自天而降；有的彩带飘拂，漫天遨游；有的舒展双臂，翩翩起舞……

师：这段描写带给你什么感受？

生：我感觉飞天的形态各异，千姿百态。

生：我感觉飞天很美丽。

师：文中语言对称的特点，这三处最为明显。

这些彩塑个性鲜明，神态各异。有慈眉善目的菩萨，有威风凛凛的天王，还有强壮勇猛的力士。

壁画的内容丰富多彩，有记录佛教故事的，有描绘神佛形象的，有反映民间生活的，还有描摹自然风光的。

壁画上的飞天，有的臂挎花篮，采摘鲜花；有的怀抱琵琶，轻拨银弦；有的倒悬身子，自天而降；有的彩带飘拂，漫天遨游；有的舒展双臂，翩翩起舞……

请同学们仔细看看，这些对称的短语是用什么词连接起来的呢？

生：有……，有……，还有……。

有……的，有……的，有……的，有……的。

有的……；有的……；有的……；有的……；有的……。

师：同样是对称的语言，作者为什么不用同样的连接词？

生：如果用同一个连接词，句子就显得单调、重复，让人觉得呆板。

师：是的，在使用相同的语言形式时，要注意有变化，这样读起来才更灵动，更有活力。

（板书：形式多样）

师：让我们再来读一读，体会这对称中的变化，变化中的美妙。

生齐读。

（三）在写作中习得

师：刚才我们深入研究了莫高窟的彩塑和壁画，还研究了作者的构段方式和对称的语言特色。（课件）构段方式大家应该比较熟悉，而对称的语言是大家第一次见到，我们试着写一句好不好？只写一句。你看描写飞天的句子后面有省略号，说明有很多姿态的飞天。

课件播放飞天图片，请同学们选择一幅画面，或根据自己的想象仿写，注意语言的对称，意境的优美，写在文中省略号的下面。

生写作，交流。

生：有的伸展双臂，尽情舞蹈。

生：有的手托琵琶，邀人弹奏。

生：有的怀抱花篮，抛撒鲜花。

生：有的上下翻飞，双双舞蹈。

生：有的怀抱二胡，琴声悠扬。

生：有的襟飘带舞，追逐嬉戏。

……

师：也正是因为这里的壁画宏伟瑰丽，所以人们才会感叹——

看着这些精美的壁画，就像是走进了灿烂辉煌的艺术殿堂。

学生齐读。

三、了解背后的故事，触摸莫高窟的沧桑

师：接下来让我们离开美妙的彩塑和壁画，把脚步停留在一个仅有九平方米的小小洞窟中——

齐读第四段：

莫高窟里还有一个面积不大的洞窟——藏经洞。洞里曾藏有我国古代的各种经卷、文书、帛画、刺绣、铜像等，共六万多件。由于清王朝腐败无能，大量珍贵的文物被帝国主义分子掠走。仅存的部分经卷，现在陈列于北京故宫等处。

（出示莫高窟藏经洞的照片）

师：这就是藏经洞，一个只有九平方米的小小洞窟，竟然藏着六万多件文物。据资料记载，那些文书经卷中记录了十多种古代文字，文书内容十分丰富，涉及佛经、道经，甚至账册、信件等十几种类型，这里的物品跨越了 1 000 多年的时空，静静地沉睡在这个小小的洞窟里。藏经洞，真可以说是一座流传后世的宝库！但是，这段话里，有一个字像一把利剑，刺痛着我的心。不知道这个字是不是也刺痛了你们。读一读，是哪一个字？

生：腐败无能。

生：掠走。

生：仅存。

师：同学们说的这些词语都直接告诉了我们这里曾经发生的掠夺和被掠夺的原因。还有一个字，没有直接说明，但是让我们知道这里一定发生过掠夺和破坏。这个字就是“曾”。

（课件：“曾”字变大）

师：从这个字中你读出了什么？

生：读出了现在已经没有这么多物品了。

生：读出了当时人们的无知。

生：读出了帝国主义分子的掠夺。

师：是啊，这个词语看似普通，其实给予了我们很大的想象空间，蕴含了这里发生的让人心痛的故事，让人们不得不去联想和想象。这就是用词的精妙！

师：下面我把几个历史的碎片展示给大家——

1907 年、1914 年，英国的斯坦因两次掠走遗书、文物一万三千多件。

1908 年，法国人伯希和从藏经洞中拣选文书中的精品，掠走约 5 000 件。

1911 年，日本人橘瑞超和吉川小一郎掠走约 600 件经卷。

1914 年，俄国人奥尔登堡又从敦煌拿走一批经卷写本，还盗走了第 263 窟的壁画。

1900 年发现的六万多件藏经洞文献，最终只剩下了 8 757 件，现均存于中国国家图书馆。

师：请这几位同学一人一句读完吧。

学生读，现场很寂静。

师：这些历史的碎片带给你怎样的感受呢？谈谈吧。

生：我痛恨这些人，他们残暴地掠走了我们这么多珍贵的文物。

生：我痛恨清政府的软弱无能，任由国宝流失到外国去。

生：我痛恨看守这个宝库的人，让那么多侵略者盗走我们的国宝。

……

师：同学们谈了这么多感受，我的心情和大家的一样，但是我也有和大家不一样的感受，那就是其实我的内心还有一丝庆幸，庆幸它们都还存在着，无论藏于英国也好，日本也罢，或者是俄罗斯，它们毕竟存在着！它们无论身在哪里，身上都烙着无法磨灭的印迹——它们来自中国，来自中国的敦煌，来自敦煌——莫高窟！

同学们默默点头。

师：同学们，莫高窟的背后有着很丰富的故事，如果大家对那一小段历史感兴趣，就从这两张藏经洞的掠夺者和满载文物出发的驼队的照片中读读莫高窟背后的故事吧。

（出示《翻找典籍的掠夺者》和《满载文物出发的英国骆驼队》）

下课。

（注：本课教学设计融合了无锡市南湖小学丁美君和无锡市扬名中心小学张议匀两位老师的教学智慧，在此对两位老师表示感谢！）

【案例反思】

《莫高窟》是一篇说明性的写景文章，组织结构完整清晰，语言丰富华丽，是一篇语言特色极其鲜明的文章。这种特色体现在两个方面：其一，构段形式清晰。文章二、三两段结构完全相同，都是按照“概括—具体—感受”的顺序来介绍的，就连具体描述部分的结构也一样，分别按照“面—点”的顺序介绍了壁画的个性鲜明和彩塑的内容丰富。不同的是，第二段介绍彩塑抓的“点”是“卧佛”，是个体；而第三段写壁画抓的“点”是“飞天”，是群体。其二，对称语言的运用。在这篇文章中，对称性的语言形式支撑起了文章的主体，也正是对称语言的使用，使语言的形式美和语言所承载的内容美达到了高度和谐的统一。也正是鉴于文本这一独特的语言特点，所以，我确定了这样的学习思路：

教学中，把教学重点放在二、三两段的体会上，分“段落结构”和“语言特色”两个方面分层依次推进学习过程。

首先体会段落的结构形式。这一层面的学习以第二段为主，从对彩塑的具体描写入手，然后针对学生对菩萨、天王、力士、卧佛特点的认知，明确“像这样不同身份、不同神态、不同性格、不同表现就是个性鲜明，神态各异”，从而引出对作者介绍顺序的体会。这一部分的学习主要是在教师指导下完成。而对第三段结构的体会则以检测学生的掌握为主，把学习的重点移至对语言形式的体会。实际教学中，学生对第二段的学习很有兴趣，对段落结构的概括也比较顺利，但是第三段就有了难度，不少同学会忽略掉段落最后“看着这些精美的壁画，就像是走进了灿烂辉煌的艺术殿堂”这句写感受的句子。为此，教学中，我再一次降低难度，先让学生找到第一句和最后一句，画出来，想想写的是什么，再来交流本段先写了什么，再写了什么，最后写了什么，从而理清本段的思路，发现二、三两段的共同之处。

然后学习语言的对称。和体会段落结构相比，学习对称的语言表达形式难度更大，因为对称语言对于小学生来说是一种全新的内容，他们只是在低年级学习过一些对称的词组或者短语，以文章的形式呈现还是第一次接触，所以，陌生感极其强烈。为了降低学习难度，我以第三段第一句为例子，让学生寻找结构相同的词组，然后再从二、三段中寻找和它们结构相同的词组，接着发现这些词组的共同点，最后得出“像这样字数相等、词性相当的词组或者短语组成的语言就是对称的语言”这一结论。学生从理论上理解了什么是对称语言以后，再寻找其他形式的对称语言就很顺畅了。在这一部分的教学中，最难的环节是以写飞天的姿态为例来学写对称的语言。教学中，学生往往只能顾及四字词语的对称，而难以顾及在每一组语言中应该先写姿态，再写做什么。我的体会是，教师对这一环节的要求不要太高，只要学生能写得有点感觉就应该给予肯定。

需要说明的是，在这篇文章的教学中，因为更多地关注到了学生比较陌生的语言形式，以至于学生学习起来没有那么活泼和轻松，也正是因为他们在课堂上不停地成长和拔节，所以，课堂一直呈现着一种真思考状态。我想说的是，如果“浅思的精彩”和“真思的沉静”两种课堂状态必须让我选择其一，那么，我宁愿舍弃精彩而选择安静，因为教学不是表演，学习不是作秀，成长才是最初和最终的评价指标。

【专家点评】

美，一线串珠

——武凤霞老师《莫高窟》课堂观感

南京栖霞区教师进修学校　戴志梅

细细学习武老师的《莫高窟》教学实录之前，我在想，“莫高窟”具有很高的审美价值和极大的历史意义，这些对五年级的学生而言则颇为深奥。读完武老师的《莫高窟》实录后，我发现：在武老师的引领下，学生在“芳草鲜美，落英缤纷”的语文世界里尽情遨游，不亦乐乎，他们或欣赏莫高窟的非凡神韵，解读莫高窟内在的生命力；或品位语言的张力，感受语文知识的美妙。同时，他们还提升着语文素养，享受着生命成长的快乐。

综观武老师的课堂，美，无处不在，一线串珠，如隽永秀美的风景画，无论横看竖看，还是正看侧看，都是葱郁依旧，生机勃勃，散发着语文的芬芳。

一、美，在教学设计的精巧

徐志摩曾说过：“向青草更青处漫溯。”其实，文本也是一片鲜美的水草地，阅读教学，就好比教师撑一支长篙，满载一船充满阅读期待的学生，在文本的水草地放歌。

上课伊始，高明的武老师长篙一点，巧妙导入，讲述了有关莫高窟的神话传说后，趣解课题“莫高窟”，将其写成“漠高窟”，学生一下明了莫高窟所处的地理位置在“沙漠的高处”，学习兴趣顿时浓厚。教学情境经这趟设置，武老师的课堂轻舟倏地驶向“芳草鲜美”的新境界。

导入之后的教学展开，主要由两个环节完成。第一个是“深入文本深处，近观莫高窟的精彩”，武老师引导学生欣赏莫高窟的彩塑、壁画和藏经洞的不同情态，细细品味语言的对称美。第二个环节是“了解背后的故事，触摸莫高窟的沧桑”，通过展示简明的史实数据，触摸了莫高窟的沧桑历史，激发学生的爱国热情。这几个环节（包括导入新课在内）层递式呈现，前一环节是后一环节的铺垫，后一环节是前一环节的升华。这种教学设计构思，异于太多阅读课堂中所采用的平铺式教学形式，这既符合解读文本由浅入深的教学规律，又符合学生思维能力螺旋上升的认知规律，能真正有效地促进学生语文能力的发展。

二、美，在随文认知的灵动

阅读教学，教师的责任之一就是助力学生从关注“言语内容”到关注“言语形式”。文本解读的一个重要环节，也需要教师引导学生反复品味，体悟文本语言，尤其是通过对文本中典范语言的揣摩、赏析，才能充分感受语言的魅力所在，提升对文字的敏感度，获得语言的新智慧。

《莫高窟》是事物性说明文，但其语言生动活泼，咀嚼品味，进一步开掘文本言语形式的厚度，太有必要。因而，武老师设置了教学环节“感受语言的美妙”，出示“莫高窟不仅有精妙绝伦的彩塑，还有四万五千多平方米宏伟瑰丽的壁画”，引导学生找寻“结构相同的词组”。学生很快发现了“精妙绝伦的彩塑”和“宏伟瑰丽的壁画”结构相同，武老师继续引导学生找寻文中还有哪些此类词组，并细细咀嚼，聪明的学生又找出了许多。接着，武老师继续问这些词语的特点是什么，这才是她需要学生掌握的一个重点，在充分的师生对话后，又一起水到渠成地归纳出了“语言的对称”特点，即“字数相等，词性相当”，同时，又兼顾了学生灵活掌握对称形式的多样性。

《语文课程标准》指出，语文课程“应考虑汉语言文字的特点对识字写字、阅读、写作、口语交际和学生思维发展等方面的影响”“在阅读教学中，为了帮助理解课文，可以引导学生随文学习必要的语法和修辞知识，但不必进行系统、集中的语法修辞知识教学”。这一环节，武老师在引导学生品味语言的同时，相机随文教授“语言对称”知识，整个过程投射出灵动美。

三、美，在课堂结构的严整

当代语文教育专家崔峦老师指出：“在我们语文教学中，一方面要加强阅读教学，另一方面要加强读写联系，做到读写渗透，读写结合。”当下，很多阅读课，教师常常注重文本的细读，而忽略读写结合。但在武老师的《莫高窟》课堂里，我们见到了读写的无痕融合。“对称的语言是大家第一次见到，我们试着写一句好不好？只写一句。你看描写飞天的句子后面有省略号，说明有很多姿态的飞天。”老师柔声地说。学生写道：“有的伸展双臂，尽情舞蹈。有的手托琵琶，邀人弹奏。有的怀抱花篮，抛撒鲜花。有的上下翻飞，双双舞蹈。有的怀抱二胡，琴声悠扬。有的襟飘带舞，追逐嬉戏。”赏读语言后，尽管学生只写短短的一句话，但已使他们口、手、脑并用，做到“既练说，提高口头表达能力；又练写，提高写作水平”。

课堂结构的严整美，还体现在文末的相机拓展。武老师出示藏经洞的照片，又从洞里展示的文物引出西方侵略者掠夺文物的故事，让学生的情感价值观获得了提升。

四、美，在审美情趣的体验

西方体验美学理论认为，一个文本是作家的一种体验，解读一个文本就是体验作家的体验，体验作家体验过的世界，是一种体验的体验。而且，读者的解读体验对文本意义有着建构作用，文本的意义只有在读者的解读体验中才能生成。

《莫高窟》只有短短的五百余字，但经武老师的智慧建构，文本意义尽显。透过六千多的实录文字，还原真实的课堂现场，我们依然可以感受到她的课堂热情四溢，极有亲和力，行云流水，干净清洁，没有一丝旁逸斜出。学生全身心沉浸于愉悦的学习情境，享受着学习的快乐情趣。

这样的课堂，舒展；这样的课堂，最美；这样的课堂，为生命的发展提供了无限可能，使学生们在获得语文知识的同时提升了精神，生命的活力在课堂中真正得到了体现。

荷尔德林说过："人，诗意地栖居。"武老师的《莫高窟》课堂，美妙绝伦，让我们进一步享受了语文人的诗意栖居，真好！

第四节　用生活激活远去故事——记叙文教学的重要支点

【细节阐述】

在小学语文教材中，叙事性记叙文占有相当大的比重，这样安排的原因有很多——也许是为了照顾到小学生的年龄特点，也许是为了夯实学生的文学底子，或者是因为小学阶段写作的需求。无论原因是什么，阅读故事成了小学生语文学习的一个重要的方面。

故事是什么？是曾经远去的生活。这生活也许是你的，我的，他的。曾经的喜怒哀乐，经过时间的沉淀，就成了故事，变成文字的故事，就有了被人阅读的经历。

那么如何阅读才能达到《语文课程标准》要求的那样，让学生体味到文字的魅力，得到情感的熏陶，获得思想的启迪，享受到文字和故事带给自己的审美乐趣呢？我想，一个重要的策略就是把属于别人的故事激活，让故事成为自己正在经历的或者刚刚经历过的，或者是自己向往经历的生活。也就是说，让故事成为自己的一部分，让阅读成为一段自我生活的旅行。在这样的融合中，生活就成了阅读的催化剂，两者融合在一起，就催化了对文字所讲述故事的认知，并通过故事触摸远去的生活。在这样的体验与认知中，阅读的价值就达到了最大化。

【典型案例】

《我和祖父的园子》教学实录

一、从年龄入手，建构萧红形象

师：同学们，这节课我们一起来参观和欣赏一座园子，一座近百年前我国东北呼兰河边的一座园子，园子有两个主人——一个是祖父，一个是"我"。（板书：我和祖父的园子）

学生齐读课题。

师，这里的"我"是谁呢？

生齐：萧红。

师：关于萧红，你了解什么呢？

生：萧红是一个女作家。

生：萧红的原名叫张秀环，31 岁就去世了。

师：是啊，英年早逝，让人惋惜。你们还了解什么呢？

生无语。

师:我告诉大家一个情况。萧红生于1911年,如果活到今天,她该多大了?

生紧张计算。有的同学还拿出笔来算。

生:如果活到今天,萧红110岁了。

教室里出现微弱的惊讶声。

师:是的。如果活到今天,萧红就是一个百岁老人了。但是,《我和祖父的园子》中的萧红有多大呢?猜一猜。

生:大概有三四岁。

师:表述很准确,我欣赏你这个词——大概。

生:可能有十来岁吧。

师:感觉和你们年龄差不多。

生:应该是五六岁吧。

生:应该是七八岁吧。

还有很多学生举手。

师:无论是三四岁也好,五六岁也罢,或者是十来岁,我发现大家的猜测有一个共同的特点,那就是文章中的萧红还是一个——

生:小孩子。

师:我很赞同你们的猜测。我也知道你们不是胡乱猜测的,一定有你们的依据,对吗?

很多学生都使劲点头。

师:那你们的依据在哪里呢?

生:在这篇文章中。

师:文章中哪些段落的描写让你感觉萧红还是一个孩子呢?请选择一段读给大家听一听吧。

生读:

祖父戴一顶大草帽,我戴一顶小草帽。祖父栽花,我就栽花;祖父拔草,我就拔草。当祖父下种,种小白菜的时候,我就跟在后边,把那下了种的土窝,用脚一个个地溜平。哪里会溜得准,东一脚西一脚地瞎闹。有时不单菜种没被土盖上,反而被我踢飞了。

师:像这样的超级模仿秀也只有孩子才会做。真是一个孩子!

生读:

祖父铲地,我也铲地。因为我太小,拿不动那锄头杆,祖父就把锄头杆拔下来,让我单拿着那个锄头的"头"来铲。其实哪里是铲,也不过爬在地上,用锄头乱勾一阵就是了。也认不得哪个是苗,哪个是草,往往把韭菜当作野草一起割掉,把狗尾草当作谷穗留着。

师:连韭菜和野草也分不清,还把狗尾巴草当谷穗,真是一个天真可爱的孩子。

生笑。

生读：

玩腻了，又跑到祖父那里去乱闹一阵。祖父浇菜，我也抢过来浇。不过我并不往菜上浇，而是拿着水瓢，拼尽了力气，把水往天空里一扬，大喊着："下雨了！下雨了！"

师：这水会洒到哪里去呢？

生：会洒到菜上。

生：会洒到自己的身上。

生：会洒到祖父的身上，把祖父的衣服都淋湿了。

师：这哪里是干活啊？分明是——

生：分明是捣乱！

生：分明是在瞎胡闹！

师：真是一个顽皮的孩子！还有其他的段落吗？

生读：

祖父虽然教我，可我并不细看。一抬头看见一个黄瓜长大了，跑过去摘下来，我又去吃黄瓜了。黄瓜还没有吃完，又看见了一个大蜻蜓从旁飞过，于是丢了黄瓜又去追蜻蜓了。跑了几步就又去做别的了。

师：听你读到这里，我突然想起了一个童话故事——

生笑，齐：小猫钓鱼——

师：是啊，像钓鱼的小猫一样三心二意，真是一个孩子！

师：同学们，我刚才看你们在读这些段落的时候，一边读一边笑，有的同学笑得眼泪都出来了，怎么这么开心啊？

生：因为萧红太好玩了！

生：萧红太调皮了！

生：读着萧红这些事，我仿佛看到了童年时候的自己。

师：（笑问）你现在已经不是童年了吗？

听课老师和学生笑。

生：我也经常像萧红一样捣乱，看着萧红，我好像看到了我自己的影子！

师：真好！读出了自己的影子！会读书！

师：为什么你能感受到萧红的调皮可爱呢？为什么你们能读出自己的影子呢？这一定和萧红的语言有关系。你发现萧红语言的特点了吗？

生沉默。

师：没关系，让我们以第三段为例，来体会体会萧红语言的特点吧！

二、体会句子的简洁，找寻"诗"的味道

教师出示文章第三段：

祖父戴一顶大草帽，我戴一顶小草帽。祖父栽花，我就栽花；祖父拔草，我就拔草。当祖父下种，种小白菜的时候，我就跟在后边，把那下了种的土窝，用脚一个个地溜平。

哪里会溜得准，东一脚西一脚地瞎闹。有时不单菜种没被土盖上，反而被我踢飞了。

师：读一读，看看萧红的语言有什么特点？

生：萧红的语言很生动、很形象。

生：萧红的语言很有趣味。

师：萧红的语言还有一个很重要的特点，那就是句子很短。看看，是不是？这么短短的句子，我一个字不修改，竖着排列，瞧，成为什么了？

生齐：一首诗！

师：诗的语言是凝练的，跳跃的，读起来更朗朗上口。读一读，品味一下，有没有诗的味道？

生读，读得很有节奏。尤其是最后一句，读得神采飞扬。

师：我很欣赏她的朗读！尤其喜欢最后一句的朗读。猜一猜，我最喜欢她读的哪个词？

生：老师最欣赏她读的“哪——里会溜得准”。她读的时候把“哪”读得长长的，还拐着弯，让我感觉很调皮的样子。

师：对呀，做了坏事，还不感觉惭愧，反而是很光荣的样子，一看就是一个被祖父娇宠的孩子。

师：还有一个词我也很欣赏。我们再听这位同学读一读最后一句。

学生读。

生争先恐后举手。

生：“反而被我踢飞了！”我猜老师很喜欢她读的“飞”这个字。

师：（惊讶的样子）为什么你这样猜测呢？

生：因为她把这个字读得声音很高，拖得声音很长。

师：为什么她把“飞”字读得高和长我就喜欢呢？

生沉默了。

师引导：调皮的萧红把种子踢到哪里去了？

生：把种子踢到天上去了。

师：还有什么也到天上去了？

生：鞋子也到天上去了。

众大笑。

生：快乐的心也飞到天上去了。

师：她读的时候什么也飞到天上去了？

生：她的声音也飞到天上去了！

师：这就是充满感情的朗读！把文字的意思和自己的声音、表情融合在一起。谁再来读？注意像“祖父栽花，我也栽花”这些相对应的句子的节奏和重音。

生读，很有感觉。

师：萧红的语言就是这样像诗一样凝练、跳跃。怪不得著名作家茅盾先生这样评价萧红的《呼兰河传》——

一篇叙事诗，一幅多彩的乡土画，一串凄婉的歌谣。——茅盾

学生齐读。

师：《呼兰河传》是一首诗，《我和祖父的园子》更是一首诗，而且是一首“叙事诗”。作者在这篇文章里，都写了哪些事呢？读读课文，画出来。

学生批画，教师巡视并指导学生抓关键词，不要把一段话都画下来。然后交流汇报。

生：作者写了栽花、拔草、种小白菜、铲地、浇菜这些事。

师：这些事情作者写得都很简单，散落在这篇文章中，我相信大家都能读得懂。我把这些事简单挑选出来，我们一起读一读。

出示诗一样的文字：

祖父栽花，我也栽花；
祖父拔草，我也拔草；
祖父种小白菜，
我就跟在后面把下了种的土窝溜平。
祖父铲地，我也铲地；
祖父浇水，我也浇水；
只不过不往菜上浇，
而是把水洒向天上，
大喊着：“下雨了！下雨了！”
……

师生分角色读——

师：祖父栽花，
生：我也栽花；
师：祖父拔草，
生：我也拔草；
师：祖父种小白菜，
生：我就跟在后面把下了种的土窝溜平。
师：祖父铲地，
生：我也铲地；
师：祖父浇水，
生：我也浇水；
只不过不往菜上浇，
而是把水洒向天上，

大喊着："下雨了！下雨了！"

师：祖父咳咳咳嗽两声，

生：我也咳咳咳嗽两声；

师：祖父蹲在墙根晒太阳，

生：我也蹲在墙根晒太阳；

师：祖父掏出烟袋抽了一袋烟，

生接不下去了，众笑。

生：我就抢过祖父的烟袋抽起来。

大笑。

生：我就把一根狗尾巴草叼在嘴里，学着祖父抽起来。

生：我拿出一根棒棒糖，含在嘴里，照着祖父的样子学抽烟。

现场气氛热烈欢快，孩子们笑得很开心。

师：瞧，多有意思的一首叙事诗，多么快乐、无忧无虑却又很顽皮的小萧红啊！

三、捕捉景物的特点，品味画的美丽

师：这篇文不仅是一篇叙事诗，还是一幅多彩的乡土画呢！读一读课文，哪里让你看出了画的美丽？

生读。

生：我觉得第二段是一幅多彩的乡土画。

教师出示第二段。

我家有一个大园子，这园子里蜂子、蝴蝶、蜻蜓、蚂蚱，样样都有。蝴蝶有白蝴蝶、黄蝴蝶。这些蝴蝶极小，不太好看。好看的是大红蝴蝶，满身带着金粉。蜻蜓是金的，蚂蚱是绿的，蜂子则嗡嗡地飞着，满身绒毛，落到一朵花上，胖圆圆的就跟一个小毛球似的不动了。

师：如果让你为这幅画取一个名字，你取什么？把你的理由也告诉大家。

生：我起一个"我们家的大园子"。

师：你们家的大园子有什么特点呢？

生：有很多蜜蜂、蝴蝶、蜻蜓、蚂蚱。

师：它们在这园子里生活得怎么样呢？

生：生活得很快乐。

师：抓住这特点改改这幅画的名字，可以吗？

生："我们家园子里的昆虫很快乐"。

师：抓住了特点，但是有点长，能不能短一点？

生："快乐的昆虫园"。

师：好多了！颠倒一下会更好！

生为难，其他同学举手很积极。

生："昆虫的乐园"。

师：还有其他不同的名字吗？

生：我起的名字是"生命"。

师：哦？为什么？

生：这园子里面有蜻蜓、蚂蚱、蝴蝶、蜜蜂，而且这里面的景象生机勃勃。所以，我起名叫"生命"。

师：这么多可爱的昆虫，让我们感受到园子的生机勃勃。谁来读一读这段话，让我们欣赏欣赏这园子里昆虫们的快乐。

生读。

生：我给这幅画起的名字叫"五彩缤纷的园子"。因为这里面的颜色很多，有黄色、红色、金色、绿色等等，五颜六色。

师：他抓住了院子里的颜色起名字，很好！这么多颜色，还可以用一个什么词语来形容？

生：五彩缤纷。

生：五彩斑斓。

师：谁再来读读这段话，让大家感受到园子的多姿多彩？

生读。

师：如果你就站在这园子中，身前身后环绕着这样美丽的蝴蝶和蜜蜂，你最希望什么事情发生？

生：我希望自己也能和它们一样在空中翩翩起舞。

生：我希望蝴蝶都在我的身前身后围着我飞。

生：我希望蝴蝶落在我头上，做我的蝴蝶结。

生：我希望蝴蝶落满我的身上，给我穿一件蝴蝶衣裳。

生：我希望一个蚂蚱自己蹦到我的手上和我玩。

师：那是多么快乐的事啊。谁来读，让我听到你的快乐！

生读。

师：你还喜欢哪一幅画呢？

学生读第十三段。

师：你喜欢的这幅画中有哪些景物呢？画出来吧。

生：有太阳，花，鸟，虫，倭瓜，黄瓜，玉米，蝴蝶……

师：如果真的让你画出这幅画，你想把什么放在画面的中间？

生：我想把太阳放在画面的中间。因为没有太阳就没有万物。

生：我想把蝴蝶放在画面的中间，因为它们很漂亮。

生：我觉得如果把蝴蝶放在画面中间，就和第一幅画太相似了。

师：那你想把什么放在画面中间呢？

生：我想把倭瓜、黄瓜、玉米放在画面中间，因为它们长得很自由。

师：这段话表现的主题是什么，你知道吗？

生：我觉得是自由，园子里的万物都很自由。

师：真好！同学们掌声送给这位同学！他抓住了这段话最核心的内容来安排自己画上的景物。很了不起！来，让我们读读这几句话的描写——

一切都活了，要做什么，就做什么，要怎么样，就怎么样，都是自由的。倭瓜愿意爬上架就爬上架，愿意爬上房就爬上房。黄瓜愿意开一谎花，就开一谎花，愿意结一个黄瓜，就结一个黄瓜。玉米愿意长多高就长多高，它若愿意长上天去，也没有人管。

师：自己读一读。想想，如果真的让你画这幅画，你打算怎么画它们？

生读。

师：交流交流吧，你打算让你的倭瓜爬到哪里？

生：我打算让我的倭瓜爬到房顶上，那里可以躺着晒太阳，不用一直挂着那么辛苦。

生：我想让我的倭瓜爬到架子上，做一个绿色的帐篷，我可以坐在下面乘凉。

生：我想让我的倭瓜爬到天上去。

生：我想让我的倭瓜爬到房顶上再垂下来，做我的绿色窗帘。

师：我想让我的倭瓜从窗户爬到屋子里，最好爬到我的厨房……

生笑。

生：想吃它的时候一伸手就摘下来。

师：真懂我的心思。

生：我想让我的倭瓜爬到我的床头，陪着我睡觉，我一睁眼就能看到它们。

师：你打算让你的黄瓜怎么长呢？

生：我打算让我的黄瓜长得像西瓜一样胖。

生大笑。

生：我打算让我的黄瓜长得比我还高，一根黄瓜够我们十个人吃。

师：这里有一个词“谎花”，你们知道什么是谎花吗？

生：就是黄色的花。

师：是这样的吗？

没有学生回答。

师：看来我们要理解一下这个词。给“谎”字组个词语吧。

生：说谎。

生：谎话。

生：撒谎。

师：那“谎花”就是——

生如梦方醒般——

生齐：撒谎的花。

生：只开花不结果的花。

师：我不高兴结果实，全部开成谎花，可以吗？

生：可以，你是自由的。

师：我一朵谎花都不开，结很多的黄瓜。可以吗？

生齐：可以，你是自由的。

师：玉米呢？

生：玉米愿意长多高就长多高，它若愿意长上天去，也没有人管。

师：因为它是——

生齐：自由的。

师：再读这几句话，是哪些词让你感受到了这里万物的自由。

生：愿意……就……

生齐读。

四、想象萧红的自由，聆听歌谣的欢乐

师：自由的可不仅仅是它们，还有一个自由的呢！没有她的自由，就没有这里万物的自由。她是谁呢？

生齐：萧红。

在园子里自由生活的不仅是它们，还有一个我。我愿意________就________，愿意________就________，我若愿意________，也没有人管。

生自由说。然后交流。

生：在园子里自由生活的不仅是它们，还有一个我。我愿意栽花，就栽花；愿意拔草，就拔草；我若愿意跟在祖父后面，把菜种踢飞了，也没有人管。

生：在园子里自由生活的不仅是它们，还有一个我。我愿意浇水，就浇水；愿意把韭菜铲掉，把野草留着，就把韭菜铲掉，把野草留着；我若愿意把狗尾巴草当谷穗留着，也没有人管。

师：那你可要小心了，没粮食吃的时候，就让你吃狗尾巴草咯！

生大笑。

生：在园子里自由生活的不仅是它们，还有一个我。我愿意摘瓜，就摘瓜；愿意捕蝴蝶，就捕蝴蝶；我若愿意浇花时把水都撒到天上，也没有人管。

生：在园子里自由生活的不仅是它们，还有一个我。我愿意躺在地上睡觉，就躺在地上睡觉；愿意在小河里洗澡，就在小河里洗澡；我若愿意爬到房顶上和倭瓜一起晒太阳，也没有人管。

师：你这种调皮会让爷爷害怕的，一定要注意安全啊！

生笑。

师：同学们，听着你们的交流，我仿佛听到这院子里回荡着一首歌，这是一首——

生：快乐的歌。

生：幸福的歌。

生：无忧无虑的歌。

生：自由自在的歌。

……

师：可是茅盾先生说——

（出示）

一串凄婉的歌谣。

为什么呢？同学们如果有兴趣，就走进萧红的《呼兰河传》吧，在书中，她为我们呈现了自己真实的、曲折而短暂的一生。

五、强化对祖父的怀念，唤起阅读的欲望

师：同学们，无论生活如何辛苦，呼兰河，都是萧红梦中常常思念的河，祖父，在萧红梦中常常陪伴在她的身边，是他们，托起了萧红一生的快乐。

在《呼兰河传》的结尾，萧红苍凉地写道：

呼兰河这小城里边，以前住着我的祖父，现在埋着我的祖父。我生的时候祖父已经六十多岁了，我长到四五岁，祖父就快七十了。我还没有长到二十岁，祖父就八十岁了。祖父已过了八十，祖父就死了。以前后花园的主人，而今不见了，老主人死了，小主人逃去了。

师：短短的一段话，“祖父”这个词就出现了七次，可见萧红对祖父怀念之深刻。童年的萧红，在祖父身边还有着怎样难忘的快乐和幸福呢？课文中没有提到，我们只能到《呼兰河传》中去寻找了。

（出示萧红在爷爷身边撒娇的图画）

师：一切都去了，只有这一幅画定格在萧红的脑海里，永远定格在萧红的心中。在几十年后，又通过文字定格在我们的眼前，这就是文字的魅力……

下课。

【案例反思】

《我和祖父的园子》节选自萧红的长篇小说《呼兰河传》，文章语言精短、行式整齐，颇具诗的味道，长短句的巧妙结合，使文章在诗意陈述的同时又兼具散文的从容，读起来既朗朗上口，又张弛有度。更为重要的是，作者通过这精妙的语言，为读者呈现出了一大串看似平常的童年趣事，画面感极强。面对这样一篇文质兼美的诗化小说，我们怎么教？从哪一个角度走进才能既不破坏文章本身的特质，又能让孩子们吸纳语言，沉醉在这童真童趣之中，并能悄悄触摸萧红现实中的孤独与悲凉呢？思考中，我确定了从语言的形式走入，让学生生活和萧红生活相互点燃这样的教学思路。切入的支点是茅盾先生对《呼兰河传》的评价——一篇叙事诗，一幅多彩的乡土画，一串凄婉的歌谣。教学分三步进行：

一进文本,勾勒萧红的形象。

每一次教学,我都希望孩子们在学习的过程中能不断通过文字在头脑中建构画面,而且,随着学习的深入,这画面越来越丰满,越来越清晰。本文的教学更不例外。那么最初的形象是什么?当然是文章的主人公萧红。萧红的形象又从哪里入手?年龄?衣着?长相?抑或是其他的什么。当然,无论选择哪一个方面,这形象绝不能简单地从图片或者什么影视资料中了解,而应该是学生从文字中感受到的。那么,文字呈现给孩子们最直观的是什么呢?是年龄!文中萧红的年龄恰恰和学生相仿,还有什么比看同龄人的趣事更能引起孩子们兴趣的吗?没有了!于是,学习还没有开始,我就问孩子们:"你知道园子中的萧红多大年龄吗?"孩子们丝毫不为难——是一个儿童,是一个孩子,也许只有八九岁,并把自己的依据一段段读出来,这所谓的依据其实就是萧红的童年趣事。在孩子们一段段的朗读中,教师适时点睛——"这哪里是干活,分明是一次模仿秀嘛!""麦苗韭菜都分不清!真是一个孩子!""这萧红像那个钓鱼的小猫一样三心二意!"孩子们一次次笑得很开心——也许是为萧红这些趣事而笑,也许是想起了自己什么有趣的事情,或者是为发现作家小时候的顽皮与无知而笑。管它呢!学生找到了兴趣点才是最重要的。于是,从上课开始,孩子们就不再是听那个作家说什么话,而是看那个和自己一样顽皮的孩子是怎么闹的。孩子与文本,孩子与作家之间的距离就这样被拉近了。

二进文本,品味诗歌的味道。

因为这篇文章语言特色极其鲜明,而且这特色恰好是我和孩子们喜欢的一类——简短、疏朗、活泼、清新,读起来朗朗上口。读着"祖父栽花,我就栽花;祖父拔草,我就拔草……""倭瓜愿意爬上架就爬上架,愿意爬上房就爬上房……"不由使我想起了读书时学过的鲁迅先生的文章《友邦惊诧论》——深刻的意义模糊了,原来背下来的全文忘记了,几十年的时间过去了,现在仍然能够脱口而出的是"好个'友邦人士'!日本帝国主义的兵队强占了辽吉,炮轰机关,他们不惊诧;阻断铁路,追炸客车,捕禁官吏,枪毙人民,他们不惊诧……"为什么会这样?因为语言形式——我感兴趣的不仅仅是内容,更是这种简短而有力的语言形式。

于是,以茅盾先生的评语为扶手,我先带着孩子们走进他们喜欢的语言形式。诗的感觉就这样在我的指导下被发现,被领会,被学习,被吸纳,被运用。而且在这些诗意语言对作者所描写的事件进行补充的过程中,孩子们的生活和萧红的生活再一次无痕对接,对语言文字的深入学习就这样在无声无息的对接中开始了,深入了。

三进文本,感受画面的芳香。

在中国古代文学作品中,诗与画往往是不分家的,一篇小说,在具有诗的特质的情况下,也必定会具有画的韵味。萧红的《呼兰河传》也不例外。所以,无论是拔草、栽花、浇水的画面,还是蜂飞蝶舞的世界,或者那自由生长的植物园,都鲜活地呈现在学生的面前。但是,这许多画面该让学生怎么从不同的路径走进去,才能保持他们兴趣的不衰呢？蜂蝶翻飞的段落热闹而艳丽，有不同的落脚点，就让学生为画面定题目吧；自由的植物园，就让学生为画面上的重要景物安排布局、呈现形象吧。孩子们的乐趣就在这当家做主之中，对课文的感知也就在这其中走向深入了。

四进文本，触摸歌谣的欢乐凄凉。

看着萧红的自由，孩子们听到了一首首快乐的歌、幸福的歌、美丽的歌、自由的歌。但是，为什么茅盾先生说他听到的是一串凄婉的歌谣呢？一个问题，让学生从刚才的喧闹转为安静。

是他不了解萧红吗？不是的。那，又是因为什么？教学中，我没有再深入，而是把这个问题放在了引导学生阅读《呼兰河传》上。也许孩子们现在不会读，但也没什么关系，我更希望他们心中保留这欢乐的场面，长大一点再去了解萧红的生平，触摸歌的哀婉和凄凉。

我多次上过本课，无论是在哪里，无论学生的学习基础怎样，他们的学习兴趣都是一样浓厚。猜年龄、想象萧红在园子里怎样玩耍、给画面起名字、画图画，所有的场面都那样深深地吸引着他们，每一次都让我感觉到他们不是在观摩萧红，而是在诉说自己的生活。你的生活、我的生活、他的生活就这样成了同学们共同经历的生活。

【专家点评】

倾深情以绘课堂之华章

——评武凤霞老师《我和祖父的园子》课堂

吴礼明

记得一位朋友曾经对我说过，一名优秀的语文老师一定是有讲究的，他或她必写得一笔好字，写得一手好文章，还得出口成章，即使滔滔不绝地说上数小时，亦必有章有法，从容不迫，而他或她的课堂也理应是一篇浑然天成的“文章”，而自成其格调。以此来观照武凤霞老师《我和祖父的园子》这一课，则足以称之。

在我看来，要使得课堂如风行水上，上课如作文，至少需要讲究两点：首先好课需有章法，前有伏笔，后有呼应，开合有度而人不觉。同时，好课如美文，讲究行云流水般的过程和毫无滞涩的畅快。此二者，在武老师很多的课上自然都不缺，而《我和祖父的园子》这一课也不例外。下面分而述之。

一、好课有章法，前有伏笔，后有呼应，开合有度而人不觉。选自著名女作家萧红《呼兰河传》第三章里的课文《我和祖父的园子》，如果单从今日教育欣赏的角度来看，完全合乎对一个孩子天性培养的需要，在一个自由的而不是打骂的环境里，有一个或一群爱着或呵护着他或她的大人，在一旁陪伴着他或她的成长，让他或她自由自在、无拘无束地生活着，即使坐在教室里接受应试教育学习的孩子，读后，也一定是感受甚深的。然而，武老师没有从此着眼，她依旧执着地要从一个既切近又遥远的双重复杂的角度去透视文本，她给这一课定调为“从文字触摸远去的生活”。“触摸”，说明萧红笔下的生活是可以感触到的，并不悖于当下的生活要求；而所谓“远去的生活”，应该是与当下的生活有很不一样的内容，即使与萧红笔下所写的也可能大异其趣的别一份真实。

然而，这里的问题是，追寻一段遥远的生活，并指向课文作者的人生命运，是必要的吗？而一个最充足的理由可能是：了解昨天，以看清脚下的路。在萧红醉心地写出与心爱的祖父一起生活的片段，实则只是她短暂的人生生活的一束光，要照见的是她生活的其余部分的黯淡、寂寞、苦闷和不幸，以及她童年时代东北农村社会的黑暗、落后、愚昧及旧思想对人的束缚和戕害。她生活在一个母亲早逝的家庭，缺乏父爱与母爱。大作家茅盾先生在1946年为《呼兰河传》作序时，反复叹息于萧红的寂寞的幼年。而其幸与不幸皆系于疼爱她的慈爱、宽容、仁厚的祖父一身，他活着，园子里的一切都自由而充满了生机；他离去，则一切如蝴蝶、蚂蚱、蜻蜓、小黄瓜、大倭瓜等，都将零落而荒芜。茅盾说：“萧红的童年生活就是在这种样的寂寞环境中过去的。这在她心灵上留的烙印有多么深，自然不言而喻。”

为此，武老师精心设计了一个开头“从年龄入手，建构萧红形象”，通过几段文字的识读，让一个稚嫩的、嬉闹的、野趣十足的孩子活脱脱地显现在大家面前。而在课堂第二板块“体会句子的简洁，找寻‘诗’的味道”里，武老师顺带出来自茅盾先生的一句话（“一篇叙事诗，一幅多彩的乡土画，一串凄婉的歌谣”），作为统摄整个课堂的纲目，然后在“诗”与“画”上大做文章，蔚成课堂洋洋的大观。接着，在第四板块“想象萧红的自由，聆听歌谣的欢乐”中，嵌入《呼兰河传》结尾的一段话，以形成强烈的比照，给人余味无穷的想象。尤其是结尾，生死离散，强烈的、莫大的悲情，会将其实是破旧、黑暗而尘封的后房及其后园重新笼罩，即使当下的五年级的学生再小，他们对于人生的感受，亦必因此而有了新的内容，他们多少也会有悬想和牵念——为历史而思，为儿童而思，为人生而思。而这，又足以引发课堂上的这些未来人，将来对于美好人道的珍视，对于自由幸福的追求。

而从文章学的角度看，课堂对“一篇叙事诗”和“一幅多彩的乡土画”的理解越充分，越厚实，则后面点提而未展开的“一串凄婉的歌谣”，在幼小读者的心中所留下的追索就会越发强烈。这就是教师巧妙地运用“不平衡对比”所得的收效。

二、好课如美文，讲究行云流水般的过程和毫无滞涩的畅快。好的课堂，一定是教师与课堂，与学生的深度互动。在这样的课堂上，教师全情倾注，深入到课堂的每一个细节，并化而为无形。此外，要达到课堂的行云流水的状态，还要求自然与顺势，说心中想说的话。就如宋代大文豪苏轼在《答谢民师推官书》里所谓，“初无定质，但常行于所当行，常止于不可不止。”文本并非是密不透风的墙，其实从哪里切入都不成问题。高明的教师往往就其自然，因势象形，从何处开始皆有文章可做。这一课，武老师便是从作者的年龄入手，在与孩子的聊天中不知不觉地开始了课堂，又颇为自然地将一个跟在祖父身后“分明是捣乱”“分明是在瞎胡闹”等大家可以把摸的形象，活灵活现地捧托而出。这又可见教师顺势的“顺”功。聪明的教师往往在不经意间营造了一个课堂，而他或她可能更在意顺势而为，将正在阅读的文字转为“示现”，又将示现演变为“现场”，这样，一下子又将课堂置入到“在场”。

我们看课文中，小萧红“拿着水瓢，拼尽了力气，把水往天空里一扬……”这一节，当有孩子惊讶地说“会洒到自己的身上”，又有孩子也担心地说“会洒到祖父的身上，把祖父的衣服都淋湿了”，而武老师则相机而牵，说：“这哪里是干活啊？分明是——”她非常隐蔽而巧妙地顺出了一个新的情景。这时候，课堂的理解持续“燃烧”，就有孩子激动地说：“分明是捣乱！”“分明是在瞎胡闹！”而此时，老师则又略微收了收，说：“真是一个顽皮的孩子！”而这，本是文本字面上没有的内容，但非常合乎情境的现场。没有这样的现场，理解无法交融，共识也无法达成。而很多老师只知道依自己的所谓“预设”，拼命地在课堂上折腾学生，总是想方设法、生拉硬扯地将课堂上活跃的思想强逼进他或她所设置的思路或框架里，然后再僵硬地进行所谓“明确”，如仪式宣誓般。有多少这样的课上下来，将孩子的兴趣上绝，将活跃的思维上断；又有多少这样的课堂，将孩子折腾得死去活来。两相比较，真天壤之别也。

不少教师至今还在为一节课如何开头，中间如何过渡而挖空心思，结果常常是虎头蛇尾，弄得一整节课极为乏味。大作家冰心先生当年在《寄小读者》里说到“行云流水”，她以为是“不造作，不矜持，说我心中所要说的话”。何谓“说我心中所要说的话”？就是要说真实、坦诚、好懂的话。而一些老师总如守株待兔般，一旦有某一两个学生误打误撞地说出了他所想要说的意思，即虚情假意以周全之。武老师绝非如此，她不屑此种作为，而是倾听，交流，想学生所想。比如学生朗读课文里小萧红“摘黄瓜”“追蜻蜓”一节，老师忽有所感地说：“听你读到这里，我突然想起了一个童话故事——”此时孩子们都马上明白老师心里所想，甚至在“阅读这些段落的时候，一边读一边笑，有的同学笑得眼泪都出来了”，显得非常开心，因为这些事儿真实地在孩子们身上或多或少地发生过。课堂就是这样，非常畅快。当然，归根结底，还是高明的老师在课堂上善于借势、引势，善于激活学生的心灵。

当然，萧红这一文本也因其自具的特色而感人至深。课文字字句句，饱含深情，又细腻逼真，充满了一个孩子所能理解的幼时的自由、快乐和亲情相伴的幸福。而她的文字虽含情，又有几分冷峻，文句不刻意整饬；而其行文又如泉涌，不择地而出，意尽而止，充满了洒脱的风度。我相信，这些也是她为师生所喜欢的一个原因吧。

第五节　转换：文言文学习的重要凭借

【细节阐述】

文言文，语言简洁，行文简练，古奥难懂，它的主要特点是单音节词多，且多省略，再加上历代名家讲究语言锤炼，追求“微言大义”，且与孩子们当下习惯的现代汉语区别较大，所以愈发显得艰涩难懂。因此，在初学者眼中，文言文就成了捉摸不透的"迷言"。

那么，教学中，教师该如何指导学生学习，才能帮助学生破解"迷言"，了解文章内容，感受文言魅力，进而愿意走进文言文的学习中去呢？我想，在学习中善用"转换"应该是一个非常重要的学习方法。这里所谈的"转换"，可以是文言和现代汉语之间表述内容的转换，也可以是表述形式的转换，还可以是学生和文中人物身份、思维的转换，这些多层次、多角度的转换，既有利于古今语言的对接，又有利于古今人物思维的融合，对于打开学生文言文学习的路径，从而收获良好的学习效果是很有帮助的。

【典型案例】

《伯牙绝弦》教学实录

伯牙善鼓琴，钟子期善听。伯牙鼓琴，志在高山，钟子期曰："善哉，峨峨兮若泰山！"志在流水，钟子 期曰："善哉，洋洋兮若江河！"伯牙所念，钟子期必得之。子期死，伯牙谓世再无知音，乃破琴绝弦，终身不复鼓。

一、拨弦吟诗遇伯牙

师：我这里有一首诗，谁来念？

（出示）

摔破瑶琴凤尾寒，
子期不在对谁弹。
春风满面皆朋友，
欲觅知音难上难。

（生朗诵，有板有眼，感情充沛）

师：读得非常好。这首诗出自一个流传千年的故事，这故事就是今天我们要一起学习的《伯牙绝弦》。（板书：伯牙绝弦）"弦"是什么意思？

生：琴弦。

师："绝"呢？

生：断绝。

生：割断。

师："绝弦"的意思呢？

生：断绝琴弦。

师：谁断绝琴弦？

生：（齐）伯牙。

师：伯牙是谁？你了解他吗？

生：伯牙是一个琴师，叫俞伯牙，是春秋时代人。

生：伯牙和钟子期是一对知音。

师：你知道吗？伯牙可不是一个普通的琴师，他能弹琴，会作曲。相传，伯牙弹琴的时候连马都不吃草了，也抬起头来倾听，可见他的技艺高超。当时的人称他为“琴仙”。

（生惊讶）

师：我在想，如果他生活在现在，我们可能会送给他一个怎样的头衔？

生：音乐大师。

生：音乐家。

师：是啊，这样一个在当时誉满天下的音乐家，为什么却要绝弦呢？

二、一唱三叹作子期

师：请同学们自由读一读课文。

（生自由读）

师：谁来读给大家听？

（一男生读，声音响亮，字音正确）

师：声音响亮，断句完全正确，我喜欢。谁再来读？

（一女生读，字正腔圆）

师：我们班无论是男同学还是女同学，声音都这么响亮，字字句句入耳。真好！文中有两个生字，现在一般都不用了，文言文中出现得比较多。你发现是哪两个字了吗？

（生看着课文寻找，短暂的沉默。几秒钟后，有生做恍然大悟状，举手，其他生陆续举手）

生：“哉”和“兮”是两个生字，我们现在都不用了。

师：眼睛真明亮！谁来读读这两句话？

（出示）

善哉，峨峨兮若泰山！

善哉，洋洋兮若江河！

生：（读）“善哉，峨峨——兮若——泰山！善哉，洋洋——兮若——江河！”

（生断句出了问题，师并没有急于纠正）

师：这两个字都是语气词，分别相当于我们现在的哪两个字呢？

生：相当于“啊”。

生：相当于“呀”。

师：是的。既然是语气词，想想这两句话该怎么断句？

（生尝试练习。一生站起来读，依然读错）

师：把“兮”换成我们现在常用的“啊”，体会一下该怎么断句。

（生自己练习，找到了诀窍，纷纷举手）

生：（读）“善哉，峨峨兮——若——泰山！善哉，洋洋兮——若——江河！”

师：很好！“哉”和“兮”既然是语气词，我们在读到它的时候就可以把声音拉长一点。

师：谁来读？

生：(读)“善哉——峨峨——兮——若泰山！”

(生读，两个语气词后面的停顿依然不够长。师示范读。再请一生读，读得很好)

师：瞧，读出古文的味道就是这么简单，把字音拉长，读得从容一点就好了。读好了这几句话，我相信全文也能读好了。谁来读？

(生读)

师：读得舒缓、从容，味道十足。同学们一起来吧。

(生齐读，颇有气势)

三、琴心合一得知音

师：读了这么多遍课文，我想同学们一定读明白了，这是一个关于什么的故事？

生：一个关于知音的故事。

师：对。(板书：知音)文中的知音，一个是伯牙，一个是钟子期。

(出示)

伯牙善鼓琴，钟子期善听。

(生齐读)

师：这句话是什么意思呢？

生：伯牙擅长弹琴，钟子期擅长听。

师：“擅长”的“擅”还是这个“善”吗？

生：不是。是另一个。

(生用手比画着写，师示意其上台写“擅长”)

师：从文中哪些句子可以看出他们一个善鼓琴，一个善听呢？

(生默读，批画)

生：我是从“伯牙鼓琴，志在高山，钟子期曰：‘善哉，峨峨兮若泰山！’志在流水，钟子期曰：‘善哉，洋洋兮若江河！’”这句中知道的，伯牙弹什么，钟子期都能听出来，所以他们俩一个善鼓琴，一个善听。

师：伯牙在鼓什么？钟子期又听出了什么呢？我们一句句地来读，先读读这一句——

伯牙鼓琴，志在高山，钟子期曰：“善哉，峨峨兮若泰山！”

生：伯牙弹琴的时候，心中想到了高山，钟子期就说：“太好了！像泰山一样高。”

师：你所说的“想”就是这一句话中的——

生：(齐)志。

师：是啊，“志”在这里是“想”的意思，与我们现在的习惯用法是有差异的。伯牙鼓琴，心中想到高山的时候，他的琴声一定是怎样的？

生：高昂的。

生:气势磅礴的。

生:雄浑有力的。

师:这雄浑有力的琴声一定震撼了子期。子期啊,你的脑海中一定出现了这样的画面吧——

生:我仿佛看到了一座高山。

师:不知道这山的气势如何?

生:我仿佛看到了一座气势雄伟的高山。

生:我仿佛看到了一座高山直插云霄。

生:我仿佛看到了泰山巍然屹立在眼前。

师:我发现同学们无论是想到高山还是泰山,都用到了形容山很高的词语,如"气势雄伟""直插云霄"等。为什么你们如此不约而同呢?

生:泰山就是很雄伟的,所以用了这些词。

生:因为钟子期说"峨峨兮若泰山",文章下面注释说"峨"是"高"的意思。

师:所以,你们就用了形容山很高的词语,是吗?

(生点头表示同意)

师:钟子期也正是听懂了伯牙的琴声,所以才不由自主地称赞道——

生:(齐)"善哉,峨峨兮若泰山!"

(生声音小,而且读得比较平)

师:好平静的子期啊!把这句话换成现代语言,该怎样称赞呢?

生:太好了,我仿佛看到了巍峨的泰山!

师:哪一个词可以理解为"太好了"?

生:(齐)善哉!

师:这里的"善"和前面的"善"意思一样吗?

生:不一样。前面的善是"擅长"的意思,这里是"好"的意思。

师:这可是你们自己理解出来的,写在课本上吧。

(生做笔记)

师:这里的"善哉"还可以理解成什么?

生:太棒了!

生:太妙了!

生:太了不起了!

师:这些词称赞的语气都很强烈。谁再来读?

生:(读)"善哉,峨峨兮若泰山!"

师:让我听出泰山的巍峨和你由衷的称赞。

生:(读)"善哉,峨峨兮若泰山!"

(生齐读,气势如虹)

师:伯牙弹琴,高明在何处呢?

生:他能把心中想到的高山用琴声表达出来。

师:是啊,这就叫琴心合一。其实,高明的何止是伯牙一个人啊!

生:子期也是高明的,因为他能够从伯牙的琴声里听出他弹的是什么,能够知道他心中想的是什么。

师:好一个善听的子期!听,伯牙的琴声又转换调子了——

志在流水,钟子期曰:"善哉,洋洋兮若江河!"

(生齐读)

师:这一次伯牙的琴声又妙在哪里呢?

生:妙在把江河的广阔无边弹出来了。

师:这里的"江河"指什么?

生:指大江、大河。

师:在古诗文中,只要没有点明,"江"指的就是长江,"河"指的就是黄河。说到长江黄河,你又想到了哪些词或诗句呢?

生:我想到了"气势磅礴""波涛滚滚"。

生:我想到了"九曲黄河万里沙,浪淘风簸自天涯"。

生:我想到的词是"汹涌澎湃"。

生:一望无际。

生:波涛汹涌。

生:我想到了"黄河之水天上来,奔流到海不复回"。

生:我想到了"孤帆远影碧空尽,唯见长江天际流"。

师:就是这样的大气磅礴,伯牙也弹出来了,所以钟子期不禁再一次赞道——

生:(齐读)善哉,洋洋兮若江河!

师:要表现长江黄河的气势磅礴,就把每一个字音拉长一点,再试试。

(生齐读,很有气势)

师:也就是说,无论伯牙弹什么,子期都能够听懂。这叫——

生:知琴音。

(板书:知琴音)

师:弹琴者琴心合一,听琴者心、琴、景相互交融,所以我们说——

生:(齐)伯牙善鼓琴。

师:所以我们说——

生:(齐)钟子期善听。

师:人生得一知己足矣,两人的喜悦之情就从这简单的文字中流露出来了。一起再读这两句话——

伯牙鼓琴,志在高山,钟子期曰:"善哉,峨峨兮若泰山!"志在流水,钟子期曰:"善哉,洋洋兮若江河!”

师:能与这样的人为友,怎不让人激动!

(师生配合朗诵)

师:所以说,“伯牙所念,钟子期必得之”。这里的“念”是什么意思?

生:想。

师:刚才学习的时候,还有一个字也是“想”的意思,还记得是哪个字吗?

生:是“志在高山”的“志”。

师:用不同的字表示相同的意思,在古文中是常见的。“钟子期必得之”中的“之”是什么意思?

生:伯牙心中所想到的。

生:伯牙弹琴时想到的景物。

生:伯牙弹琴时的心情。

生:伯牙的志向。

师:也就是说——

伯牙鼓琴,志在明月,钟子期曰:________________。

(生沉默、思索,师不说话,耐心等待)

生:伯牙鼓琴,志在明月,钟子期曰:“太好了,我看到了明月。”

师:“太好了”可以换成文中的——

生:(齐)善哉!

生:伯牙鼓琴,志在明月,钟子期曰:“善哉,明亮兮若明月。”

(生受启发,举手者多起来)

生:伯牙鼓琴,志在明月,钟子期曰:“善哉,圆圆兮若明月。”

师:真好!和文中的句式完全一样,颇有古文的风韵。

生:伯牙鼓琴,志在明月,钟子期曰:“善哉,皎皎兮若明月。”

师:你怎么想到用“皎皎”这个词的?

生:我想到了“皎皎明月”这个词。

师:真好!我很欣赏你的用法!

(出示)

伯牙鼓琴,志在清风,钟子期曰:________________。

生:伯牙鼓琴,志在清风,钟子期曰:“善哉,轻轻兮若清风!”

生:伯牙鼓琴,志在清风,钟子期曰:“善哉,凉爽兮若清风!”

生:伯牙鼓琴,志在清风,钟子期曰:“善哉,柔柔兮若清风!”

(出示)

伯牙鼓琴,志在杨柳,钟子期曰:________________。

生:伯牙鼓琴,志在杨柳,钟子期曰:“善哉,依依兮若杨柳。”

师：钟子期从伯牙舒缓的琴声中，听出他心情的宁静。

（出示）

钟子期能从伯牙________的琴声中，听出他的________________。

生：钟子期能从伯牙舒缓的琴声中，听出他的平静。

生：钟子期能从伯牙高亢的琴声中，听出他的激动。

生：钟子期能从伯牙低沉的琴声中，听出他的悲伤。

生：钟子期能从伯牙急促的琴声中，听出他的急躁。

生：钟子期能从伯牙轻快的琴声中，听出他的愉悦。

师：所以，我们说——

生：（齐）伯牙所念，钟子期必得之。

师：这就叫知音，知琴音，知心弦，知志意。

师：我们是不是知音呢？测验一下。配合着来读这一段文字，我读伯牙，你们读子期。

（出示）

伯牙善鼓琴，钟子期善听。伯牙鼓琴，志在高山，钟子期曰："善哉，峨峨兮若泰山！"志在流水，钟子期曰："善哉，洋洋兮若江河！"伯牙所念，钟子期必得之。

（师生配合得很默契）

师：配合这么默契，看来，我们也是知音。

师：伯牙走遍大江南北，今天才遇到子期这一知音。如果你是伯牙，你的心情如何？你会对子期说什么？

生：人海茫茫，知音难觅。生我者，父母也。知我者，子期也。

师：这么高的赞誉，我想子期听了一定也十分激动。

生：我虽是名满天下的乐师，可是我心中的孤独又有谁能知晓？今天遇见你，真是我三生有幸呀！

生：子期啊，你跟我走吧，我们一起弹琴交流，那该多快乐啊！

师：从你的语言中，我能感受到你的激动，连你没有说出来的感叹号我都听到了。

四、高山流水不复弹

师：得遇知音，一生难求。（音乐起）两人相约明年再相见。第二年伯牙再来的时候，见到的却是子期的坟茔。伯牙甚是悲痛，哭声惊动了周围的乡里，他们听说一个当官的还来凭吊子期，甚是好奇，于是前来观看。

（出示，师诵读）

（伯牙）命童子把瑶琴取出囊来，放于祭石台上，盘膝坐于坟前，挥泪两行，抚琴一操。那些看者，闻琴韵铿锵，鼓掌大笑而散。伯牙问（子期父亲）："老伯，下官抚琴，吊令郎贤弟，悲不能已，众人为何而笑？"钟公道："乡野之人，不知音律，闻琴声以为取乐之具，故此长笑。"

……

师：伯牙啊，你在好友坟前挥泪痛悼知音，百姓却以为你抚琴取乐，你心情如何？

生：我十分难过。

生：我十分悲痛。

生：我十分悲愤！

师：你为什么而悲？

生：为子期死去而悲。

生：为这么多人竟然不知道我的琴声而悲。

师：又为什么而愤？

生：我恨老天爷夺走了我的知音。

师：伯牙转头问子期父亲："老伯，你可懂我在弹什么？"钟公说："模糊不懂久矣。"伯牙道："随心应手一曲短歌，以吊令郎者，口诵于老伯听之。"伯牙诵完，就取出刀子割断琴弦，举起自己心爱的瑶琴摔碎于子期的祭石台上。钟公大惊，忙问："这是为何？"伯牙道——

（音乐起，出示）

摔断瑶琴凤尾寒，
子期不在对谁弹。
春风满面皆朋友，
欲觅知音难上难。

（生齐读）

师：知音难觅，知音已逝，一起读——

（出示）

子期死，伯牙谓世再无知音，乃破琴绝弦，终身不复鼓。

（生读，声调偏高，语速偏快）

师：声音低沉一点，一字一顿地读。

（生齐读）

师：《伯牙绝弦》的故事千百年来被人们广为传颂，在深深的感动中，这个故事逐渐被浓缩成一个词——知音。这个词今天已经成为我们中华民族的一个文化符号，让我们记下最初的这一对知音吧。

（生齐背课文，下课）

【案例反思】

《伯牙绝弦》是一篇经典小文，文章用精练的语言描述了伯牙和子期这一对知音从相识，到相知，到阴阳相隔后，一代琴师伯牙摔碎瑶琴以谢知音的故事。读着这个荡气回肠、耐人寻味的故事，我们不能不想，为什么它能够千百年流传而不衰？我想，也许是

“伯牙绝弦”所预示的是一种真知己的境界，恰与古人所推崇和追求的“士为知己者死”的人生情操相去无二的缘故吧。既然如此，教学中让学生从字里行间捕捉到、从诵读之中体会到伯牙和子期相知、相惜的情感就成了学习的重要任务。

为了达到这一教学目标，我把“知音”一词结合故事分解为“知琴音”“知心音”两个层面。在学习体会中，我引领学生不停地在文字和角色中进行转换，在转换中深入到文字的深处和人物的内心，体察他们用相知相惜谱写的经典知音情。

其中对“知琴音”的体会，主要是抓住核心语言“伯牙鼓琴，志在高山，钟子期曰：‘善哉，峨峨兮若泰山！’志在流水，钟子期曰：‘善哉，洋洋兮若江河！’”两句进行学习转换。比如在学生怎么也体会不好“善哉”一词中包含的浓浓情感时，我让学生用现代语言进行表扬，于是，“太好了！”“棒极了！”“太美妙了！”一系列的浓情赞扬就出现了。这样，通过古今语言的转换，学生们很好地完成了文言和现代语言之间的对接，也很好地实现了学生和子期情感的对接，进而比较清晰地勾画出了子期欣喜若狂的形象。再比如，本文教学最重要的，也是难度最大的是让学生通过“峨峨兮若高山”和“洋洋兮若江河”这两句的描写，体会到伯牙琴声的绝妙无双。但是，这两句话并没有具体描写伯牙的琴声是如何跌宕起伏，而是仅仅写了子期的感受，于是，伯牙的琴声和子期想象中的景物之间的转换与对接就非常有必要了。教学中，我让学生想象峨峨的高山和洋洋的江河，并通过语言描述出来，在描述的过程中，学生的眼前会不自觉地呈现出连绵高山巍峨入云和万里江河奔腾而来的景象。就这样，在想象中，学生把虚无的琴声和熟悉的事物进行对接转化，完成了对琴声的认知。

而“知心音”的体会主要通过对琴声的想象和联想来完成，核心问题是“子期不仅仅能从伯牙的琴声中感受到景物的变化，更能从伯牙的琴声中体会到他感情的变化。”这一个问题其实是引导学生把自己和子期进行转化，设身处地感受一下子期对伯牙的了解和理解，在这样的感受中，“知音”的形象就进一步在学生心中丰满了。

【专家点评】

“知音”折射出的醉心力量

——武凤霞老师执教的《伯牙绝弦》课评

山东省胶州市第二实验小学　特级教师　张淑英

《伯牙绝弦》选自《列子·汤问》，是一个流传千古的寓言小故事。随着时代的发展，文本中蕴含的“知音”文化为故事本身平添了一些传奇的色彩，也使得不少老师愿意深入探究将其转换成课堂的教学价值。

翻阅《辞海》，“知音”一词的解释为：相传春秋时，伯牙善鼓琴，钟子期善听琴，能从伯牙的琴声中听出他的心意。后因称知己为“知音”。聆听全国知名特级教师武凤霞老师执教的《伯牙绝弦》一课，不禁叹曰：“善哉，其神采奕奕兮似风神！妙哉，其语文丰润兮若醴泉！”

武老师作为一名极优秀的小学语文教师，从中国传统文化的长期浸润中“走来”，满腔热爱，满怀激情，以其对文本睿智的解读、广博的延伸，以其一颗朴素至纯的童心、温润的引领，展示了属于她自己的独到风格、气质、精神与魅力，让我们真切地感受到了“优雅的老师”与“可爱的语文”之间的密切关系，以及当中折射出的醉心的力量……

一、课堂审美的重构：该浓则浓，该淡则淡，能简不繁，当艳不让

钱梦龙老师教文言文，历来反对串讲，反对一字一句嚼烂了“喂”学生。他认为：文言文首先是“文”，就应该把它作为饱含思想感情的“文章”来教，词句的解释应该在理解文章意蕴的前提下进行。综观武老师的文言文教学，显然也对“字字落实，句句对译”的传统教法怀“叛逆”之心。她有自己的主见，整个教学经历了“破题解题—读文悟味—品词析句—文化寻根”的过程，四个板块衔接流畅，线条简约，策略匠心独运，“文”和“道”交融得自然熨帖，体现了“教读文言文”的理念。究其深层次原因，是武老师多年来对哲学、美学领域的广读博研，促使其对语文课堂有了更高层次的审美追求，所以呈现出的教学环节是该浓则浓，该淡则淡，能简不繁，当艳不让。

引导学生理解“伯牙鼓琴，志在高山，钟子期曰：‘善哉，峨峨兮若泰山！’志在流水，钟子期曰：‘善哉，洋洋兮若江河！’伯牙所念，钟子期必得之”中所蕴含的“知音”之含义，是武老师教学的“轴心”之所在，也是整个教学设计的“主心骨”。她依次采取了五步法：找一找（文中哪几句话具体写的是伯牙善鼓琴，钟子期善听）；想一想（安排两次角色体验，进行联想：如果你是伯牙，弹琴时想到的是高山，你的琴声会怎样？如果你是子期，听到这样的琴声，眼前会出现怎样的一幅画面）；读一读（引读，发自内心地、有感情地朗读）；延一延（伯牙鼓琴，志在明月，钟子期曰……；伯牙鼓琴，志在清风，钟子期曰……；伯牙鼓琴，志在杨柳，钟子期曰……）；练一练（钟子期能从伯牙________的琴声中，听出他的________）。

在这五步法中，武老师尽量避免孤立地为解释词语而解释词语，把“志”“善”“念”字的解释和语境的把握及语感的体会结合起来，这在她的《杨氏之子》教学中也多次采用。她曾经在教后说课中谈道：写文章有“以词害意”的情况，读文章过于死抠字眼，也会妨碍对文章主旨的领会。因此，无累宏旨的细节，尽可粗放，不必纠缠不休。这也是她文言文教学一以贯之的追求。而本课想象的训练、语言的训练、词语积累的训练、朗读的训练，她无一不在引导的策略、时间的花费上下足了功夫，从而使学生对知音可贵、知音难觅体会到位，朗读声情并茂，朗读水平较课始有了质的飞跃。

关注武老师对文本“浓淡”的适切处理，实则从中观照到的是我们每一位语文老师自己。文本解读看似是一种技能，实则却是关乎我们自身成长的一项专业人格的修炼。武老师之所以能够读出“人之未见，人之未发”，是因为她在解读文本的过程中，能够重新发现文本、解构文本，同时又升华文本，能够将自己作为一个读者的独立思考、自由精神、平等意识等主体智慧融入其中，所以她既能收获言语解读的意义和意蕴，也能收获细读言语的经验和感受。这是值得我们反思和警醒的。

二、学习方式的温润：以生为本，直抵内心，以读为本，重品重悟

也许，一堂课或成或败并不重要，重要的是，它在多大程度上体现了执教者的教育理念。一堂理想的语文课，应该看得出执教者在教育理念上的执着追求。

武老师的语文课，我们看不到当下在不少语文老师甚或某些名师身上存在的“低幼化主导”“文化主导”“机械训练主导”的功利痕迹，她和学生作为彼此依存的一方，武老师以其特有的方式成就学生、激励学生，学生也以特有的方式提升教师。

且不说整堂课充溢的朗朗的读书声，单说引导学生理解教学难点，即文末“子期死，伯牙谓世再无知音，乃破琴绝弦，终身不复鼓”这句话，武老师就以儿童的方式，先想学生之所想，将自己定位成一个学习者，一个与学生处于相同境遇的学习者，拓展阅读了大量与“伯牙子期”有关的文史类文章。因她同时又是一个在心智、经验、领域、深度等方面优于学生的学习者，所以她将遴选后确定的有价值的文本资源（冯梦龙《警世通言》中的一个故事）引入课堂。

于是，我们看到的是武老师俯下身来，以学习者的身份，展示自己的思考。于是，学生在逐层品读中将“伯牙所念，钟子期必得之”与“伯牙抚琴，吊令郎贤弟，悲不能已”，众人却鼓掌大笑、钟父模糊不懂相对比，想象如果自己是伯牙，听到笑声，内心会作何感想？心情又当如何？进而体会到伯牙失去子期后内心的悲痛、悲愤，从而水到渠成地理解了“伯牙破琴绝弦，终身不复鼓”之举。在此基础上，老师用极富感染力的语言阐释“知音”作为中华民族一个特有的符号所承载的意义与价值，学生听得入神，读得动情，背得投入，那场景令听课的老师们都为之动容。

教育专家成尚荣说过：“好老师要有自己的风格，要像一个学者。”武老师就是这样一位老师，她能够以学者的眼光来审视资料，然后巧妙地为自己所用，并让学生从中体悟、发现学习的乐趣、方法、境界。于是，我们幸福地看到，他们师生的相遇与陪伴，是一种直抵人心且有温度的关系存在。因为在 40 分钟这虽短犹长的一段生命时光里，他们通过相互的敞亮，彼此的生命变得丰富和强大，天地变得高远、辽阔。所谓“师强弟子高”“课堂小天地，天地大课堂”，这既是教师学养的体现，也是语文学科独特魅力的彰显。

总之，武老师的课因其立意高远，所以教得大气。站上讲台，武老师就是语文。可以想见，在她那温暖而强大的内心中，无穷的远方，无数孩子的未来都和她有关……

第六节　指向语文素养的提升——古诗文的解读方法和教学策略

统编教材经过 2017 年部分地区实验，2018 年全国部分年级试用之后，2019 年秋季学期在所有地区、所有学段全面铺开。这一版本的教材特点十分鲜明，其中最引人注目的特点之一就是古诗文篇目的大幅增加。据资料显示，小学阶段 12 册教材共选有古诗文 129 篇，占课文总数的 30%左右，比之原人教版教材，其增加了约 80%的篇幅。而且统编教材古诗文内容更加丰富：首先，形式和出处多样，有三字经，有笠翁对韵，有汉乐府，唐诗宋词更不必说；古文的选择范围更广，有的选自《世说新语》，有的选自《晋书》，有的选自《韩非子》，有的选自《论语》等等。其次，表现内容更加丰富，有赞美祖国大好河山的、有表达爱国之情的、有体现友谊的、有传递学习技巧的……田园诗、送别诗、边塞诗、哲理诗、传统节日诗、状物写景诗等都有涉及。另外，古诗文的编排方式也更加灵活：古文和部分古诗编入阅读课，作为教读篇目，也有的古诗文出现在语文园地，还有的附在教材后面作为选读存在。面对如此多的古诗文篇目，加之统编教材力图构建"让学生竭尽全力去阅读"的编排意图，同时，因为古诗文内涵丰富、意境深远，学生要真正深入理解古诗文的内涵与意境实属不易。所以，指导学生深刻领悟古诗文的语言美、意境美，进而感受中华传统文化美，并实现语言表达、思维发展、审美鉴赏、文化理解等综合能力的协同发展，就成了摆在语文教师面前的一个重要的话题。

那么，如何才能教好古诗文呢？我想，我们可以从两个方面考虑。

首先，教师要能正确解读古诗文的意蕴。

这是教学古诗文重要的前提条件，但也是小学语文课堂上常常出现的问题。很多教师对古诗文的解读依赖于教学参考书，参考书上写什么就教什么，怎么写就怎么教。这固然不会出错，但同时也让我们的教学缺乏了深度和灵性。一个有思想的教师必定会站在提升学生认识和兴趣的角度去解读文本。那么，解读古诗文有哪些方法路径呢？

1. 准确理解诗文的内容。这里所说的诗文内容不仅仅指诗文本身字词句的意思，更指诗文中所隐藏的意象。什么是"意象"？意，是作者的心意体验、思想情感；象，指客观的、具体的事物。当作者有一份独特的感受时，他通过内心的想象，在脑海中呈现出鲜明的形象，称为意象。古诗文中的意象相对比较固定，例如：鸿雁一般作为信使，代表思乡之情；杜鹃一般象征薄命佳人、忧国志士，哀婉，至诚；东篱隐含着出尘脱俗之境；菊花代表着高洁品质；月亮的解读最多——思乡怀人，烘托反衬，感喟咏叹。在古诗文中看到夕阳，就会想到凄凉失落，苍茫沉郁。诗文中的"酒"一般有促人亢奋，引人抒怀，豪放洒脱的意思，当然也有借酒浇愁的用法；古诗文中的水，一般指时间的长河，情愁。当我们了解了诗文中的意象，我们就能透过风花雪月看到诗文背后隐藏的爱恨情仇，作者通过诗句所要表达的情感也就明晰起来。

2. 关注诗文背后的故事。很多诗文背后是有故事的，只是许多教师不注意去关注、去挖掘。诗文背后的故事，不是出生年月，不是个人成就，也不是别人几句冷冰冰的评语，而是事件，是能温暖人的事件。无锡市教科院赵宪宇院长曾经介绍过两首诗词及它们背后的故事，很是打动我的心。其中一首是现代杰出女诗人林徽因的代表作之一《别丢掉》：

别丢掉，
那一把过往的热情；
现在流水似的，
轻轻
在幽冷的山泉底，
在黑夜，在松林，
叹息似的渺茫，
你仍要保存着那真！
一样是月明，
一样是隔山灯火，
满天的星，
只使人不见，
梦似的挂起，
你问黑夜要回
那一句话——你仍得相信
山谷中留着，
有那回音！

如果你不知道这首诗为谁而作，不知道背后的故事，那么你会感觉作者不知所云。其实这是林徽因为纪念徐志摩而创作的——

1932年，徐志摩去世一周年时，林徽因晚上路过徐志摩的家乡海宁，隔着山坳，看见点点灯火，物是人非，再也控制不住自己的难过，写下了这首意味深长的《别丢掉》。

赵宪宇院长在另一篇文章中还讲到了我们大家都十分熟悉的诗——苏轼的一首《饮湖上初晴后雨》："水光潋滟晴方好，山色空蒙雨亦奇。欲把西湖比西子，淡妆浓抹总相宜。"几乎每一个小学语文教师都把这首诗当作写西湖美景的诗来教，而且仅仅当作写景的诗来教。其实这也有偏差，因为苏轼这首诗的背后也是有故事的——

东坡的第三个夫人，实际上是侍妾，叫王朝云。朝云天生丽质，聪颖灵慧，能歌善舞，虽混迹烟尘之中，却独具一种清新洁雅的气质。一日，东坡与几位文友同游西湖，王朝云以其艳丽的姿色和高超的舞技，特别引人注目。舞罢，众舞女入座侍酒，王朝云已换了另一种装束：洗净浓妆，黛眉轻扫，朱唇微点，一身素净衣裙，清丽淡雅，别有一番韵致，有空谷幽兰的清新之意，沁入苏东坡因世事变迁而黯淡的心。此时，本是丽阳普照、波光潋滟的西湖，由于天气突变，阴云蔽日，山水迷蒙，成了另一种景色。湖山佳人，相映成趣，苏东坡灵感顿至，挥毫写下了这首传颂千古的描写西湖的佳作。

我想，当我们了解了这个故事，眼前浮现出的就不仅仅是西湖雨后的美景了，更多了一位淡妆浓抹都相宜的绝妙佳人，心也不由得柔软下来。这就是故事的魅力！

3. 关注诗文呈现的空间和情感。综观统编语文教科书的古诗文阅读篇目，我们会发现，编者经常会有意识地把同一题材的诗文编写在一课，比如《咏柳》《宿新市徐公店》《春夜喜雨》都是"春天"的主题，《夜书所见》《山行》呈现的是"秋天"的主题，《元日》《清明》《九月九日忆山东兄弟》，写的都是传统节日，《出塞》《凉州词》《夏日绝句》都向往和平等等。就连古文的编写也有了主题，比如有鼓励学生发奋读书的《囊萤夜读》《铁杵成针》，也有教学生读书方法的《古人谈读书》等等，这种编排方法为教师把几首诗组合在一起学习提供了方便，同时也为学生的学习提供了更大的空间。

而且小学教材中所选择的古诗文都是经典之作，经典诗文之所以经典，在一定程度上表现为语言有足够的张力，诗文本身有足够大的空间，让学生有机会在阅读中发现，在发现中理解，在理解中提升。比如统编教材六年级上册杜牧的《江南春》："千里莺啼绿映红，水村山郭酒旗风。南朝四百八十寺，多少楼台烟雨中。"这首诗有着极其强烈的跳跃感和张力。孙绍振先生这样解读："千里莺啼"用夸张的语言给了我们想象的空间和自由。第二句为我们提供了最有特点的细部，把其他部分留给读者去想象，最后将形象中心聚焦到"楼台""烟雨"上。那佛寺在烟雨之中是那样朦胧、缥缈，超凡脱俗，让人不由感慨：南朝灭亡已经许多年，但是寺庙之美依然如故。在孙老师的解读中，诗词的空间就清晰地呈现在我们面前。有空间的学习才是真正的学习。

4. 找寻诗文的共同点。刚才我们说到，统编教材编写古诗文的时候，十分注重主题的突显，这就为教师教学提供了一个很好的解读切入点。在解读的时候，不妨试着发现不同诗作的共同之处，从而打开一条在比较中学习的思路。比如，统编教材三年级下册《元日》《清明》《九月九日忆山东兄弟》都是描写传统节日的，所以，就可以找寻一下三首诗在写作方面的相同之处和不同之处。再比如《出塞》和《凉州词》都是边塞诗，两首诗都写出了战争的结果——"万里长征人未还"和"古来征战几人回"。但是它们也有不同的地方：《出塞》先写战争带来的结果，再写心中的期盼，《凉州词》则是先写畅饮的场面，再写战争的结果。两者的意境也不一样——《出塞》是安静中充满期盼，《凉州词》是热烈中满是豪迈。其实，当我们解读清楚这些内容的时候，我们的教学也就有了方向。

5. 放在文化的背景下解读。统编教材中有不少诗文，看似简简单单，却有着深厚的文化背景，如果不站在文化背景下解读，我们看到的就只是好玩，只是有趣，传统文化中蕴含的历史精华，文中人物身上的风骨气质就不能得到很好的彰显。比如《杨氏之子》这篇文章，初读就是一个很有意思的故事，故事中的孔君平为长不尊，孩子不卑不亢。很多教师解读到这里就止步了，其实我们应该问一问自己：为什么在长幼尊卑严格有序的古代，却有着这样的一个好像很不合节拍的故事呢？其实这个故事背后站着一个时代：《杨氏之子》选自《世说新语》，《世说新语》记录的是魏晋南北朝时期士族阶层的闲情逸事。晋朝的时候，天下颇乱，统治者没有太多的精力用儒家的礼法约束人们的言行，所以那个时代的人思想自由，行为解放，崇尚智慧，喜欢辩论，这就是所谓的魏晋风度。也正是在这样的文化环境下，才有了这一个经典的故事。了解了这样的文化背景，学生对文章的认识就走到了一个新的高度。

解读诗文的角度很多，但是不管用哪一种方法，都要努力去发现诗文中的细微处，因为“越是细微越见精神，越是细微，越是尖端，越是有学术水平”。

其次，教师在教学中要努力选择合适的策略。

准确解读文本只是完成了第一步，关键是教师如何把自己的解读变成学习活动，让学生在活动中体会感悟，达到真正理解的目的。我想，在教学古诗文的时候，可以关注以下几种方法：

1. 在解决学生的问题中落实教学。古诗文有别于其他文本最突出的地方就是它的语言——准确传神，讲究跳跃和留白，而且在遣词造句上打破常规，追求独特和新奇，这就给学生的理解带来了一定的难度。所以，教师在教学古诗文的时候一定要给予学生表达自己疑惑的时间，我们也只有在走进学生疑惑的时候，才能感受到学生真正的需要，教学才能真正凸显学生立场。记得有一次教学王瀚的《凉州词》，有学生表示不理解“醉卧沙场君莫笑”这句话，于是许多认为自己理解了的同学纷纷发表自己的认识——“就是喝醉酒了，醉倒在了沙场上，将军不许笑。”“就是有的战士因为喝醉了酒被敌军杀死了，就不能笑了。”“在喝醉酒的时候突然战斗来了，依然去和敌人拼搏，所以大家不能笑。”……孩子们的解释在我们成人看来也许稀奇古怪，但这就是他们这个年龄所特有的认知，这时候教师的帮助会带给他们豁然开朗的提升，教师的价值也正在于此。

曾经听刘发建老师执教《出塞》和《凉州词》，刘老师引导学生学着编者的样子在自己不懂的词语的右上方标上序号，然后尝试着小组内解决，解决不了的拿出来全班讨论，于是“秦时明月汉时关”“胡马”“为什么战场上还有夜光杯”等问题就出现了。并不是所有的理解都让人感觉枯燥，这些来自学生自己的问题，孩子们探究的兴趣是极其强烈的，课堂上孩子们争相表达自己观点的模样深深地打动了每一位听课教师。

2. 努力让诵读落在故事中。古诗文教学中有一些常规动作，无论教的是什么，它们都必定存在于教学中。比如朗读就是其中之一。有感情地诵读在古诗文教学中是不可替代的存在。教师指导朗读一般会从音准、节奏、语气、语调和情感等方面进行指导，也就是说，更注重技巧的指导。其实，学生对作品的理解才是读好的关键所在。我记得自己教学王昌龄的《出塞》时，“万里长征人未还”一句的朗读在学习初期一般是“万里长征——人未还”，但是当学生看到唐朝地图，看到了边塞的位置，知道了将士们从祖国各地不辞辛苦奔赴边关之后，朗诵的节奏立即发生了变化——“万——里——长征——人未还”。为什么会这样呢？因为学生真实感受到了路途的遥远。把朗读放在故事中指导，最经典的还是王崧舟老师指导的《长相思》。“作者的身经过了哪里？”高山上，船上，沙漠里，山海关，营帐里……“无论在哪里，作者的心中都牵挂着远在北京的亲人，这就是‘长——相——思——’。”

故事的魅力是帮助学生建立画面，画面的价值在于让学生恍如置身其中，于是就有了感同身受，当学生对语言文字感同身受的时候，他的朗读就是在表达自己的情感，而不是替作者抒发感受。

3. 在复合的空间中教学。所谓的复合就是指事物因某种原因而结合起来。复合的学习内容就是把多篇文本按需要组合在一起供学生学习的内容。一般有三种形式的复合：一是以所学文本为主，融合进同质的课外文本，为学生提供更多的学习资料；二是以单元为整体进行教学；三是把教材中的文章根据主题进行重组。三种方法共同的本质是打破一篇文章学习的常规，让学习内容丰富化、多样化。提供复合的学习内容最大的益处就是用文本为学生架构起学习的广阔空间，文本之间互相解释，互相补充，从不同的维度呈现共同的主题，或说明共同的问题。教学统编教材四年级上册《出塞》《凉州词》《夏日绝句》时，我分两个步骤完成教学：首先学习《出塞》《凉州词》，让学生找到这两首诗中"长"得最像的两句话体会，于是"万里长征人未还""古来征战几人回"两个核心句子就一起读懂了。然后，在学生感受到将士们是"英雄"的基础上，让他们在《夏日绝句》中找到两句话概括将士们的形象，并说明理由。于是又完成了"生当作人杰，死亦为鬼雄"两句话的理解。因为有前两首诗打底，《夏日绝句》的学习只要几分钟就可以完成。在学习中，我们清晰感受到了三首诗之间彼此的支撑，发现了学生在三首诗之间辗转腾挪的学习状态。

的确，多篇文章的组合学习，容易跳出单篇文章教学精雕细刻的窠臼，让教师设计学习活动时从大局着手，通盘考虑，让学生在不同的文本中比较鉴别、联系起来学习思考，如此，更容易让学习活动真正发生。

当然，无论用哪一种方法进行教学，教师都要立足于学生学科素养的培养与发展，设计教学目标，安排教学过程，使教学明确指向学生语文素养的培养与提升。

第四章　基于表现的作业改革思考

第一节　当前作业中存在的问题

之所以要谈论作业设计这个话题，主要是发现一线教师对作业的认识存在较大的偏颇，并在一定程度上表现出轻视。所谓的认识偏颇，具体表现在有一部分教师仅仅把作业看成是对学生学习情况的检测。事实上，作业的存在起码有三个作用：第一是检测教师的教学设计是否科学合理。作业练习中难度较大的题目往往是课堂学习的总结或延伸，如果教师在课堂教学中能兼顾全面，带领学生很好地突破重难点，学生的作业完成情况相对会比较好。第二是检测教师的教学理想是否达成。教师课堂上教不到或者教不清的地方，反应在作业上一定是做不对。第三才是检测学生的学习效果。学生对知识的理解力、运用知识的实践力、学科技能的形成度都从作业中直接反映出来。所谓的轻视，主要表现在教师对作业存在着“现有的就是合理的”认识，这种认识表现在工作中就是把练习册上的作业按照教学进度布置下去，忽略了作业本身的针对性和价值性。

正是以上的原因，我们着手进行作业设计的研究，目的是让作业成为课堂学习的有效延续，成为真正能检测师生教与学效果的重要手段，成为提升教学质量不可或缺的方式方法。

为了达到这一目的，我们认真研究当下跟教材配套发行的不同版本的练习册，发现虽然编写者不同、练习内容不同，却存在着同样的问题：

1. 作业类型单一。以语文为例，无论课文体裁和内容如何变化，课后练习的形式和类型却是大同小异。尤其是同年段，练习内容更是保持高度的一致性。最突出的是对字词掌握的检测，几乎清一色以“看拼音写词语”的形式出现，从第一课到最后一课，从一年级到六年级，可以算得上是亘古不变的“经典”。其实，同样是检查生字词的掌握，可以有不同的检测形式，比如：可以“选字填空”，可以“把词语补充完整”，可以进行“同音字、形近字辨析”，还可以“根据意思写词语”等等。单调的练习类型，带来的一定是作业的乏味与无趣。

2. 作业设计基于保底。翻开小学生的语文练习册，你会发现，看拼音写词语、形近字组词、根据课文内容填空等一些题目占据了相当大的分量。如果综合评估一下除阅读思考以外的题目,难度基本处在面向中等生或者学习更为吃力的学生的层面。这种状况表现在完成作业的过程中是近三分之一的学生在不需要深度思考的情况下能在短时间里顺利完成作业。而中间的三分之一同学慢一点往往是因为习惯或者动作。这种保底的设计意图让作业本身缺少了思维的张力,让学生的学习一直处于浅层次循环状态,作业的价值性就大打折扣。

3. 作业设计与课堂学习和检测项目的脱节。教得杂而乱、练得简且单、测得广又难的问题一直是小学各学科学、练、考三者之间存在的突出矛盾。这种矛盾形成的原因,除主观因素以外,还有不可忽视的客观问题,主要表现在作业练习作为课堂学习和综合检测的中间环节,上不能很好地承接并真实反馈课堂学习的内容,下不能为知识和技能的综合运用做好铺垫。也就是说,作业的类型和内容不能很好地帮助学生完成从学习到运用、从简单到复杂、从单一到综合的转化。

面对这些普遍存在的问题,我们该如何改变呢?我想,最重要的是教师对作业要有相对完整的思考,不仅知道自己在教什么,学生应该掌握什么,而且还要准确把握教材和学生,明晰作业难度的上下限,会选择,会统整。同时还要把握作业设计的特点,明确作业设计的需要,掌握作业设计的艺术。如此,才能让作业练习在凸显价值的同时充满带领学生成长的魅力。

富有魅力的作业,应该具有以下原则:

1. "真"原则。也就是说,我们设计的作业应该是"真作业"。所谓的"真作业",一定是站在有利于学生成长与发展的层面,和教材特点、教学内容、学生实际等各方面事实相吻合的作业。"真作业"最重要的特点是具有很强的针对性,比如:针对易错的知识点展开训练,针对一节课最突出的学习内容进行训练,针对教学中发现的学习难点进行训练,针对学生的某项学科能力进行训练,针对学科综合素养提升进行训练,等等。这些训练无论是立足知识的学习,还是能力的训练,或者是学科思维力的提升,都一定是有助于学生学习成长的。"真"作业在设计上要求练习目标明确,练习层级分明,杜绝重复性、机械性、无目的性练习,真正确保练习的有效性和价值性。

2. "新"原则。这里所谓的"新"主要体现在作业的"变形"上,包括内容的变形,样态的变形,背景的变形,训练角度的变形等等。变形的价值是什么呢?是增加练习的丰富性,把知识的学习和能力的训练引向深入。"新"作业一个突出的特点是练习设计具有很强的延展性。比如基于一个训练点向不同形式的延展,基于一种能力向其他能力的延展,基于教材本身向同类教材的延展、向教材深处的延展等等。一个优秀的教师一定是一位能敏锐发现延展点并准确把握延展方向和延展度,让同一个知识点训练不断变形的教师。

比如说,同样是理解"博"这个字,作业的练习就可以有以下不同的类型:

类型一:请你给"博"组词,越多越好。

类型二：请你用查字典的方法（或者联系上下文）理解“博”的意思。

类型三：（出示“博”的不同解释）请你根据“博”的不同解释组词。

类型四：请给词语中的“博”字选择合适的解释。

（1）多，广　　（2）知道得多　　（3）用自己的行动换取

博览群书（　　）　　博物馆（　　）　　广博（　　）

博取众长（　　）　　博士（　　）　　博得同情（　　）

类型五：请根据下面每一句话表达的意思填进去一个和“博”有关的词语。

（1）无锡市（　　）不仅建设得辉煌壮观，而且呈现了无锡各个阶段的发展史，很值得一看。

（2）一个人要想优秀，就必须学会向不同的人学习，这叫（　　）。

（3）我们王老师知识十分（　　），天文地理无所不知。

（4）一个有学问的人首先是一个（　　）的人。

上述例子就是一组典型的变形题，围绕“博”的理解，涉及了释义、组词、辨别、说话等不同的方面，随着检测角度的改变，检测难度层层递进，接受检测的学生年龄也逐步增长。这样的检测体现了变化性、螺旋性、增长性、灵活性和挑战性，学生做起来不仅不乏味，而且还能体会到自我挑战的快乐。

3. “趣”原则。首先，这里的“趣”是题目表述的“趣”。不能否认，我们很多的练习题题目在文字表述方面毫无美感，甚至面目可憎。比如数学题中常常出现的名字是小明、小刚、小强、小红和小兰，他们不是一起分苹果，就是一起植树、栽花、排座位，无论教材如何变化、年级怎么递升，他们牢牢占据着练习题主角的位置。这样的题目，除了让孩子们进行数学技能的练习以外，丝毫不能浸润他们的心灵，更不能够唤起他们走进试题、走进阅读理解的兴趣。其次是练习形式的“趣”。让学生掌握某个知识或者某种技能可以有哪些形式呢？我们不妨从语文的角度归纳一下：练习学生的语感可以有读、背、讲、辩论等形式；帮助学生练习用一句完整的话表达一个意思可以有提供词语造句、根据标点造句、把错乱排列的词语连成一句通顺的话、用连接词把两句话连成一句话、判断句子表达是否完整、把病句修改正确等数种形式；检查对教材中经典句段的掌握可以用背诵、默写、填空、选择、判断等不同形式。即使我们的形式无法改变，也可以在题目要求上为它披上一件可爱的外衣，用绚丽的色彩吸引孩子们走近知识的兴趣。然后是解答问题过程的“趣”。如果前面的两个“趣”是基础的“趣”，那么这一个“趣”就是高端的“趣”。“趣”在曲径通幽，“趣”在径中有景——学生写作业的过程也许是安排人物命运的过程，也许是设计生动场景的过程，也许是阅读微故事的过程，也许是调动各方面的知识解决实际问题的过程。无论是什么过程，无论有着怎样的体验，都是能够让学生看到解题风景，乐在其中，找到学习价值的趣味过程。

当然，特别提醒的是，在关注作业“趣”点的同时，切不可忽略作业设计的实用性。

牢记设计作业是为了把课内学习的内容进行合理的延伸、适当的补充和适度的总结，为的是提升学生综合运用知识的能力。“趣”中落“实”，“实”中隐“趣”的作业才是真正的上佳作业，才能真正为学生所喜欢，才是真正的有价值的作业。

第二节　作业：站在课程的视域下思考

杜威认为，课程是社会性的作业活动。这个观点我颇为认可。从这个角度说，教师带领学生实施课程学习的过程，其实就是指导学生完成一个个不同类型作业的过程。所以，我们也可以说，作业是课程的一部分，是达成课程目标重要的“学习活动”，是让学生的学习在实践中得到落实的重要手段，是训练学生记忆力、理解力、思考力、想象力乃至创造力的重要凭借。教师在实施教学工作的过程中加强对作业的研究是高品质完成教学任务非常重要的路径。

但事实上，教师个人乃至社会对作业的研究远远不及对课堂教学的研究来得重视和深刻。查阅一下作业研究的相关资料，寥寥无几。为什么会这样呢？我想，原因也许有很多，但最重要的是作业不像课堂教学那样随时可以呈现在公共视野之下，不像课堂教学那样被广泛关注。很多人认为，作业仅仅是课堂教学的辅助品，再加上因为作业自身的特点，其从布置，到完成，再到反馈都有一定的隐蔽性，学校对于作业的要求与检查也没有特别的严格与规范，所以，作业就成了整个课程研究中被忽略的存在。再者，教师对于作业重要性的认识不足也是一个重要的原因。因为很多教师并没有把作业放在“课程中重要的存在”这个高度去认识，所以，就想当然地认为这是一件不用学就会做、不用研究就能做好的简单事情。于是，现实中，一拍脑门随手抛一大堆作业给学生的现象屡见不鲜。关于作业中存在的问题，我在《作业设计的完整性思考》一文中曾经做过较为系统的梳理，站在作业内容的角度，提出了“作业类型单一”“基于保底”和“学习内容与阶段检测脱节”这三大问题。那么，除此之外，还有怎样的问题需要我们关注呢？

一、作业中存在的问题

首先，作业布置的随意性。这是站在教师行为角度的反思。学完一篇文章和结束一天学习活动以后布置作业，已经成为教师的惯性思维，成为被所有学生默认的生活常态。这时候布置的作业，往往以巩固练习为主。但是，几乎所有的老师都经历过这样的时候——想不起来布置什么却又不能不安排，于是就随手写下——默写第一单元生词，默写要求背诵的段落，写一篇日记等一系列的作业让学生去完成。这些为了填充时间而布置的作业不可能立足于学习的重难点，也不可能具有作业安排的系统性，更缺乏作业编制的科学性，其对学生学习成长的价值可以说是微乎其微。

其次，作业呈现的碎片化。这是站在作业内容层面生发的思考。走进练习册，我们经常会发现一些相对来说跟近阶段学习毫无关联的内容，有时甚至会出现低年级的练习内容和形式难于高年级的现象，这就是练习设计无序化的典型状态。之所以出现这样的情况，主要原因是作业编写者没有作业设计的整体构画，没有单元作业设计的整体编排，更没有学段作业的整体思路。于是，在根据文本思考设计练习内容的基础上，在练习量达不到预定的要求时，随手找来一些内容进行填充。

再者，作业练习的片面化。这是站在作业系统的高度进行的反思。课堂学习后，给予学生的作业应该是内容丰富、角度多样、形式各异的练习，以检查他们记忆、理解、掌握、综合运用的情况。但是，打开孩子们的练习册，哪怕是跟随教材配发的，也存在着严重的练习内容片面化、练习形式单一化的现象。最常见的练习形式有“看拼音写词语”“按课文内容填空”“照样子写句子”等形式。特别是看拼音写汉字一类的题目，在小学一至六年级作业练习册中出现的频率最高，几乎达到了全覆盖。我统计了孩子们人手一册的某一版本五年级的《补充习题》，发现全册 25 篇课文，除了 2 篇古诗词和 1 篇现代诗，剩下的 22 篇课文的练习题中，有“照课文内容填空”这一练习形式的就有 17 篇之多。这种在练习册中占据篇幅大，应完成内容少且难度低，最没有思维含量的作业，如此高频率地出现实在是一件值得深思的事情，作业练习的低价值、片面化状态由此可见一斑。

针对上述现象，我们不能不思考，如何站在课程的视域下思考作业编制，让其真正成为学生学习的重要凭借呢?

二、强化作业研究与设计的意识

无论做任何事，只要我们带着研究的眼光去发现，就能看到那些平时被我们忽略的事情中广有沟壑，走进去别有洞天。作业研究也是如此。当我们站在学科的高度去看作业在其中的地位和价值，站在课程的层面去审视作业在不同学段所应该呈现的样态和体现的重点，就可以发现课堂教学和作业练习之间的内在关联，就可以从整体上把握作业在不同课时的分布，从而使作业的布置体现出一种完整性、层次性和阶梯性。

1. 站在整体的角度考虑作业的编制

这里的整体可以是一个学年，也可以是一个学期。无论是学年也好，学期也罢，都在传递一个信息，那就是站在整本书的角度思考一个阶段作业的目标。梳理清以下几个方面：第一，本学期我们要通过学习帮助学生获取哪些知识，形成哪些能力，用什么样的方式来达成；第二，这些内容应该如何分配在不同的单元和课时，题型可以如何变化，角度应该怎样拓展；第三，当同一知识类型在不同单元或者文章中反复出现，选取哪一篇作为教学和练习的重点，以什么形式反复，如何体现练习的递进性等等。当我们脑海中形成了这样清晰的脉络，一个学期围绕教材开展的学习和训练就会显得层次分明。梳理出训练脉络，分配好不同单元的训练内容以后，教师可以站在单元的角度考虑作业的编制。一般而言，每个单元 3～4 篇课文，这些文章题材十分接近，有着很强的向心性，编排主题十分明确。

在这种情况下，教师就容易对练习内容和类型有一个整体的把握，而且容易凸显作业在本单元中的阶梯性和递进性，很好地避免了重复性、无效性的练习。

2. 明晰教学目标和作业目标的区别

我们提倡作业一定要和教学现场紧密结合，因为从某种程度上说，作业是课堂学习活动的延续，是对课堂教学效果的监测，是对课堂学习效果的巩固与发展。但是我们必须认识到，不是所有的教学目标都能够成为作业目标，两者之间有着非常明确的区分。比如苏教版四年级上册《珍珠鸟》一课，教师在教学中设定了这样的教学目标：

(1) 正确、流利地朗读课文，感悟小珍珠鸟的可爱。

(2) 学会本课生字词，理解生字组成的词语，理清文章脉络。

(3) 初步感悟珍珠鸟逐步信任“我”的过程。

很明显，在三个教学目标中，(1)(2)两个目标很容易成为作业目标，而第三个教学目标就不一样了，它的立足点是让学生在课堂学习中通过对语言文字的感悟，了解整个过程的发展变化。这样的教学目标很难用作业的形式来实现。

再比如，苏教版六年级上册《鞋匠的儿子》一文的教学，我们设计了这样的教学目标：

(1) 能正确、流利、有感情地朗读课文。

(2) 读懂林肯的三段演讲，明白林肯演讲前后参议员态度变化的原因。

(3) 体会宽容是一种力量，学习林肯襟怀坦荡、仁爱正义、宽容大度的优秀品质。

很显然，在这三个教学目标中，第三个目标同样不适合作为作业让孩子们去总结和提炼，而且也很难让六年级的孩子明白如何完成这样的题目。

当我们分清楚教学目标和作业目标的时候，教学和作业之间的关系也就更明晰了。

3. 制定清晰的作业目标指导学习

既然教学目标和作业目标之间有差异，那么，我们是不是在备课中也要制定出清晰的作业目标来指导学生学习呢？当然可以，而且十分有必要！我们来看看如何制定作业目标。依然以《鞋匠的儿子》为例来谈，我们可以围绕教材本身制定如下的作业目标：

字词句类作业：

(1) 会默写生字新词，理解并能够用“卑微”“傲慢”等重要词语造句。

(2) 理解课文中“我一定会永远记住你的忠告，我永远是鞋匠的儿子，我知道我做总统，永远无法像父亲做鞋匠那样做得那么好”这句话中包含的深深情感，试着用“永远……永远……永远……”这样的句式说一句话。

语言类作业：

(1) 熟读课文，试着发现林肯说话时的心情和情感，用正确的情感朗读好林肯说的三段话。

(2) 试着模拟林肯就职演说演一场微话剧。

(3) 试着围绕一个话题做一次微演讲。注意用你的内容和语言打动别人。

综合性作业：

从林肯的品格、贡献和与林肯相关的社会命名等方面试论林肯对美国的影响。

三类作业中，前两类都是基于课文内容的练习，第三类是综合性作业，也可以说，是一个“大”作业，要求学生在广泛搜集资料的基础上形成对林肯的深度认知。在此基础上，我们还可以根据单元作业的整体规划，穿插一些系列性的训练，让学生的练习更丰富。

三、精心设计作业内容

克伯屈认为，练习设计的目的是完成某项任务或者获得某种程度的技能。这就明确地告诉我们，老师在为学生设计作业任务的时候，必须清楚作业的目的是什么，准备通过什么样的作业内容达到这样的目的，作业内容以什么样的形式呈现更符合学生的学习兴趣，更有利于学生获得良好的学习效果，提升学生的学习能力或者学习品质，带给学生学习的成就感。审视这一系列的思考，我们不难发现，作业内容是众多问题的核心，在作业目的达成中起着至关重要的作用。那么，设计作业内容要关注什么呢？

1. 要关注作业序列的整体性

一个优秀的教师，应该是一个能够站在学科的高度审视课程设计与实施的教师，是一个能够站在课程的高度审视作业编制序列、促使学生提升学科能力的教师。而清晰的作业序列，必然要建立在对作业整体把握的基础上。在我看来，这里的整体包括“大”“小”两个方面。“大”整体指的是从学科特点出发必须关注的几个层面，包括拼音、字、词、句、阅读和写作等；“小”整体是指上述每一项内容所包含的独立序列。我们以“字”的掌握为例来看，可以分解成这样几个序列：从汉字本身所包含的内容可以分解为字音、字形、字义，从学习能力方面可以分解为记忆、理解和运用，从练习所呈现的形式看又可以分解为看拼音写汉字、选字填空、形近字组词、连字连词成句等等多种形式。这些内容有深有浅，练习形式有简单有复杂，每一项又都可以成为一个新的独立的链条，而且每一个链条上的环节，每一个环节所承载的内容都有十分明确的年段特点。教师只有把握了整个学科练习的脉络，明晰了链条上承载内容的深浅变化，才能够站在高处，把作业真正和整个课程结合起来。从整册教材或者单元整体的角度去审视和设计，这样的作业内容才是最有价值的。

2. 要明确作业内容的价值性

这一点毋庸置疑！但我们经常见到一些不知道价值在哪里的作业设计。比如，某版本五年级《师恩难忘》一课，要求学生"从课文中摘录两句表达我对老师感激和怀念之情的句子"；四年级《老师，您好》一课，要求学生用"好"和"朝"进行多音字组词；四年级《秋天》一课，要求学生填写量词：一（　　）黄叶，一（　　）笑脸，一（　　）葡萄，一（　　）小路……不胜枚举。这一类的练习很显然严重地低于该年段学生的认知水平，应该是低年级学生的练习内容。还有的阅读题也是莫名其妙的存在。比如某五年级练习册中有一篇阅读《西海子游记》，后面有两道练习题，分别是："作者写《西海子游记》为什么能够下笔千言？""你有没有能够下笔千言的题目呢？"不知道作者出这两道题目的真正用意在哪里，更看不到这样的题目对培养学生的阅读能力的价值所在。所以，为了提升作业内容的价值性，无锡市东林小学开始了对教材配套练习册的修改，一些明显低于学生学习能力的和明显超出学生学习实际的题目被删减，并补充进一些难易适中的习题，以保证学生学习的效果。

3. 要关注内容呈现的情境性

语文虽然是极具情境性的一门学科，但是语文作业的设计恰恰十分缺少情境性，甚至很多时候，数学作业的情境性也比语文好很多。翻翻很多版本的练习册，你会发现题目的要求都是言简意赅的，作业本身也是理性呈现，很少有情境在其中。比如，某版本五年级练习册中有这样一道题目：

根据拼音写字组词：

liàn：锻（　　）　　（　　）习　　留（　　）

xū：必（　　）　　（　　）求　　谦（　　）

lì：严（　　）　　鼓（　　）　　再接再（　　）

这样的题目要求和考查形式在练习册中司空见惯，对五年级的学生来说几乎没有难度。如果我们把它放在一定的情境中，要求学生用"liàn"组成词语，使句子表达的意思更明确，题目这样表述：清晨，我和爸爸到树林里（　　）身体，这里真热闹，一些阿姨在（　　）着还不熟练的舞蹈动作，模样有点好笑，我看得入神了，直到爸爸催我，我才（　　）地离开。

这样修改以后，不仅仅增加了情境，增加了完成的趣味，更重要的是增加了练习的难度，更吻合高年级学生的年段特点。所以，我们说，好的作业情境设计，有助于唤醒学生完成作业的兴趣，培养他们解决实际问题的能力，尤其是学生综合分析问题的能力会得到更多的锻炼和提升。

4. 注重练习形式的多样性

同一检测内容用不同的形式呈现不仅可以带给学生学习的新鲜感，避免学生的审美疲劳，更重要的是形式承载着内容，形式的变化会在一定程度上带来内容的改变，这一改变也许就带领学生走向了一个全新的空间。比如检查学生生字的掌握情况时，大家往往会用看拼音写词语的练习形式，因为这种形式最简单、最直截了当，学生完成作业的难度最低。但是，我们不能不承认，作业难度低的同时，思考度也低，这一个类型的练习除了考察孩子们的记忆力以外，再难以找到助推学生发展的其他价值。所以，我们可以把形式改变为“把词语补充完整”“根据拼音把句子补充完整”“为词语选择正确的汉字”等形式。再比如，同样是检查理解词语的意思，可以给词语让学生直接写出来，也可以让学生用指定词语造句，还可以给出意思让学生写词语，甚至还可以把意思放在一定的句子中，创造一定的情境让学生理解。如果学生真能达到“任你千变万化，我自成竹在胸”的境界，那才是真正把知识学活了，学习的价值也就真正体现出来了。

5. 基于学习内容的延展性

分析一下现有的不同版本的练习册，我们会发现，每一课的作业和所学习的文章有着比较高的匹配度，也就是说，在让作业基于学习内容，和学习内容相吻合这一方面，许多练习册做得相对还是到位的。但是，也许是因为受数量的限制，所以，很多作业设计缺乏一定量的延展，这里的延展一是指练习内容的拓展，二是指作业呈现形式的变化。个人认为，这样的延展对于培养学生知识和能力的灵活运用力是极有好处的，所谓的“举一反三”“触类旁通”也就是在这样的练习中体现出来的。

比如，某三年级练习册中《北大荒的秋天》一课，练习中有“根据课文内容填空”一题，一是考查了课文内容的记忆，二是考查了对文章主要内容的理解和掌握。这样的练习没有难度，更多考查的还是学生的记忆。老师在修改练习册的时候针对这道题就做了如下的延展——

(1)“转眼间”形容________，表示这种意思的词语还有________。

(2)除了“几缕流云”以外，我们还可以说几缕________、几缕________。

(3)读了课文第一段，我想到了一个成语________，和“秋天”有关的成语还有________、________、________。

很显然，这样的延展扩展了学生的思维，调动了他们的知识积累，把学习推向了一个新的高度。学生的学习能力和学习质量就在这样的推进中悄悄地提升了。

6. 要关注适度的思维性

日常的作业练习虽然以检查学生对知识的掌握为主，但是，也要有意识地减少死记硬背的类型题，因为它们会过多占据学生的练习时间，要有目的地多增加有思维张力的题目，这样的练习才是真正站在学生成长的角度设计的题目。那么，怎样的练习题是具有思维张力的呢？比如，某三年级老师在学完《航天飞机》一课后，有这样的设计：

(1)用恰当的词语代替句中画线的词。

飞机越听越不<u>自在</u>。(　　)

他找到智慧老人，想问个究竟（ ）

（2）写出两个形容时间非常短暂的词语，并尝试着写两三句话，恰当用上这两个词。

这两道看似简简单单的练习题中，包含着丰富的内容——读懂句子、理解词语意思、寻找近义词、正确书写词语、选择表示时间短的词语、练习用上指定词语说几句完整而通顺的话。这个作业可谓是由浅入深，由易而难设计的典型，在这样一步步逐渐走向深入的过程中，思维的张力也就一层层凸显出来了。

当然，当我们把作业放在课程的视域下思考的时候，教师还要养成审视作业的习惯，比如说可以从落实学习目标的角度去审视，也可以从作业完成质量的角度去审视，还可以从作业的难度分布来审视。通过审视，作业的设计更科学、更合理，更能为课程目标的达成承担起属于自己的责任。

附：

用课程思维重构“作业设计”

《中国教师报》记者　褚清源

当各地中小学热衷于课堂教学改革的时候，地处江苏无锡的百年老校东林小学教育集团则把作业设计作为课程的一部分，用课程思维重新设计作业，找到了新的质量提升增长点，也有效提高了教师的专业研究能力。

校长武凤霞认为，提升教学质量的路径通常有两个：一是课堂教学的效率，二是作业练习的价值。人们往往着力于提高课堂教学效率，而对作业研究却关注不多。近年来，课堂教学改革可谓如火如荼，各种经验批量产生，研究可谓“百家争鸣、百花齐放”，而作业研究则是一个被忽略的角落。

作业练习，是教学活动的延伸和拓展，是达成课程目标的重要“学习活动”，也是训练学生记忆力、理解力、思考力、想象力乃至创造力的重要凭借。但是，不少教师并没有把作业放在“课程中重要的存在”这个高度去认识其价值。于是，东林小学教育集团开启了这项“小切口，多主题，深分析”的作业设计研究。

发现作业存在的问题

作为一所百年老校，东林小学教育集团的不少工作已经走向了高位发展的阶段，如何找准学校发展的痛点，锁定深化课改的切入点，并且带动所有教师都参与进来，校长武凤霞最终选择了作业研究这一主题。

武凤霞在《对作业设计的完整性思考》一文中分析了当前练习册存在的问题，比如作业类型单一，作业设计基于保底，作业设计与课堂学习和检测项目脱节等。在她看来，作业低效还有一个原因是教师对练习册的使用存在问题，表现在工作中就是很多教师习惯于把练习册上的作业按照教学进度布置下去，忽略了作业本身的针对性和价值性。

在东林小学，老师们仔细比对分析了平时使用的配套练习册后发现，不少习题与实际的教学内容有“脱节”之处，如练习的内容不全面，练习的目标不明确，练习的难易度不合理，练习的内容与生活脱节等。

副校长陈淼研究发现，语文作业更多偏向于笔头的抄写字词，主要就是完成配套语文练习册。在作业布置中，往往是“一刀切”，全班学生完成同样的作业；在作业评价中，基本以作业批改代替评价。这样的现状，不仅不能激发学生对作业的兴趣，还让学生对机械重复的抄写、枯燥反复的练习、没有实践与生活积累的练笔等感到厌倦。一位教师在对小学五年级某班46位学生的抽样调查中发现，该班只有15％的学生喜欢作业，39％的学生明确表态不喜欢，而46％的学生则用“无所谓”表明了对作业的漠然心态。

就语文学科而言，他们总结发现，语文练习册以字词练习为主，句式训练少，练习内容不全面，内容有重复，类型单一，欠缺综合性，阅读训练目标不明确。这样的作业类型和内容不能很好地帮助学生完成从学习到运用、从简单到复杂、从单一到综合的转化。

与语文练习册相比，数学练习册上的练习题具有一定的系统性与层次性。“但由于练习题是编者意图的样例式呈现或全省统一的因素，对东林小学教育集团的课堂教学和学生学习实际而言，也有着不契合的问题存在。”教导主任王青说，“尤其是存在解决问题的练习明显偏少、知识练习多、思维拓展少、过程展示少、关联生活少等问题。”

作业是针对性特别强的一种学习方法，更应该强调“帮助个体的学习”。学生实际是作业设计的起始点，当作业难度超出了学生的能力范畴，作业本身就成为一种负担。

武凤霞发现，现实中一个普遍的现象是：一线教师对作业的设计力不够。“当然，设计力不够是因为研究力不够。”武凤霞说。

真正要推进一项研究并不容易。在东林小学教育集团，有教师认为，学生做做已有的配套练习册就可以了；有教师认为，直接购买其他练习册更方便，购买的练习册是经过教师或团队研究的，还是比较受欢迎的；有教师认为，现有的就是合理的，有必要再对练习册进行修改吗？还有教师认为，自己水平有限，修改的作业不一定会比原先的练习好。

那么，到底应该怎样开展作业研究呢？

让作业更有针对性和设计感

学校首先确立的研究思路是：让作业更有针对性。如何让练习设计更有针对性、更有效，习题如何才能获得学生的喜爱，同时又能有效承载相应的训练任务呢？学校对练习设计进行了第一步探索与实践——对原来的配套练习进行“再创造”，学生的作业绝不能仅仅局限于教材，适度的研究性作业更能提升学生运用知识解决问题的能力。

首次作业研究是面向学科、学生全体的作业设计研究，即面状研究。在面状作业研究中，他们又发现了一些问题，如“修改保底，学生思维力的发展不够”“作业设计没有很好地照顾到学生间的差异性”等，为此开展二次作业研究。二次作业研究是基于学生学习个体需求的作业设计，即点状研究。

曹红艳在研究《平行四边形的面积》的教学内容后，看到练习册上对该学习内容的训练停留在“直接运用平行四边形的面积计算公式进行计算”的层面，就及时对学生的练习册做了修改，添加了这样一个练习：“一个平行四边形相邻两条边的长度分别是 6 厘米、8 厘米，一条高为 7 厘米。这个平行四边形的面积是多少平方厘米？”这道题重点是让学生先找到一组对应的底和高，然后才能运用公式进行计算。此题是原练习册上题目的变式练习，在思维上有递增，使学生巩固了平行四边形的面积计算这一知识点。

有了补充练习后，这一学习内容就以不同的面目、从不同的角度全面呈现在学生面前了，在这样多维度的思考和练习中，学生对这个学习内容的把握更全面了。

在研究中，他们将作业设计类型大致分为以下几类——从学习效能来分：补偿式作业、拓展式作业；从完成对象来分：个体式作业、团队式作业；从完成时效来分：日需式作业、长程式作业；从呈现方式来分：单一式作业、立体式作业。

作业设计方式分为：素材处理、资源重组、删减增补、原题加工、原创设计。作业设计要达成以下 4 个目标:实现质与量的统一、满足教与学的需求、做到理与法的融合、达成导与评的互助。

针对语文练习册中存在的问题,语文学科组长张莉茗总结出“加一加、减一减、换一换、调一调”的系列方法,通过这样的修修改改让配套练习与学生实际的学习生活更“配套”。

在此基础上,他们还进行了需求式作业的开发。需求式作业让教师拥有自主选择、创造的机会,变固有的教辅作业布置为满足课堂教学、个体学习的需求式作业设计,让学生以作业为载体,将自我的学习持续,让教师群体拥有丰富的题库,实现资源共享,减负增效。

通过行动研究,教师们认识到作业设计研究能更好地满足教与学的需求,购买其他练习册往往会加重学生的学业负担,题目与日常教学的匹配度也不高,而由教师自己精心设计的作业更能契合日常教学。一个学期下来,教师们“拿来主义”的问题得以解决。

研究走向深水区

针对学生学习方式、知识基础的差异性,学校开始关注个性学习的差异化作业设计。差异化作业设计有 3 种方法:基于作业难度的差异性作业,基于兴趣和学习风格的差异性作业,基于“作业脚手架”设计的差异性作业。在此基础上,他们还开展了基于差异化“作业脚手架”搭建的研究,并由作业脚手架联想到课堂学习脚手架的搭建。

无锡市数学名师焦肖燕曾执教《积不变的规律》一课,她在教学中用联想法引导学生发现问题、提出问题;用验证法解决问题。学生在一次次举正例、反例验证的过程中,提升思辨能力。

这节课就像是一个脚手架,通过这个脚手架让学生学会发现问题、提出问题、解决问题的方法,并能在课后大作业中灵活应用。自然简约、思辨灵动的课堂,让学生的思维得以发展,让数学的本质得以体现,饱含浓浓的数学味。他们逐步认识到,之前研究中“理论学习—交流研讨—练习设计—价值评估—实践应用”的研究步骤实际上也是一种研究的脚手架。

后来学校又开展了提升学生思维力的作业设计研究。作业设计要重视学生思维力的培养,如语文阅读作业设计要关注学生的“阅读量、阅读能力,即读准确、读明白、读深刻;语言表达,即说明白、说条理、说深入;写作能力,即写完整、写生动”。数学作业设计要重视学生的审题能力,即看清题、看懂题、数学化表达题意;解题过程和结果呈现方法要完整、有方法、合理灵活等。

由作业设计关注学生的思维力的发展,到关注课堂教学有效引导发展学生思维的逆向工程,东林小学教育集团以作业设计与研究为支点,撬动了课堂教学研究。

在团队共研的氛围下,教师们的研究渐入佳境,成果初现端倪,尤其是学科融合引发了深化“作业设计”主题研究的新思考。他们的视角开始从“单一作业”向“综合作业”延伸——开展长程式作业研究。

武凤霞认为，长程式作业设计要突破传统，走向多元：打破单调性，体现趣味性；打破独立完成的常规，体现合作性；打破作业内容单一的局面，体现层次性；打破只停留于文本的书面作业的局限，体现实践性、活动性；打破作业结果的唯一性，体现开放性；打破单一学科的知识学习，体现学科融合的综合性。

基于这样的思路，各年级开始以备课组为单位，制定研究性作业的主题和序列。如三年级语文，研究主题为“园林文化研究”。教师指导学生将研究分成若干小主题：无锡景点分类、选择一处感兴趣的园林进行名字由来的研究、对你选择的园林进行历史了解、对你选择的园林进行典故或其他小故事的研究、对你选择的园林中的一处景物进行研究……

这样的作业形式，让作业走进了学生的生活，成为生活型作业。为了使研究更全面，学生利用各种资源搜集信息，经历访谈、搜集、筛选、讨论、整理等多种方法，体验到了探究性学习的乐趣。作业内容涉及语文、地理、科学等多种学科，开阔了完成作业的视野，实现了学科的融合，让学习的边界更加开放，体现了课标中“课程整合”的教学理念，激发了学生的作业兴趣和创造的热情。

在长程式作业中，你会看到低年级的作业中夹杂着拼音，还有爸爸妈妈的手迹，甚是可爱；中高年级的作业，学生自己精心排版，将搜集的各种资料加以整理，合理美化，图文并茂。当学生把作业当成了作品，作品当成了研究，就会乐此不疲。

随着研究的深入，作业设计的研究从教学需求向检测评价发展，教师开始进行试卷编制研究。实际上，试卷也是一种作业形式，是一种检测性作业。

编制一张试卷，考验教师对课标、教材、学生、考试方向的整体把握。他们主要按照学科组内培训指导、制卷比赛、组内评析、引领教师二次修改的步骤开展研究。语文组资深骨干教师於阳和数学学科组长曹红艳利用教研活动对组内教师进行专题培训。

曹红艳从数学命题的概念着手，梳理出命题的六原则：科学性、全面性、导向性、发展性、循序性、独立性。以及多维评价的四度标准，即难度、区分度、信度和效度。

经过一番研究和资料搜集，各学科教师开始进行制卷比赛，他们结合出卷要求和试卷模板，每人现场出一张各自年级的期中练习卷。制卷结束后，评出组内最好的一份试卷。在教研活动中，每个备课组用 PPT 的形式向大家评析组内教师出的试卷。

在这个过程中，教师们明白了一张好的试卷要依据课标设计，结合学科内容、年段要求、重难点，整体把握教材，制卷更要遵循规范、合理、全面的原则。教师们在教研活动中受到启发，对自己原先编制的试卷进行二次修改，在精益求精中提高编制试卷的能力。

优化评价让作业更有效

作业的评价与反馈对学生发展有着积极的意义，但现实中，一些教师常常忘记了“检查重在结果，评价侧重过程”的理念，往往把作业评价等同于作业检查，作业评价只是停留在评价对与错的层面，教师在批阅作业时也只是在最后写上日期和等第，并没有对学生的作业做出详细的批注。学生完成一次作业的过程是复杂的，因此对作业的评价不能随意。多元化作业评价不仅能增加学生的作业兴趣，也能指导学生更高质量地完成作业。

首先是充分利用数据，让评价更细致。在学校使用的各种教育软件中，教师端都有大数据的反馈。教师只要认真梳理、分析就能从中发现学生的作业状态。例如教师布置了 10 道题目，获得了这样一组数据：14 个学生满分，19 个学生 90 分以上，小孙、小陈、小石 3 个学生答题时作业中断时间最短，小李、小石、小谢 3 个学生最早完成练习。10 道题目中，有一题的正确率为 58%，学生完成这道题目的平均用时为 5 分钟。通过这样的大数据，教师第一时间掌握了整个班级学生的作业状态，了解了学生已具备的知识水平，有助于教师及时调整教学内容、教学策略、作业难度，使整个教学更有效。同时，通过数据也能发现个别学生的作业情况，通过对学生的个别指导，家长的个别交流，使教学更有针对性。

学校还定期开展作业展评活动。学生的作业常常只有教师一个阅读者，学生之间交流沟通的机会不多。通过作业展评的形式，每一个学生都成为作业的阅读者，成为作业的评价者。在这个过程中，学生既是在评价别人，也是在评价自己，他们会主动寻找别人作业的亮点加以学习，对照自身作业加以反省，实现对自己作业的多方面修正。同时，作业展评还能让家长或其他人员参与到作业的评价中，从更多、更全面的角度对作业进行评价。

针对教师对学生作业的评价方法比较单一、大多以优良等第呈现的问题，学校开始用创意评价符号来激发学生写作业的兴趣。如做抄写的时候，有教师会在学生写得特别好的字旁边加一颗小星星，会在需要努力的字旁边画一个橡皮擦等。这种方式不仅生动有趣，而且能让学生很直观地接收到教师的评价信息，从而提高后续的作业质量。

让武凤霞感到欣慰的是，作业研究不仅让学生更爱学习，还让教师在研究过程中实现了快速成长，尤其是青年教师，就像受到了一次系统的培训，整个学科团队的研究力不断提升。今年暑假，教师们利用假期编制出了具有东林小学教育集团校本特色的《学科素养测试与评价》，从内容本身的编排完成了作业的分层。“当我们把作业放在课程的视域下思考的时候，教师还要养成审视作业的习惯，让作业的设计更科学、更合理，更能为课程目标的达成承载起属于自己的责任。”武凤霞说。

（刊发于《中国教师报》2018 年 10 月 17 日第六版）

第五章　基于表现的课堂教学范例

第一节　让古诗文学习走向深度

课例 1:统编教材三年级下册《古诗三首》教学设计

9. 古诗三首

(《元日》《清明》《九月九日忆山东兄弟》)

学习目标:

1. 认识并会写“屠”“魂”“酒”等 13 个生字。
2. 正确、流利、有感情地朗读三首诗,并会背诵和默写。
3. 了解每首诗所写的节日和三个节日的来历与习俗。
4. 收集中国传统节日的资料,交流不同传统节日的风俗习惯,增强对中华传统文化的广泛认知。

重点难点:

熟读并背诵三首诗,了解诗词中所介绍的节日习俗,增强中华文化的自豪感。

学习过程:

学习活动一　初读古诗,掌握字词

1. 同学们,今天我们要一起学习《古诗三首》。齐读课题。

2. 谁给大家读一读?其他同学听他是否做到了声音响亮,字字正确。学生读,教师相机正音。

3. 齐读三首诗。这三首诗中哪一个字对你来说是一个生字,难读又难记?或者哪个词语你不懂,需要提出来请大家帮助的?

要点:指导“屠”“魂”“佳”“欲”的字形。特别指导“魂”的写法,书写时注意左右两个部分,尤其是第十笔“撇”的写法。书写“欲”时提醒学生第四笔的“点”和第八笔的“撇”要互相谦让。

4. 学生书写“屠”“魂”“欲”三个字,教师指导。

学习活动二　比较阅读，理解诗意

一、比较三首诗的相同之处。

1. 古诗词是中华传统文化的精华，仅唐诗就留下了 48 900 多首，但是编者为什么要把这三首诗编在一课书中呢？这三首诗之间有什么相同的地方呢？

要点：三首诗分别写了春节、清明节和重阳节，写的都是中国传统节日。

2. 理解"元日"。元日是哪一天？

出示日历，让学生在日历上圈画出"元日"。（学生可能圈元旦，也可能圈春节）

3. 辨析。日历中上面一行是公历，也叫阳历，阳历的 1 月 1 日，叫元旦。下面一行是农历，农历的一月一日，我们习惯称为正月初一，这一天就是古人所说的"元日"，我们现在叫春节。

4. 出示春节的资料，学生读。你从中了解了哪些信息？

春节：中国人过年的习俗已经有 4 000 多年的历史了，在古代，过年这一天被称为"上日、元日、正日、元旦"等。1914 年，民国政府把正月初一定为春节。

5. 清明节和重阳节又有怎样的历史呢？出示资料：

清明节：从周朝开始，距现在已经有 2 500 年的历史了。

重阳节：是从三国时起有记录的，距现在也已经有 2 000 多年的历史了。

6. 小结：像这样的，中国老百姓年复一年传承下来，有着千百年的历史，记录着丰富多彩的社会生活，蕴含着丰厚的文化内涵的节日，就是中国传统节日。

二、比较三首诗的不同之处。

1. 三首诗之间最大的相同之处大家找到了，三首诗有什么不同的地方呢？

2. 汇报交流——习俗不同。

(1) 读一读三首古诗，画出最能表现节日特色的描写。同桌可以交流交流。

(2) 交流《元日》。从《元日》中你看到哪些习俗？

要点 1：放爆竹。

A. 爆竹是什么？为什么把它称为爆竹？

出示古人放爆竹的图画。解释：过去没有鞭炮，人们把竹子放在火盆里烧，竹子就会发出"噼噼啪啪"的响声，故称爆竹。后来有了火药，也就有了现在我们知道的鞭炮。王安石的这首诗里说的"爆竹"指的就是"鞭炮"。

要点 2：屠苏酒。

出示古人一起饮酒的图画。

A. 你们过春节的时候，亲朋好友聚在一起喝酒，先敬谁？

（先敬老人，敬长辈，以示尊重。）

B. 喝屠苏酒的时候恰恰相反，你们知道要让谁先喝吗？（先让年龄最小的喝。）猜猜为什么。

（因为要祝贺他们又长了一岁，希望他们平安。年长或辈分高的最后喝，晚点喝，有祝他们长寿的意思。)

C. 如果我们班的同学是一家人,过年的时候让谁先喝?有祝福吗?谁最后喝?你们会说什么?

要点3:新桃换旧符。

A. 出示桃符、对联、门神的图片。看图,猜一猜,哪一个是桃符?

B. 春节为什么要挂桃符?

C. 后来,桃符就被门神和对联取代了。一起读《元日》。

(3) 交流《清明》。你们看到清明的习俗了吗?

要点:抓住"欲断魂",体会行人的心情。

清明要给亲人祭扫坟墓,心中难过也很正常。

(4) 交流《九月九日忆山东兄弟》。

要点1:抓住"登高"体会。传说重阳节那天登高可以躲避灾祸。

要点2:抓住"遍插茱萸"体会。出示"茱萸"图片。介绍:果子红红的,圆圆的,有一股特殊的香气。古人认为,它插在身上可以辟邪。

(5) 小结。不同的节日,有不同的习俗,寄托着人们不同的感情,这就是文化。

3. 汇报交流——情感不同。

(1)《元日》热烈欢快

要点:关注"爆竹、春风、曈曈、新桃、旧符"这些词语,在朗读中表达出欢快热烈的情绪。

A. 这首诗中只有欢快热烈吗?我们来看看这首诗创作的背景。

出示资料:

王安石——北宋著名的改革家。他立志把一些影响社会进步的旧制度,改为能推动社会发展的新制度。他对改革充满信心,相信它能给千家万户带来美好的生活。

B. 你能把诗中的一些描写和王安石的改革对应起来吗?

要点:新桃——推动社会发展的新制度;旧符——影响社会进步的旧制度。

千门万户曈曈日——改革能给千家万户带来美好的生活。

C. 所以,这首诗不仅表达了过年的喜庆,还表达了作者对自己改革的信心。齐读。

(2)《清明》难过,感伤

A. 抓住"雨纷纷""欲断魂",体会作者感伤的情感。

B. 在这首诗中,作者的感情有变化,你发现了吗?

要点:前两句哀伤,后两句因找到"酒"心情好转。朗读时要注意前两句和后两句情感的变化。

(3)《九月九日忆山东兄弟》思念

要点:抓住"独""异乡""异客""倍思亲""少一人"体会,指导朗读。

4. 汇报交流——作者、朝代不同。

都说唐宋诗篇，可为什么课文把宋朝的诗排在了第一篇？（学生不知道，让学生说说节日的时间）（得出结论：按节日顺序排列）

学习活动三　拓展阅读，交流积累

1. 中国的传统节日有很多，你还知道哪些？

2. 出示《乞巧》。学生读。

乞巧

唐　林杰

七夕今宵看碧霄，
牵牛织女渡河桥。
家家乞巧望秋月，
穿尽红丝几万条。

3. 说说这首诗写的是哪个节日？在这首诗中，你看到了什么事件？哪些习俗？

4. 出示下列古诗，说说对应的分别是哪个节日。

* 明月几时有？把酒问青天。（中秋节）
* 去年元夜时，花市灯如昼。（元宵节）
* 五月五日午，赠我一枝艾。（端午节）

5. 传统节日不仅藏在古诗里，还藏在小朋友的儿歌里。出示《传统节日》。学生朗读。

6. 总结。中国的传统节日都很有特色，同一个节日在不同地方习俗也不一样，课后，同学们可以继续从书本中找，从与长辈的交谈中找，找回我们的传统节日，找回我们中华民族仪式化的生活画卷。下课！

课例2：统编教材四年级上册《古诗三首》教学设计

21. 古诗三首

（《出塞》《凉州词》《夏日绝句》）

学习目标：

1. 认识“塞”“秦”等4个生字，会写“催”“醉”等10个生字。
2. 抓住诗中的人物及事件，了解诗词大意，体会诗人所表达的情感。
3. 能正确、流利、有感情地诵读三首诗，背诵并默写。

重点难点：

抓住诗中的人物及事件，了解诗词大意，体会诗人所表达的情感。

学习过程：

学习活动一　借助地图，了解“边塞”

1. 今天我们先来学习两首“边塞”诗。

(1) 出示：边塞。学生读，理解。边塞：边境，险要之处。

(2) 出示：“塞”的三个读音，学生组词。

(3) 出示唐朝地图，显示“唐”“吐蕃”和“突厥”。请同学们找一找，哪里是唐和突厥之间的边塞？

(4) 介绍背景。（出示图片）有一座著名的山脉——阴山，阴山不仅是地理的分界线，还是气候的分界线，阴山以北，气候干燥，以草原为主，那里的居民多以放牧为生，被称为游牧民族；阴山以南，不仅有大量的草原，还有万亩良田，人们的生活非常富足。在过去，北方的游牧民族经常越过阴山来抢夺财物。因此，阴山以南的人们修筑长城，修建重要的关口，来抵御游牧民族的侵略。

这一次，唐朝著名诗人王昌龄来到边关，夜晚，他站在军营之中，看着这亘古不变的圆月，看着这自秦汉以来修筑的长城和关口，吟出了这样的诗篇。

学习活动二　读《出塞》《凉州词》，了解诗词大意

一、朗读《出塞》《凉州词》，读正确，读熟练。

1. 出示《出塞》。齐读，指名读。关注字音和断句的正确。

2. 介绍：唐朝是边塞诗创作的顶峰时期，流传到现在的边塞诗就有 2 000 多首，在这 2 000 多首边塞诗中，有两首被称为压卷之作，其中一首就是王昌龄的《出塞》。同学们再齐读。

3. 另一首压卷之作也在这一课，那就是王翰的《凉州词》。出示，朗读。

二、聚焦战争场景，把两首诗读明白。

(一) 理解“万里长征人未还”“古来征战几人回”。

1. 这两首诗同样是边塞诗，同样是压卷之作，在语言表达上也有相似之处。两首诗中有两句“长”得特别像，你能发现是哪两句吗？

要点：

《出塞》“万里长征人未还”；《凉州词》“古来征战几人回”。

2. 这两句诗哪里像？

要点 1：都写了战争的结果——出征的将士都很少能够回家。

要点 2：顺带理解“还”和“回”。

3. 在这两句诗中，你看到战争的场面了吗？学生交流。教师播放战争场面的视频。

4. 交流观看的感受。

5. 这两句诗不仅都写了战争的场面和结果，而且都用了数量词，你能读懂诗人在说什么吗?

理解"万里长征"。出示地图,教师讲解:边关告急,战士们有的来自广东、广西,有的来自江苏、浙江、河南、河北,他们离开家乡,千万里奔赴边关。这里的"万里"和"几人"一样都是虚指。

6. 指导学生朗读。

(二)聚焦《出塞》,理解"但使龙城飞将在,不教胡马度阴山"。

1.《出塞》中,不仅有千万名战士,还有一个威名显赫的英雄,他是谁呢?(龙城飞将李广)

2. 介绍李广。

李广,西汉名将,一生抗击匈奴,经历大小战事七十余场,人称"飞将军",匈奴人听到他的名字都胆战心惊。

3. 出示卢纶的《塞下曲》。学生朗读。

4. 也正是因为李广的神勇无敌,所以千年以后,王昌龄镇守边关的时候不禁发出这样的感叹——

但使龙城飞将在,不教胡马度阴山。

5. 其实,在这长长的边境线上,无数的将领立下了赫赫功勋,比如蒙恬、卫青、霍去病、李靖、王忠嗣,还有许多许多人(课件逐一出示人名)。所以,这里的龙城飞将,仅仅指李广吗?

6. 指导朗读《出塞》。

(三)聚焦《凉州词》,体会"宴饮"的洒脱豪迈。

1. 过渡:同样是边塞诗,王翰的《凉州词》不仅仅写了战争的场面,还写了另外的场景。你发现了吗?

2. 出示:"葡萄美酒夜光杯,欲饮琵琶马上催。"

作者写宴饮的时候写到了什么?(美酒、夜光杯、琵琶声)

3. 出示战士们举杯畅饮的图片。见过爸爸、爷爷喝酒吗?他们用什么喝酒?战士们用的是什么?(碗,酒坛)

4. 从中你体会到什么?(战士们的豪迈)

5. 小结:是啊,战斗停止,他们是举杯畅饮的兄弟;号角吹响,他们拿起刀枪,跨上战马,就是勇往直前的将士。朗读《凉州词》。

活动三　深入理解,体会两首诗不同的意境

1. 这两首都是边塞诗,都写了戍守边关的人和事,两首诗的意境却不相同。

2. 老师这里有一组词,读一读,选一选,哪些词是描写第一首诗的,哪些是描写第二首诗的?

3. 学生读词语,辨析,梳理。发现两首诗不同的意境。

第一首：旷远、幽静、明月、边关、远山、期盼

幽静期盼

第二首：欢聚、畅饮、热烈、大帐、美酒、琵琶

热烈豪迈

4. 朗读两首诗，读出不同的味道。

活动四：突出战士形象，迁移《夏日绝句》

1.《出塞》《凉州词》这两首诗都写了出征在外的将士们，如果让你给他们一个称号，你会想到什么？（英雄）

2. 他们的形象还可以用《夏日绝句》中的两句诗来概括，哪两句？为什么？

可以概括战士形象的诗句：生当作人杰，死亦为鬼雄。

要点：战士们活着的时候保家卫国，是人中的豪杰；即使死了，也是为百姓的安居乐业、为国家的安宁而死，死了也是鬼中的英雄。

3. 在李清照的这首诗中，有一个人也能承担得起人杰、鬼雄的称号，他是谁？（项羽）

4. 说说你对项羽的了解。

项羽简介：率领起义军推翻秦朝，自立为西楚霸王。楚汉战争中，多次战胜刘邦，最后一战被刘邦打败，在乌江自刎而死。

5. 项羽是一个失败的英雄，李清照，这位闺阁女词人，为什么思念起一千多年前的项羽来了呢？这和她当时所处的时代背景有直接的关系。

北宋靖康二年，金兵俘虏了徽宗、钦宗两个皇帝，宋朝统治者看到金兵胆战心惊，望风而逃，大片国土丢失，宋朝的很多百姓离开家乡，颠沛流离，在金兵的铁蹄下，过着悲惨的生活。李清照也一样，她盼着有一个英雄可以带领宋朝的军队，打败金兵，收复失地，让百姓过上安宁的日子。

遗憾的是，这个愿望一直没有实现。特别是她的丈夫赵明诚，作为南京的地方长官，在城里发生叛乱的时候却缒城而逃，让李清照感到十分羞耻。赵明诚被撤职后，夫妇二人沿长江而上向江西方向流亡，当行至乌江镇时，李清照得知这里就是当年项羽兵败自刎之处，不觉心潮起伏，面对浩浩江面，吟下了这首千古绝唱。

6. 指导读好整首诗。

7. 小结。这三首诗，虽然作者不同，题材也不完全相同，但是诗人心中有着共同的向往，你知道是什么吗？（崇尚英雄，向往和平）

8. 齐背三首诗。下课。

板书设计：

21. 古诗三首

战争场面　宴饮场景

意境不同

崇尚英雄

向往和平

课例3：统编教材四年级下册《古诗三首》教学设计

21. 古诗三首

（《芙蓉楼送辛渐》《塞下曲》《墨梅》）

学习目标：

1. 认读"芙""蓉""遁"等8个生字，学习多音字"单"，会写"壶""砚"等8个生字，理解"单于""乾坤"等词语的意思。

2. 熟读、背诵并理解三首诗的意思，默写《芙蓉楼送辛渐》。

3. 能发现并理解三首诗中表现精神品质的句子，并体悟其分别运用语言、行为、感受表现人物品质的写作方法，尝试在语言练习中运用。

重点难点：

背诵并理解三首诗的意思，体悟从人物的语言、行为、感受等方面表现人物品质的写作方法。

学习过程：

学习活动一　朗读诗歌，学习字词，感知三首诗的浅层关联

1. 导课。今天我们来学习第21课《古诗三首》。（板书题目）谁来读？

要点：指导学生把诗句读正确，不读错字，不读破句子。

2. 在朗读中聚焦重点字词，指导学生学习和掌握。

字音指导：单。

（结合注释，了解"单于"的意思。）

字义指导：砚——用毛笔写字的时候，用来研墨、调墨的一种石材。

（出示图画，帮助学生理解。）

乾坤——"乾"是天，"坤"是地，"乾坤"指天地。

字形指导："壶"中间"秃宝盖"要略宽，"乾"左右略有穿插，特别要注意右半部"乙"的写法。

3. 这三首诗，你能发现它们之间有什么相同之处吗？

要点:《芙蓉楼送辛渐》《墨梅》都是七言绝句,《芙蓉楼送辛渐》《塞下曲》都是唐朝诗人的作品。

(这一环节的发现是浅层次的,目的是为后面发现三首诗之间的内在联系——“用不同方法写人物品质”做准备。)

4. 小结。同学们发现的相似之处都是一眼就能够看到的,还有一眼看不到的,我们在接下来的学习中慢慢发现。

学习活动二　借助注释,理解诗意,深入了解诗词丰富的内涵

一、学习《芙蓉楼送辛渐》

(一) 初步了解诗词大意

1. 我们先来走进《芙蓉楼送辛渐》。请同学们结合注释读一读,看看根据注释你能读懂什么,一会我们来交流。

2. 学生自学,然后交流。

要点1:题目理解。送:送别,送行。说明这首诗是一首送别诗。

要点2:理解诗句大致意思。夜晚,迷蒙的烟雨笼罩着吴地江天。天刚亮,我就把辛渐送走了,就连山都感觉孤独。如果在洛阳的亲友问我在这里生活得怎样,你就告诉他们,我的心依然像冰一样晶莹纯洁。

3. 有没有不懂的地方?(根据学生的问题指导解决。)

(二) 把握诗词表达的环境氛围

1. 这是一首送别诗。你能从诗中看到送别的时间、地点、天气、人物和心情吗?

要点1:时间。抓住“平明”“寒”理解——深秋时节天刚亮的时候。

要点2:天气。抓住“寒雨”“连江”,体会雨之大。

要点3:心情。抓住“楚山孤”理解。

(1) 作者为什么会说“楚山孤”?(因为自己内心孤独,所以感觉眼中的景物也是孤独的。)

(2) 作者因为什么而感觉孤独?(朋友离开了,内心很失落,感觉很孤独寂寞。)

(3) 所以,“寒雨连江夜入吴”中“寒雨”连的仅仅是“江”吗?入的仅仅是“吴”这个地方吗?(寒雨直接下到了作者心里,雨冷,心也冷。不为别的,就因为自己的朋友要走了,心中舍不得。)

2. 朗读指导。是啊,这寒雨,这长江,这夜色,这孤独的远山,让作者的心情因为送别而更加黯然神伤。朗诵前两句。

寒——雨——连江——夜——入吴,
平明送客——楚山——孤——。

(三) 体悟诗人隐含的内在情感

1. 在这首诗中有几个地名?画出来。(吴,洛阳)

2.（出示唐朝地图，标注两个地名）两个地方相隔千里，你能根据这首诗所写的内容把两者联系起来吗？（王昌龄在吴地送辛渐到洛阳去。）

3. 这两个地方和王昌龄有什么关系呢？

唐朝中晚期，朝廷政治斗争愈演愈烈，王昌龄本为唐朝高官，为官清正廉洁，后因政治迫害被贬，离开国都洛阳到江宁县（今南京）任县丞。一日，他的好友辛渐北上回洛阳，恰巧路过江宁。送别辛渐时，王昌龄写下了两首《芙蓉楼送辛渐》。

4. 小结。王昌龄被贬出洛阳，抛家舍子到江宁任职，现在看到辛渐经过江宁要回洛阳去了，那里有自己的家，有父母妻儿，有故交好友，所以，王昌龄一定是会带个话儿回去的。于是他嘱托辛渐——

（齐读）洛阳亲友如相问，一片冰心在玉壶。

5. 王昌龄在说什么呢？指导学生用下列句式回答。

如果有人问我是不是害怕了，你告诉他们——

如果有人问我还敢不敢做一个清正廉洁的人，你告诉他们——

要点1：学生可以用“一片冰心在玉壶”回答。

要点2：指导学生根据自己的理解回答。（例如：“我”依然说真话，依然为民做事，依然刚正，依然正直；不管朝廷是不是理解，不管群臣是不是理解，不管家人是不是理解，“我”的心依然不染杂质，像冰，像玉，纯洁剔透。）

6. 关联《墨梅》。王昌龄的这种品格，可以用《墨梅》中的哪两句诗来形容呢？（不要人夸好颜色，只留清气满乾坤。）

7. 这两句诗是什么意思呢？（不要大家都夸奖我的颜色好，只要把我的香气留在这天地之间。）

8. 这是在说谁呢？梅花？还是王昌龄？

（可以说梅花：梅花不畏风寒，在严寒中开放，不是为了争奇斗艳，只为了把自己的香气留在人间。也可以说王昌龄：不要人人都喜欢我，我只要把自己的一身正气留在这天地之间。）

9. 小结。原来“不要人夸好颜色，只留清气满乾坤”说的也是一种精神，可以是花草树木的精神，也可以是人的精神气节。这两句和《芙蓉楼送辛渐》中的哪两句有异曲同工之妙？（洛阳亲友如相问，一片冰心在玉壶。）

10. 有感情地朗读《芙蓉楼送辛渐》。

二、学习《塞下曲》

1. 学习《芙蓉楼送辛渐》，我们以送别的时间、地点、天气、人物、心情为抓手，不仅了解了诗词的意思，而且深入分析了王昌龄的精神品格。在《塞下曲》这首诗中，你还能看到这些内容吗？

2. 学生自己阅读，寻找诗中的时间、地点、天气、人物、心情，同桌交流。

要点1：时间、天气。抓住“月黑”“大雪”，体会事情发生在冬天的夜晚，天寒地冻，大雪纷飞，气候恶劣。

要点 2：人物。单于——侵略唐朝的军队首领。

唐朝的将士——将士们隐含在“欲将轻骑逐”这句诗中。

要点 3：地点。沙场之上。

3. 在这首诗中，你看到了一件什么事？

（大雪纷飞的晚上，单于带领军队逃跑，唐朝将士奋勇追击。）

4. 追问：大雪纷飞，天寒地冻，敌人跑就跑了，装作不知道就可以了，为什么还要追击？

5. 这些不畏天寒地冻，英勇杀敌，保家卫国的将士们姓什么？叫什么？

6. 是的，他们中的很多人没能被百姓记住，更不可能在史书上留下自己的姓名，可是他们依然这样奋勇杀敌。你可以用这三首诗中的哪句诗来赞扬他们的这种精神品格？

要点 1：可以用“一片冰心在玉壶”来赞扬。

追问：“冰心”在这里是什么心？（为了国家安宁不惜牺牲自己的心。）

要点 2：可以用“不要人夸好颜色，只留清气满乾坤”来赞扬。

追问：你为什么用这句诗？（战士们默默无闻为国奉献生命，不求万世流芳，不求名垂千古，只求在自己的努力下，老百姓能拥有一个安定的生活，这不正像梅花一样“不要人夸好颜色，只留清气满乾坤”吗？）

学习活动三 抓住关联，深入悟诗，体会表现人物品质的不同方法

1. 你发现没有，“不要人夸好颜色，只留清气满乾坤”这两句诗可以用来形容清正廉洁的王昌龄，也可以用来形容边关杀敌的将士们。王冕这首诗是不是为了赞扬他们而创作的呢？

要点：作者实际上是借梅自喻，表达自己清高正直的人生态度以及不向世俗献媚的高尚情操。

2. 原来王冕是借写看到梅花的感受表达自己的情操。（板书：在感受中表达。）那么，《芙蓉楼送辛渐》和《塞下曲》是怎样表现人物的精神品质的呢？学生发现，交流。

要点：《芙蓉楼送辛渐》中，人物的精神品质藏在“洛阳亲友如相问，一片冰心在玉壶”这句话中。（板书：在语言中表达。）

《塞下曲》藏在战士“欲将轻骑逐，大雪满弓刀”的行为里。（板书：在行动中表达。）

3. 小结。这节课我们学习了三首诗，三首诗作者不同，所写的内容也不同，但是诗词中所表现的人物的高洁品性和家国情怀又是相同的。写作中表现人物特点和精神品质的方法有很多，这节课我们认识了其中三种，在后面几篇课文的学习中我们还会见到更多的方法，得到更全面的收获，让我们期待下面的学习。

4. 背诵三首诗。默写《芙蓉楼送辛渐》。下课。

板书设计：

21. 古诗三首

《芙蓉楼送辛渐》　　《塞下曲》　　《墨梅》

在语言中表达　　在行为中表达　　在感受中表达

课例 4:统编教材四年级下册《文言文二则》教学设计

22. 文言文二则

（《囊萤夜读》《铁杵成针》）

学习目标：

1. 诵读，运用读词语注释、扩充词语等方法梳理全文，了解故事内容。
2. 品读，发现人物特点，以及作者表现人物特点的方法路径。
3. 背诵，围绕“刻苦学习”对内容适当延伸，开拓学生学习的视野。

重点难点：

理解文章内容，学习作者表现人物特点的方法。

学习过程：

学习活动一　引出课题，读通文意

1. 今天我们学习《文言文二则》，首先学习第一则。出示文章《囊萤夜读》。
2. 谁来读？指导学生把文章读通顺。这篇文章写的是谁？（车胤）
3. 结合下面的注释，说说这篇文章的大致意思。学生交流。
4. 有没有不太理解的地方？

要点 1：“家贫不常得油”和“练囊盛数十萤火以照书”之间有什么关系？

（过去没有电，人们夜晚照明一般是点油灯，没有油，灯就点不着，就没法读书。）

要点 2：用上“因为……所以……”理清两个句子之间的关系。

学习活动二　深入文字，读懂人物

1. 同学们基本理解了这篇课文，如果让你从文章中挑选出一个字来形容车胤，你感觉哪一个字最合适？学生思考，交流。

学生可能提到：勤，贫。

2. 围绕这两个字研究，如果让你去掉一个？你去掉哪一个？

学生估计会去掉“贫”。

3. 作者写车胤家贫了吗？

要点：“家贫不常得油”“夏月则练囊盛数十萤火以照书”都写出了车胤家很贫穷。

4. 那为什么要去掉这个字？你的理由？

要点：因为这篇文章主要是写车胤勤奋读书，写家贫是为了衬托车胤读书的勤奋。

5. 为什么写家贫就能衬托勤奋？

要点：因为家贫的人经常食不果腹、衣衫破旧，常常为衣食住行而发愁，就没有心思读书了，但是车胤不是，他读书依然十分努力。

6. 有没有直接写车胤刻苦学习的词？

要点：勤不倦——勤奋学习，不知道疲倦。

博学多通——知识渊博，学识丰厚。

7. 文中不仅写了车胤勤和贫，还写了他的另一个特点。你能发现吗？

理解：恭——谦逊有礼。

8. 和刻苦学习有关吗？

既然"恭"这个字和本文要表达的主要内容不吻合，作者为什么还要写上？干脆写成"胤勤不倦"，不就可以了吗？古文不是惜字如金吗？

要点：既勤奋，又好学，而且对人很有礼貌，可见车胤是一个很优秀的人。

学习活动三　归纳全文，拓展阅读

1. 这篇文章很短，只有两句话，三十三个字。但是文中起码藏着三个我们现在经常使用的成语。你能发现吗？

要点：勤学不倦，博学多才，夜以继日。

2. 能不能用上"因为……所以……"把这三个成语联系起来，说一句话。

要点：因为车胤夜以继日，勤学不倦，所以他博学多才。

3. 看到车胤这样读书，你除了感动以外，有什么担心吗？

4. 拓展阅读。

补充1：

孙康映雪

孙康家贫，常映雪读书，清介，交游不杂。

5. 学生朗读，根据自己的理解交流认识。

6. 一个囊萤读书，一个映雪读书，表示两个人行为的词组合在一起，就成了一个形容读书刻苦的成语。你猜猜这个成语是什么？（囊萤映雪）

7. 又有人说了，如果既没有萤火虫，又没有下雪，那该怎么读书呢？

补充2：

凿壁偷光

匡衡字稚圭，勤学而无烛，邻舍有烛而不逮。衡乃穿壁引其光，以书映光而读之。

8. 学生交流对文章的理解。

9. 这三个小故事都是在说一个字——"勤"。那么《铁杵成针》在告诉我们什么呢？

学习活动四 梳理故事,明确主题

1. 自由读《铁杵成针》。

2. 这篇文章中出现了两个人物,圈出来。知道他们两个是谁吗?

理解:老媪——老婆婆。

3. 故事中还有一个非常重要的道具,你看到了吗?

解释:铁杵。

4. 李白和老婆婆之间发生了什么事呢?你能说明白吗?

要点:李白在象耳山中读书,还没有学成,就不想学了,想放弃。在回家的路上,看到一个老婆婆在磨铁杵,李白很奇怪,问老婆婆在做什么,老婆婆说在磨针。李白就明白了,回到山里继续完成学业。

5. 如果让你用一个字来形容李白,你选择哪一个?要说明理由。

要点:变——李白之前放弃学习,遇到了老婆婆磨针,下决心完成学业。

6. 看来老婆婆是关键,她在告诉李白什么呢?研究研究。

要点:做事情要有耐心,有恒心,我这么大岁数了,都相信铁棒能磨成针,你这么年轻,怎么能放弃学习呢?

学习活动五 联系阅读,发现哲理

1. 李白回山后会怎样学习呢?能不能结合《囊萤夜读》中的语言来描述一下。

太白感其义,回山________,________,终________。

要点:勤学不倦,以夜继日,博学多通。

2. 这篇文章也告诉了我们一个学习的秘诀,你发现了吗?

要点:恒,坚持。

只要功夫深,铁杵磨成针。

3. 为什么编者把这两篇文章编到一课,你明白了吗?

要点:告诉我们学习应该勤奋,要有恒心。

4. 背诵课文,积累成语。

板书设计:

22. 文言文二则

囊萤夜读　勤

且

铁杵成针　恒

第二节　在记叙文学习中获取思维张力

课例1：统编教材三年级下册《漏》教学设计

27. 漏

学习目标：

1. 在了解人物的动作、心理的基础上，理解人物所说的语言，归类并积累丰富的表现害怕的短语。

2. 有感情地朗读课文，学习表现害怕的词句，提高朗读水平，练习生动地复述故事。

3. 观察故事的语言表达形式，理解“巧合”的表达方式，从而悟得“做贼心虚”的道理。

重点难点：

1. 朗读课文，理解角色特点，复述故事。

2. 观察课文的语言表达形式，梳理民间文学里出现的朗朗上口的对偶句式，发现无处不在的“巧合”这一写作特色。

学习过程：

学习活动一　认“漏”、猜《漏》

一、指导学习“漏”字。

1. 师板书“漏”字，请学生观察字形，猜猜字义。

2. 交流。预设：“尸”像房子，房子外面有水（“氵”），房子里面也有水（“雨”）。外面的水到里面来了。

3. 小结指导字义之一：“物体从孔缝透出或滴下。”

4. 习“漏”。学生描红“漏”，再写一遍，记住生字的音、形、义。

5. 能给“漏”找朋友、组词吗？

交流后出示：漏水、漏雨、漏风、沙漏……齐读。

二、猜测《漏》的内容。

1. 小结，揭示课题：在这些词语中，“漏”就是“物体从孔缝透出或滴下”的意思。中国民间有个流传很久的故事，题目就叫《漏》，你觉得会是一个怎样的故事呢？

2. 自由猜测。

3. 过渡：这节课，我们就来学习民间故事《漏》。“漏”就藏在故事中。请打开书，到课文里找一找。

（激发阅读兴趣，始终是走进故事类课文的首要目标。课题“漏”是生字，在认字、习字，理解字音、字形、字义，组词识记的基础上带着好奇走进故事，由字词到故事，符合学生的年龄特点和认知规律，顺理成章。）

学习活动二　找“漏”、识“漏”

精读第三至十八段。

一、找“漏”。

1. 自读课文，圈画出故事里含有“漏”的句子。

2. 交流，指读。

3. 梳理后，出示含有“漏”的句子，思考：这么多“漏”，表达的意思一样吗？从哪儿看出来？

“唉！管他狼哩，管他虎哩，我什么都不怕，就怕漏！”

“翻山越岭我什么都见过，就是没见过‘漏’，莫非‘漏’比我还厉害？”

“走南闯北我什么都听过，就是没听说过‘漏’，莫非‘漏’比我还厉害？”

“坏事，‘漏’捉我来了！”

“坏事，‘漏’等着吃我哩！”

“‘漏’真厉害，像胶一样，粘住我了。到树跟前，得把它蹭下来，好逃命。”

“‘漏’真厉害，旋风一样，停都不停，一定是驮到家再吃我。到树跟前，得想法蹿上去，好逃命。”

“终于甩掉‘漏’了！”

“‘漏’又来了，这下我可活不成了！”

“‘漏’哇——”

“唉，说怕漏，偏就又漏雨了！”

4. 小结交流：老爷爷、老奶奶说的是“漏雨”，虎和贼说的是“一种怪物”。

5. 发现：当“漏”表示怪物的时候，加了引号。

指导标点的作用：引号的作用是什么？读了句子你就明白了——不再表示“漏”本来的意思“物体从孔缝透出或滴下”，而表示特殊含义“一种怪物”。

二、识“漏”。

1. 质疑过渡，讨论核心问题：“为什么老虎和贼会把‘漏雨’当成是怪物呢？他们有怎样的表现？”

2. 精读老虎和贼第一次看见“漏”的部分。

(1) 自读后指导朗读。读懂反问的语气。

(2) 质疑：“漏”竟这么厉害吗？

(3) 精读因“漏”而逃的片段，出示片段，指读人物语言。

(4) 出示提示语，交流感受：“害怕”是如何被表现出来的？

老虎吓得浑身发抖，贼听得腿脚发软。贼心里害怕，脚下一滑，扑通从屋顶的窟窿里跌下来，正巧摔到虎背上。老虎未料到房上会有东西掉下来，心想："坏事，'漏'捉我来了！"撒腿就往外跑。

贼栽得晕头转向，一摸是个毛乎乎的东西，心想："坏事，'漏'等着吃我哩！"拼命抱住虎脖子不敢松手。

老虎驮着贼，贼骑着老虎，跑哇，跑哇，累得老虎筋都快断了，颠得贼骨头架都快散了。跑着跑着，雨大了起来。前边有棵歪脖老树，老虎想："'漏'真厉害，像胶一样，粘住我了。到树跟前，得把它蹭下来，好逃命。"

贼也想："'漏'真厉害，旋风一样，停都不停，一定是驮到家再吃我。到树跟前，得想法蹿上去，好逃命。"

(5) 朗读方法指导：瞧，把人物的语言放到动作、表情、心情的提示语中再读，就能理解他们这么说的原因了，也就能读好这句话了。试试看。

(6) 点读，自读自评，指导朗读。

(7) 归类发现：各自的动作都表现出了老虎和贼的害怕心理。

(8) 出示，齐读。

吓得浑身发抖

听得腿脚发软

心里害怕，脚下一滑

撒腿就往外跑

栽得晕头转向

累得老虎筋都快断了

颠得贼骨头架都快散了

(9) 写作指导：以后，在你的写作中，要表现害怕的心理，可以学着这样表达，用动作表现心理，直观，有画面感。

(10) 小结：虎、贼第一次相遇，不识"漏"，害怕极了。板书：虎贼相遇。

3. 精读虎贼第二次相遇部分。

(1) 过渡："终于逃掉了"。因为不甘心，又想去，结果——

(2) 虎、贼相视，吓昏过去了。"漏"到底是个什么东西？故事中是怎么描写的？

(3) 出示：虎看到"一个黑乎乎的东西"。

贼摸到"一个毛乎乎的东西"。

(4) 点拨：因为雨夜，看不清，贼又穿着黑色的夜行衣，蒙着脸，看上去就像个黑乎乎的东西；而贼从上面掉下来，摸到的是老虎的皮毛，自然就认为这是个毛乎乎的东西。

(5) 交流小结：原来，他们都互相把对方误认为是"漏"了。这个状况就叫——自己吓自己，自欺欺人，自食其果……

(6) 质疑：老虎是"百兽之王"，贼又穿千家万户，见多识广，怎么会怕"漏"呢？

(7) 交流归纳：老虎怕的是没见到过的东西；贼呢，是做贼心虚。（板书）

(8) 过渡：他们从一天深夜忙活到天快亮了，一个晚上竹篮打水——一场空，白忙活了。这一段经历，老爷爷老婆婆知道吗？

出示："唉！管他狼哩，管他虎哩，我什么都不怕，就怕漏！"

（围绕核心问题，按故事情节发展的顺序引导学生自觉地走进故事内容，设身处地地想象，逐步推进内容的理解，水到渠成地揭示道理。长文短教，抓住重点，突破难点。）

学习活动三　辨"漏"、学"巧合"

一、略读故事的开头和结尾。

1. 导入：这个民间故事读完了，说说你的读后感。

2. 点拨思辨：如果一开始老虎和贼听到老婆婆说的是"唉，说怕漏，偏就又漏雨了"，那故事会怎样发展呢？

3. 追问：虎、贼的这一段经历还有谁也不知道？相机出示：小胖驴。故事里是怎么描写它的？出示：天快亮了，小胖驴在驴圈里安安稳稳地吃着干草。

4. 词意指导："安然无恙"，指平平安安，没有受到任何损伤。

5. 交流小结：老爷爷老婆婆的话出现在开头和结尾。这个"雨"字是作者故意漏掉的。

6. 用自己的话说说故事大意。

(1) 同桌互说。

(2) 集体交流。

二、写作指导："巧合"。

1. 指导学生联系生活实际深度思考：那老爷爷和老婆婆之间谈话，是故意漏掉"雨"字的吗？

2. 交流明确：不是故意漏掉"雨"字的。他们家一定常常漏雨，每当下雨，老两口都会担心，这样的事说多了，即使省略，互相也知道对方怕的是什么。

3. 小结，引出"巧合"：作者利用故事中人物的无意，有意漏了一个字，引发了一个有趣味的故事，这种写作方法叫"巧合"。

4. 交流：故事里还有哪些巧合呢？

5. 小结：虎、贼相遇。要是他们俩有一个没来，这个故事就不会发生了，或者就是另一个版本了。

三、写作指导：发现对称的句式。

山上住着一只老虎，山下住着一个贼。

老虎用爪在墙壁上抓，贼用手在屋顶上挖。

老虎趴在驴圈里想："翻山越岭我什么都见过，就是没见过'漏'，莫非'漏'比我还厉害？"

贼蹲在屋顶上想："走南闯北我什么都听过，就是没听说过'漏'，莫非'漏'比我还厉害？"

1. 朗读，体会对称的妙处。

2. 小结：对称的句式能让故事更朗朗上口，读来有民间故事的韵味、趣味。

四、小组合作，练习分角色讲述、演绎故事。

1. 组内分工，各自练习自己的角色。

2. 合作练习，完整讲述。

3. 组际交流，点评互议。

五、总结、拓展。

1. 梳理板书：因为漏了一个字"雨"，引出了一个故事"虎贼相遇"，告诉我们一个道理"做贼心虚"，传达一种写作方法"巧合"，怪不得这个故事从宋代流传至今，近千年了，它还在流传呢！

2. 出示练笔：今天我们读了这个故事，你想对故事中的哪个人物说几句呢？

3. 学生写话，教师巡视。

4. 交流。

5. 出示不同版本的书的封面。《漏》这个故事在民间有不同的版本：绘本，传说……有小朋友在读，有大学里的教授在研究，中国、外国都有这个故事呢！只不过有的故事里把小胖驴换成了牛，但说明的道理是一样的。

6. 激发课外阅读兴趣，分享所学。

(1) 学到这里，你还有什么疑惑呢？或者你又心生什么新问题呢？带着问题，继续去阅读不同版本的《漏》，并思考。

(2) 把铭记于心的故事分享给小伙伴、爸爸妈妈、邻居等，听听他们的看法。也可以把这个故事讲给弟弟妹妹听。

（理解故事内容，明白故事蕴含的道理，是故事类文本基本的教学目标。在此基础上，激发深度思维，启蒙阅读故事的心智，并指导小读者和文本对话，打开读写结合的通道，探索课内外联系，引发更广泛的阅读，是大语文学习的必由之路。）

板书设计：

27. 漏

字	雨
故事	虎贼相遇
道理	做贼心虚
写法	巧合

课例 2:统编教材四年级下册《“诺曼底号”遇难记》教学设计

23. “诺曼底号”遇难记

学习目标:

1. 会认“剖”“械”“卑”等 13 个生字,会写“腹”“窟”“窿”等 15 个生字,理解“肇祸”“嘈杂”“壮举”等词语。

2. 有感情地朗读课文,特别要读好对话,在朗读中全面了解故事的起因、经过、结果。

3. 在对事件和人物语言、行为的体会中,感受船长在灾难面前从容镇定、尽职尽责的优良品质和乘客第一的高贵精神,并受到熏陶。

重点难点:

能有感情地朗读课文,抓住人物的言语行为体会船长的高贵品质,学习作者用多种方式表现人物特点的写作方法。

学习过程:

学习活动一　理解题目,把握文章内容

1. 今天我们学习《“诺曼底号”遇难记》。读课题。在这个题目中,有两个关键词,是哪两个?(诺曼底号,遇难)

2. 诺曼底号是什么?

“诺曼底号”是一艘大轮船,在英伦海峡也许可以算得上是最漂亮的邮船之一。它装货容量六百吨,船体长二百二十英尺,宽二十五英尺。海员们都说它很“年轻”,因为它才七岁,是 1863 年造的。

3. 学生读,诺曼底号有什么特点?(大,美,年轻)

4. 理解“遇难”:因为各种灾难而导致死亡。(遭遇灾难)

5. 读课文,看看诺曼底号遭遇了怎样的灾难。

要点:“诺曼底号”轮船夜晚行进在英伦海峡上,被“玛丽号”轮船撞破船舷,汹涌湍急的海水涌进船舱。船长哈尔威指挥救援,救出了所有乘客和船员,最后哈尔威船长随着轮船沉入大海。

6. 哪些段落具体描写了这场灾难?

学习活动二　深入事件,感受船长品质

一、梳理人物,聚焦船长。

1. 自由读八至四十三段,在灾难发生到结束的过程中,作者写了哪些人?

要点:作者主要写了船长、大副、机械师和乘客。

2. 在这些人物中,最核心的人物无疑就是船长。请同学们再读这一部分内容,关注在整个事件中船长的言行举止,用文章中的一个词来概括你眼中的船长形象,而且要有理由,能说服我们认可你的选择。

二、交流体会,构建形象。

学生抓住故事中概括船长品行的词语深入交流。

(提示:学生可能抓住“舍己救人”“镇定自若”“威严”“伟大”等词语交流,教学中可根据学生发言调整学习内容和环节。)

(一) 抓住“舍己救人”体会。

1. 交流中出示关键词所在的原文片段:

救援工作进行得井然有序,几乎没有发生什么争执或殴斗。事情总是这样,哪里有可悲的利己主义,哪里也会有悲壮的舍己救人。

2. 这句话是作者的评述。他为什么用“舍己救人”这个词来形容哈尔威船长?你有几个理由来支撑这个观点?

理由 1:从哈尔威的语言中可以看出——在灾难发生的时候,船长大声吼喝:

“全体安静,注意听命令!把救生艇放下去。妇女先走,其他乘客跟上,船员断后。必须把六十人救出去。”

实际上一共有六十一人,但是他把自己给忘了。

(1) 朗读船长的话。

(2) 小结。在生死攸关的时刻,忘记了自己的存在,一心救乘客和船员脱险,这就叫“舍己救人”。

理由 2:事实上,他带领船员实现了自己的命令,除了他,六十个人全部获救了。

(二) 抓住“威严”体会。

1. 出示关键词所在的原文片段:

就在这时,船长威严的声音压倒了一片呼号和嘈杂,黑暗中人们听到这一段简短有力的对话……

2. 理解“威严”:有威力而又严肃的样子。

3. 船长的威严主要从哪个方面表现出来的?(语言)

4. 读文章,看看船长哪些语言能够让我们感受到他的威严。交流体会。

理由 1:十五至三十段船长和大副、机械师的对话。在这一部分中,船长的威严体现在哪里?(简短有力的对话)

(1) 学生朗读体会。

(2) 听朗诵或者看视频感受。

理由 2:第十二段。

哈尔威船长站在指挥台上,大声吼喝:“全体安静,注意听命令!把救生艇放下去。妇女先走,其他乘客跟上,船员断后。必须把六十人救出去。”

(1) 这一段并没有“威严“这个词语,如果让你加上,你看看加到哪里?(“哈尔威船长威严地站在指挥台上”“威严地大声吼喝”)

(2) 加在这两个地方都可以,选择一个最合适的地方?(“威严地大声吼喝”)为什么?

要点:黑夜中人们看不清船长的神态,也无暇顾及,能引起大家注意的只有声音。所以,加在提示语前面更合适。

(3) 但是作者为什么没有用这个词语?

要点:一则前后用词不要重复,二则“大声”“吼喝”已经体现出了船长的“威严”。

(4) 齐读船长的话。

(5) 小结。看来作者很注意抓住语言来凸显哈尔威船长的形象。

理由3:第三十四段。

面对惊慌失措的众人,他镇定自若,仿佛他不是给人而是给灾难下达命令,就连失事的船舶似乎也听从他的调遣。

(1) 你懂这句话吗? 学生交流。

要点:在他的指挥下,船好像沉得慢了,灾难也放缓了来临的脚步,好像在等待船长把所有人救出去。

(2) 真的是这样吗?

要点:不是,是他的指挥让救援以最快的速度开展,将救援的时间压缩到最短。

(3) 在这一段描写中,还有两个描写船长形象的词语,是哪两个?

(镇定自若,巍然屹立)

(4) 理解“镇定自若”——指在情况紧急时不慌不乱,当作没什么事情似的。

在文章中为“镇定自若”找一个反义词。

(惊恐万状,失魂落魄)

(5) 文章中哪些场面可以来解释这两个词语?

一刹那间,男人、女人、小孩,所有的人都奔到甲板上,人们半裸着身子,奔跑着,尖叫着,哭泣着,一片混乱。

大家一窝蜂拥了上去,这股你推我搡的势头,险些把小艇都弄翻了。整个人群因为猝然而至的变故简直都像疯了似的,乱得不可开交。

(6) 我们不妨假设一下,如果任由大家惊恐万状,失魂落魄,事件会怎么发展?

所以,船长才下达了一个看似不可思议的命令——

“哪个男人胆敢抢在女人前面,你就开枪打死他。”

(7) 对这个命令有疑问吗?(学生自由发表观点)

(8) 我们不用纠结于假设,事实上没有人违背船长的命令。在灾难突然发生,所有人惊慌失措的情况下,船长发布这样简单有效的命令,让救援有条不紊地进行,最终救出了所有人。所以,用“镇定自若”这个词语来概括船长的形象同样十分恰当。

（三）抓住“伟大”体会。

要点：灾难来临时，船长首先想到的是乘客和船员。在人们惊慌失措的时候，船长想出了有效的对策，有条不紊地救出所有人——所以说船长很伟大。

（到此时，黑板上写下了：威严，镇定自若，舍己救人，伟大）

1. 如果让你从这几个词语中选择一个来形容船长，你选择哪一个？

（伟大）

2. 船长的伟大体现在哪里？你能简洁而有序地梳理出来吗？学生自己梳理。交流。

要点：(1) 在灾难来临的刹那间，船长想到的不是弃船而逃，而是救出船上的所有人。

(2) 混乱的时候下达有效的命令，勇于决断，让救援有序进行。

(3) 救出了船上除自己以外的所有人。

3. 所以，作者对船长形象的刻画就是通过乘客的衬托、威严的命令和有效的救援方法以及事件的结果来呈现的。

学习活动三　对比阅读，体会小说主旨

1. 同样是海难，有的时候我们会看到不一样的结果。

2014 年 4 月 16 日，载有 476 人的“世越号”客轮在韩国全罗南道珍岛附近海域意外进水。

9 点 34 分，世越号的倾斜度已经接近 52 度，船舱内灌入海水，已经淹没了第二层甲板，达到了进水的极限。船舱里共计 476 人，其中有 325 名高中学生，14 名教师，33 名乘务人员，104 名其他乘客。

知道大事不妙的李俊熙船长带领 8 名船员弃船而逃，并被成功救出。离开之前，李俊熙船长根本没有想起来去通知乘客们尽快离开。本次海难造成 304 人死亡，多数是高中学生。

2. 同样是海难，为什么会有不一样的结果？

要点：一是船长不同，哈尔威船长勇于决断，沉着指挥，忘我救人，所以，除了船长自己，全部脱险。李俊熙船长首先想到的不是救人，是自己逃命。二是船员不同，“诺曼底号”的船员都在尽力救援，“世越号”的船员都在逃命，没有人组织。

3. 所以，课文最后对船长的描写，传递给我们什么信息呢？自己读。

哈尔威船长一个手势也没有做，一句话也没有说，犹如铁铸，纹丝不动，随着轮船一起沉入了深渊。人们透过阴惨惨的雾气，凝视着这尊黑色的雕像徐徐沉进大海。

哈尔威船长的生命就这样结束了。

在英伦海峡上，没有任何一个船员能与他相提并论。

他一生都要求自己忠于职守，履行做人之道。面对死亡，他又践行了一次英雄的壮举。

(1) 学生交流自己的认识。

(2) 在这里，作者用“雕像”来形容哈尔威船长沉入大海的形象，这个词语告诉了我们什么呢？

要点：一则说明船长面对死亡很平静，很坦然；二则说明他的形象已经印刻在所有看到他的人心中，成为永恒的存在。

(3) 我想，用“雕像”这个词还不足以形容船长的伟大，可以再换一个词——丰碑。这丰碑上可以写上什么来昭示后人呢？

4. 其实，不仅仅是船长值得我们敬佩，故事中所有的人都值得我们赞扬！你能发现他们的伟大之处吗？

要点：奥克勒福大副和洛克机械师在灾难来临后，不忘记自己的身份，尽职尽责，坚守岗位。

克莱芒虽然是个见习水手，是个孩子，但是牢记自己的身份，一直在救人第一线。

乘客听从命令，有条不紊。

5. 也正是多方的努力，才让这次灾难的死亡人数降低到最少。所以，这丰碑由船长和船员们共同组成。船长虽死犹生。

6. 那么，韩国“世越号”的船长呢？

2015 年 11 月 12 日，韩国大法院终审判决“世越号”船长无期徒刑，杀人罪成立。

7. 这让我们想起了著名诗人臧克家的名言——

有的人活着，他已经死了。有的人死了，他还活着。

学习活动四　梳理收获，纳入知识网络

1. 课文学完了，回忆一下本节课的学习，你有什么收获呢？

要点：从表现人物特点的方法和人物启发两方面梳理。

2. 小结全文。下课。

板书设计：

23. “诺曼底号”遇难记

舍己为人　威严　镇定自若　忠于职守

伟大

第三节　在散文、说明文学习中学习表达

课例1:统编教材五年级下册《手指》教学设计

22. 手指

学习目标:

1. 会读全文14个生字,会写16个生字。特别注意"弦""揿""窈窕""秽""轧""拧""涕""憎"的读音,关注"貌""庸"的写法,理解"窈窕""秽物"等词语的意思。

2. 感受本文独特的语言特点。体会作者拟人化的语言风格和用词简洁、风趣幽默的精妙所在。

3. 体会文中蕴含的"各有所长,各有所短"和"团结起来力量大"的人生哲理。

4. 内化文章语言,通过小练笔进行语言实践。

重点难点:

感受作者独特的语言特色,并尝试运用。

课时安排:两课时。

学习过程:

学习活动一　走进文本,学习生字词

1. 导课。我们每只手都有五根手指,每一根手指都有自己的名字,先考考大家,你认识它们吗?直观看,这五根手指有什么不同?(大拇指粗又短,中指最长,小拇指细又短。)

2. 其实它们还有很多不同的地方,这节课我们就来走进丰子恺先生的文章《手指》,去好好认识一下我们这些老朋友。文章中有很多生字,请同学们把生字和生字组成的词语都画出来。

按弦　揿电铃　搔痒　窈窕　秽物　轧伤　拧螺丝

解纽扣　周仓　薄弱　鼻涕　附庸　爱憎

(1) 读准字音,尤其关注"弦""窈窕""轧""憎"的读音。关注"庸"的写法,理解"附庸"的意思——依附另一事物而存在。

(2) 在这些词语中,有四个词按组成结构来分属于同一类,看看是哪四个。

按弦　揿电铃　拧螺丝　解纽扣

(3) 这组词语都是写什么的?(人的行为动作)

学习活动二　阅读课文,发现语言特色

语言特色1:体会拟人的写作方法。

1. 这一组词语写的是谁的动作呢?请大家找到相关语句。

2. 分别出示两个句子,读,这一部分的描写中,无论是大拇指还是食指,作者的称呼是什么?(他)

3. 可见,作者是把手指当作人来写的。那么写其他几根手指的句子也是这样吗?读课文,发现共同点。

4. 这种拟人的语言特色不仅仅表现在称呼的用词上,还表现在其他地方。发现一下。

第一段:一只手上的五根手指,各有不同的姿态,各具不同的性格,各有所长,各有所短。

第二段:但在五指中,却是最肯吃苦的。

例如招呼人,都由其他四根手指上前点头,他只能呆呆站在一旁。

第三段:常与大拇指合作的是食指。他的姿态可不如其他三指窈窕,都是直直落落的强硬的曲线。

他具有大拇指所没有的"机敏"。

第四段:五指中地位最优,相貌最堂皇的,无如中指。

其实,他碰到之后就退在一旁,让大拇指和食指去出力,他只在旁略为扶衬而已。

5. 这些句子中,哪些语言让你感受到"人"的亲切?学生交流。

语言特色2:单音节词语的使用。

突出"但在五指中,却是最肯吃苦的"一句。

1. 这篇文章语言的第二个特色,藏在这一句中。你读一读,发现一下,平时我们使用的时候一般是两个字构成的词语,但在这一句中,只有一个字,表达的意思完全相同。("但")

2. 读读这句话,如果"但"变成"但是",语言的感觉上有没有什么细微的差别?

要点:结奏感不如"但"来得紧凑。尤其是和后面的"却"连起来,这种简洁、紧凑的感觉更加明显。

3. 文章中好多地方都是这样的用法,请大家在文中寻找一下,画出相关句子和词语。

第二段:身体矮而胖,头大而肥。

例如拉胡琴,总由其他四指按弦,却叫他相帮扶住琴身。

第三段:他的工作虽不如大拇指吃力,却比大拇指复杂。

打算盘、拧螺丝、解纽扣等,虽有大拇指相助,终是要他主干的。

其实,他碰到之后就退在一旁,让大拇指和食指去出力,他只在旁略为扶衬而已。

4. 学生读这些句子,体会语言的味道。

5. 也正是这样的简洁,让这篇文章略有文言的味道。有一些词语我们早已经不常用了。比如这几句话——

五指中地位最优、相貌最堂皇的，无如中指。

无名指和小指，体态秀丽，样子可爱。然而，能力薄弱也无过于他们了。

他们也有被重用的时候。在丝竹管弦上，他们的能力不让于别人。

6. 你懂得这几个词语的意思吗？

无如——不如，比不上；无过于——没有超过……的；不让于——不用谦让……的。

7. 小结：这一类词语的使用，让文章的语言显得格外简练。

语言特色3：大量短句的使用，使语言幽默有趣，文章朗朗上口。

1. 在这篇文章中有很多很长却又很短的句子。你知道我说的是哪一类句子吗？

但在五指中，却是最肯吃苦的。例如拉胡琴，总由其他四指按弦，却叫他相帮扶住琴身；水要喷出来，叫他死力抵住；血要流出来，叫他拼命按住；重东西要翻倒去，叫他用劲顶住；要读书了，叫他翻书页；要进门了，叫他揿电铃。

2. 读。一句话，被作者分13次才说完，这样的句子读起来，给你什么样的感觉？

要点：每一个小句子都很简短，读起来清楚易懂，而且很有韵律感。

感觉大拇指很辛苦，所有用力气的活都是他做的。

3. 这样的大拇指，你感觉他苦情吗？你想流泪吗？不仅不想流泪，而且还想——(笑)

4. 为什么想笑？

(原来也没觉得大拇指做这么多事，经作者一说，还真是这样，所以就想笑。)

5. 小结：像这样说得又真实又让人感觉好玩、有趣的语言我们就叫他“幽默风趣”。指导朗读。

6. 读读文章，看看还有哪些语言让你感觉简短有韵律感，而且幽默风趣的？学生交流。

学习活动三　系统梳理，体会人生哲理

1. 课文反反复复读了这么多遍，五个手指的长处和短处你们都明白了吗？靠回忆，填写表格。

手指	长处	短处
大拇指	吃苦耐劳	不美，太短，不擅长招呼人
食指	灵巧，机敏	线条硬，不窈窕
中指	相貌堂皇	干活偷懒
无名指、小指	体态秀丽，可爱，擅管弦	能力薄弱

2. 看着这一表格，你得出什么结论呢？

(一只手上的五根手指，各有不同的姿态，各具不同的性格，各有所长，各有所短。)

3. 在作者的笔下，中指好像价值最不大，是不是可以去掉？为什么？

（手指的全体，同人群的全体一样，五根手指如果能一致团结，成为一个拳头，那就根根有用，根根有力量，不再有什么强弱、美丑之分了。）

4. 作者在告诉我们什么呢？

（人要团结在一起做事，团结起来力量大。）

5. 丰子恺先生用五根手指来给我们讲了一个重要的生存哲理。这个人是谁啊？怎么这么有智慧？

6. 出示丰子恺简介。

丰子恺是中国现代画家、散文家、美术教育家、音乐教育家、漫画家、作家、书法家和翻译家。

丰子恺先生有八篇文章被收录到中小学教材中，小学课本中还有一篇是《白鹅》。（出示片段）

鹅的吃饭，常常使我们发笑……它需要三样东西下饭：一样是水，一样是泥，一样是草。先吃一口冷饭，再喝一口水，然后再到别处去吃一口泥和草……三眼一板，一丝不苟。譬如吃了一口饭，倘若水盆放在远处，它一定从容不迫地大踏步走上前去，饮一口水，再大踏步走去吃泥、吃草。吃过泥和草再回来吃饭。

这样从容不迫地吃饭，必须有一个人在旁侍候，像饭馆里的堂倌一样。因为附近的狗，都知道我们这位鹅老爷的脾气，每逢它吃饭的时候，狗就躲在篱边窥伺。等它吃过一口饭，踏着方步去喝水、吃泥、吃草的当儿，狗就敏捷地跑过来，努力地吃它的饭。鹅老爷偶然早归，伸颈去咬狗，并且厉声叫骂，狗立刻逃往篱边，蹲着静候；看它再吃了一口饭，再走开去喝水、吃泥、吃草的时候，狗又敏捷地跑上来，把它的饭吃完，扬长而去。等到鹅再来吃饭的时候，饭罐已经空空如也。鹅便昂首大叫，似乎责备人们供养不周。

6. 小结。在丰子恺的眼睛中，万事万物都那么可爱，有灵性，所以，先生笔下的散文也是十分幽默风趣，十分有味道。同学们课下可以走近丰子恺，读读他的文章，相信你们会喜欢上这个伟大的人。下课。

板书设计：

22. 手　指

语言特点：拟人手法、单音节连词——→简短句式幽默风趣

蕴含道理：尺有所短，寸有所长。——→团结起来力量大

课例2:统编教材五年级下册《童年的发现》教学设计

23. 童年的发现

学习目标:

1. 认读课文生字,正确、流利、有感情朗读课文。

2. 以“发现”为线索,在梳理课文内容过程中,深入理解文章的结构和内在联系,懂得“世界上重大的发明与发现,有时还面临着受到驱逐和迫害的风险”的内涵。

3. 体会文章语言风格的幽默风趣,感受作者爽朗豁达的性格特点,并从中受到启发。

4. 在阅读中培养学生的想象能力和积极生活的人生态度。

重点难点:

体会文章语言的幽默风趣,懂得“世界上重大的发明与发现,有时还面临着受到驱逐和迫害的风险”的内涵。

课时安排:一课时。

学习过程:

学习活动一　读课文,发现“作者的发现”

1. 释题。什么是“发现”?

发现:经过研究和探索,看到或找到前人没有看到的事物或规律。

2. 读课文,好好研究研究,在这篇文章中,作者有哪些发现? 标画出来。

3. 交流汇报,在交流中指导学生深入学习。

发现1:很多小孩子都会做梦,梦到自己会飞翔。

(1) 读文章第三段。

(2) 在第2课《祖父的园子》倒数第四段中有一组连接词,可以用来形容梦中飞翔的自由。你找找是哪一组词?(“愿意……就……”)

(3) 用上这一组词语,说说梦中飞翔的感觉。

(4) 文中有一个词语可以概括这样的自由——随心所欲。

发现2:母亲为什么怀胎九个月才能生下来婴儿?(人是从哪里来的)

(1) 读这一部分,你发现了什么呢?

想啊想啊,嘿! 终于想出了眉目:“哈! 这就跟画地图差不多。地上的距离很远很远,在地图上画出来只不过几厘米。人是由细胞构成的……从细胞变成小鱼,经过了很长时间。现在,这一段时间就折合成一个月。从小鱼变成青蛙又得经过很长时间,又折合成一个月。这样推算下来,到变化成人,正好是九个月。”

（2）学生交流理解。

要点1:作者小时候很爱思考，爱钻研问题。

要点2:作者根据老师的解答和自己的思考，推理出了一个细胞长成婴儿的过程。

要点3:作者为自己的发现感到十分兴奋和自豪。（嘿！哈！）

发现3:世界上重大的发明与发现，有时还面临着受到驱逐和迫害的风险。

（1）这一个发现和前两个发现的角度一样吗？

要点:不一样，前两个是对现象的发现，这一个是思想认识的发现。

（2）理解这句话的意思。

要点:这句话是作者幽默的自嘲，用来提醒人们呵护儿童世界，珍视儿童的发现。

学习活动二　深入思考，找寻三个“发现”之间的密码

1. 这三个发现不是独立的、毫无关联的存在，你能发现它们之间的桥梁吗？

2. 用上“因为……，于是就……，所以……”试着把相邻的两个发现联系起来。

（1）学生交流。

发现1和发现2：因为“我”发现自己和小伙伴总是在梦中飞行，于是就去问老师，老师告诉大家，这是因为细胞回想起了远古时代，那时候人还是飞鸟，人是由简单生命进化来的。所以，“我”就渴望弄明白人是怎么进化来的，最终发现了从细胞变成小鱼需要一个月，变成青蛙需要两个月，最后变成人正好九个月。

（2）说得很具体，在你们刚才的梳理中隐藏着从一个发现到另一个发现的桥梁，你们能发现吗？

要点:首先是发现问题，然后找老师解决疑问——发现问题，寻求帮助。

观察鱼和地图——仔细思考，得出结论。

（3）小结。如此，就完成了一个发现到另一个发现的过渡。

（4）依然用这个句式，说说发现2和发现3之间的联系。

发现2和发现3：因为作者发现了母亲怀孕九个月生下婴儿的秘密，于是在女老师讲人的起源、发育和进化的时候忍不住笑出声，被老师轰出教室，于是明白了“世界上重大的发明与发现，有时还面临着受到驱逐和迫害的风险”这句话的含义。

（5）这两个发现中间的桥梁是什么？（遭遇挫折，认真反思）

（6）到这里，我们就梳理出来了发现的密码：发现问题、寻求帮助、仔细思考、认真反思。

学习活动三　研究语言，体会童年趣味

1. 刚才我们抓住“发现”这个词，梳理了作者在这篇文章中的发现，并且理清了三个发现之间的内在联系。接下来，我们把目光投向题目中的另一个词“童年”。文章中哪些镜头或者语言，让你感受到了童年的味道。

2. 阅读全文,发现语言的趣味。

有趣 1:我想得是那样痴迷,以至于从河里抓到一条鱼,我都会翻来覆去地看个仔细,恨不得从鱼身上发现将来的人应该具有的某些特征。

这句话很有画面感,从这些文字中你能想到什么样的画面?

有趣 2:想啊想啊,嘿!终于想出了眉目:“哈!这就跟画地图差不多。地上的距离很远很远,在地图上画出来只不过几厘米。人是由细胞构成的……从细胞变成小鱼,经过了很长时间。现在,这一段时间就折合成一个月。从小鱼变成青蛙又得经过很长时间,又折合成一个月。这样推算下来,到变化成人,正好是九个月。”

(1) 作者没有把人从细胞变成婴儿的过程写完整,你能补充完整吗?

学生交流。

(2) 你感觉这样的推理科学吗?(不科学)

不科学没关系,想象和推测本就不是科学实验,不要求大家解释得很明白。关键是作者为自己的发现感到格外高兴!这就够了!

有趣 3:老师讲课,他想起自己的发现,感觉好笑,到了教室外面还能有新的发现。

作者的幽默自嘲,从中看到孩子的不会隐藏和面对惩罚的不在意。

学习活动四:总结全文,从作者本身发现成长的密码

1. 文章的作者名叫费奥多罗夫。根据他童年的发现,你猜猜,他以后会去做什么?

2. 他是个什么样的人呢?出示简介:

瓦西里·弗奥多罗维奇·费奥多罗夫,俄罗斯天文学家。基辅大学教授、校长,曾创建该校天文台并任第一任台长。俄国儿童文学作家,莫斯科国立 A. H. 柯西金纺织大学实用艺术系教授。他是一位极富创见的思想家,一个独特的哲学体系和人类思想发展史上最大胆的乌托邦的创始人,是苏联最早提出飞向宇宙的宇航学奠基人。他不仅精通欧洲各主要语言,而且对包括汉语在内的许多东方语言也颇有研究。他对哲学、自然科学、艺术都有很深的造诣,被人称为百科全书。

3. 把今天的文章和他的成就结合起来,你能发现费奥多罗夫成功的密码吗?

4. 小结。下课。

板书设计:

23. 童年的发现

发现的密码:发现问题——寻求帮助——仔细思考——得出结论

幽默风趣:语言的趣味　事例的趣味

第四节　在名著阅读中拓展视野

课例1:统编教材六年级下册《鲁滨逊漂流记》教学设计

5. 鲁滨逊漂流记

学习目的:

1. 认识14个生字词,特别关注"凄""籍""聊""袭""覆"的字形,"剔"的读音,"栅栏"等词语的意思。

2. 阅读小说片段,结合故事梗概感受到主人公勇往直前的精神和辛勤劳动的品质。

3. 发现故事梗概的表达特点,初步学习故事梗概的写法。

重点难点:

认识故事梗概的特点,通过阅读了解故事大致内容和主人公的精神品质,学写故事梗概。

学习过程:

学习活动一　初读课文,分类学习生字词

1. 今天我们一起走进一个经典的故事。板书课题,读。本文的题目由三个词语组成,分别是哪三个?在这三个词语中,你能解释哪一个?

(1) 解释词语。

鲁滨逊:一个喜欢航海冒险的英国人。

漂流:漂浮流动;漂泊,行踪无定。

在本书中是"离开家乡,漂泊在外,生活无定所,东奔西走"的意思。

记:A. 把印象保持在脑子里。例如:记忆。

B. 记载事物的书册或文字。例如:游记、日记。

本文是第二种解释。

(2) 小结:读懂了这三个词语,现在看题目,你能准确说出本书的主要内容吗?

要点:记录鲁滨逊漂泊到荒岛的具体境况的一本书。

2. 自由读课文,把文中的生字词语圈出来。

3. 分类学习生字词。

(1) 出示第一组:

畏惧　凄凉　寂寞　恐惧

A. 这组词语是形容什么的?(心理)

B. 这四个词语其实是两组近义词，你能发现吗？

要点：第一组近义词——畏惧、恐惧，都有害怕的意思。

第二组近义词——凄凉、寂寞。都有孤寂、冷落的意思，不过凄凉多了一层“悲苦”。

C. 读这四个词语所在的段落。初步了解鲁滨逊漂流至荒岛的处境。

(2) 课文中还有一些词语表达的事物是我们不太熟悉的。出示第二组：

栅栏　贷方　借方　剔出来

学生交流，你懂得哪个词语？

要点：“栅栏”用图片辅助理解；“贷方”和它对应的是“借方”，图画解释。顺便指导“贷”的字形。

(3) 还有几个难写的字。出示第三组：

书籍　聊天

指导“籍”“聊”书写正确。

学习活动二　走进文本，理清梗概和节选的关系

1. 理清课文两部分之间的区别与联系。

(1) 这一篇课文和原来我们学习的每一篇文章都不同，你发现它的独特之处了吗？

要点：本文由两部分组成，第一部分是小说的梗概，第二部分是小说中的一个片段。

(2) 我们先来理解这两个词——“梗概”和“节选”。

梗概：大略的内容或情节。像记叙文、散文一样，也是一种文体。

节选：从文章或者书中选取的段落或者章节。

(3) 梗概和片段有什么区别吗？

要点：梗概写得简略，片段写得详细；梗概是对整本书的概括，节选只是故事中的一个部分。

2. 它们之间不仅有区别，还有密切的联系，接下来我们就去发现一下。

学习活动三　节选和梗概对照，发现梗概写作技巧

一、阅读节选，发现节选中写了哪些事。

1. 阅读节选的内容，梳理一下，鲁滨逊在荒岛上都做了哪些事？

要点：做十字架，刻录时间；到船上取东西；给自己安家；对比幸运与不幸。

2. 在这些事情中，哪一件事给你留下的印象最深？学生交流。

要点1：刻日历——让自己不至于过得不知岁月，可见他的聪明。

要点2：船上取东西——为什么把没用的也取下来了？可见他生活意识强。

要点3：搭建住所——做好长期生活的准备，在极其困难的情况下，依然让生活有品质。

要点4：调整心态——适应现状，自我宽慰，提升活下去的信心。

特别关注“幸与不幸”的对比。可以让学生分组对读，更加明确地感受到鲁滨逊的智慧。

二、梗概节选对照，发现写好梗概的方法。

1. 这个节选所讲的事，梗概中有吗？寻找并出示梗概中的段落或句子。

（在船舱里，鲁滨逊找到很多可以用、可以吃的东西，陆续搬到岸上。没有淹死的一条狗、两只猫陪着他，这使他在凄凉中感到一丝安慰。）

2. 在这段梗概中写了什么事？

要点：鲁滨逊到船上找了很多可以吃、可以用的东西，顺便带下来一条狗和两只猫。

3. 刚才我们已经知道节选中写了四件事，梗概里为什么只写到这一件？况且它们在梗概中所占篇幅也不长。

要点：吃的用的对以后的生活很重要。事实上，在荒岛，很多时候鲁滨逊都是在为吃和住而辛苦劳动；猫和狗在很长的时间内是陪伴在鲁滨逊身边的伙伴，而且狗还是他做事情很好的助手。

4. 小结：看来，写长篇故事的梗概时，要抓住影响他以后生活的事例，概括写。（板书：概括写影响故事发展的事例）

5. 从船上取下来可以吃、可以用的东西这件事，故事中写了一段，用了一百三十个字来详细叙述，看看梗概中用了多少字？一句话，二十六个字。整整少了三分之二的文字，这是怎样做到的呢？关注一下梗概中的用词。

要点：用“很多”概括了拿下来的东西。

6. 不仅仅是“很多”这个词语概括力很强，在这部分梗概中，还有一些词语概括力也特别强，甚至超越了“很多”。读一读这几句话，看看能不能发现。

要点 1：凄凉。

概括了那些镜头？

没有日历，没有本子……刻字记时间；缺少工具，缺少衣物……

寂寞：不稀罕……也不稀罕……，只需要……，但是……

要点 2：安慰。

船上找到很多可以用、可以吃的东西。猫和狗陪着他。

7. 小结。到这里，我们又得出一个写好梗概的十分重要的方法——抓住同一类事件的共同点，用词语概括。（板书：同一类事件概括写）

学习活动四　围绕梗概，梳理整本书故事情节

1. 如果让大家把这个节选概括成一个四个字的小标题，你怎么概括？

（荒岛安身、荒岛安家）

2. 课后作业第一题给我们出示了一个小标题，你认为这两个小标题的位置该怎么排？

要点：流落荒岛——荒岛安身

3. 其实在前面还应该有一部分内容，故事才完整，读读梗概的第一、二段，看看怎么概括。

要点：海上遇险——流落荒岛——荒岛安身

4. 从梗概中我们还可以看到哪些故事呢？请同学们仔细研究六至九段，看看你能发现哪些故事。

要点：荒岛狩猎——驯养山羊——种植小麦——提防野人——救下星期五——安逸生活——救出船长——返回英国

学习活动五　研究片段，深入了解鲁滨逊

1. 《鲁滨逊漂流记》这本小说区别于其他小说最大的特点就是人物很单一，所以，对鲁滨逊心理变化的描写和行为的描写都很突出。下面我们就把梗概和节选结合起来，深入认识一下鲁滨逊。

2. 梗概和片段结合起来，你看到鲁滨逊的心理变化了吗？

要点：凄凉——忧伤——寂寞——宽慰——愉快生活。

3. 通过心理的变化和鲁滨逊在荒岛做的事情，你们在鲁滨逊身上发现了哪些优良的品质呢？

要点1：遇到问题能积极想办法解决。

没有日历，用刻线来表示；没有房子，自己建造；没有谷物，自己种植……

要点2：目光长远。

从船上拿下来很多东西，有的看似用不着，也拿了下来。

（在书中，他还从后面飘来的船上拿下来一些金币银币，虽然后来生锈了，但是离开荒岛以后，是他生存所需的第一笔本钱。）

要点3：他是一个善良的人。

救下了两只猫和一条狗；救下了星期五。

要点4：他很勤劳。

历尽艰难为自己搭好了一个舒适的家。

补充：（出示图片和文字介绍）不仅有一个舒适的家，还有一个大树当围墙的院子，还有一个很大的山洞是自己的储藏室，另外又在岛的另一边为自己建造了一个乡间别墅。

要点5：他冷静智慧。

在毫无离岛可能、心情沮丧的情况下，用对比幸与不幸的方式宽慰自己，让自己能心平气和地生活。

4. 对鲁滨逊这个人，世界各国的学者都有评价。这是我们本单元语文园地的两个评价：

鲁滨逊代表一般的人性，无论他的智力还是道德都没有超出人性的中等状态，他身上唯一特殊的是这种“结合了事业与漫游的精神”。——（英国）柯勒律治

吾国圣人，以中庸立人之极。……而鲁滨逊乃大悖其旨，而成此奇诡之事业，因之天下探险之夫，几以性命与鲨鳄狎，则皆鲁滨逊之有以启之耳。——林纾

5. 传奇的人，成就了一本传奇的书，有人这样评价——

《鲁滨逊漂流记》就是一本令人无限惊讶的书。翻开它，你会看到一个人如何从落难的水手变成自己的国王，一座岛如何从荒芜之地变成微型的文明社会。二十八年，鲁滨逊凭借自己勇往直前的精神和辛勤的劳动，成就了一段英雄的传奇。

6. 为什么说这是一本“令人惊讶”的书？（鲁滨逊变成了自己的国王，荒岛变成文明社会，一个人生活了二十八年，水手变成英雄）

这中间一定有着很多意想不到的事情发生，那就翻开书去看看吧。

下课。

板书设计：

5. 鲁滨逊漂流记

线索：海上遇险——流落荒岛——荒岛安身——荒岛狩猎——驯养山羊——种植小麦——提防野人——救下星期五——安逸生活——救出船长——返回英国

梗概写法：概括写影响故事发展的事例
把同一类事件概括写

课例2：统编教材六年级下册《骑鹅旅行记》教学设计

6. 骑鹅旅行记

学习目的：

1. 阅读文本，了解主人公尼尔斯的特点。
2. 阅读课文，在对印象深刻的人物和情节的交流中，了解主人公尼尔斯的特点。
3. 以故事梗概为切入点，完整了解故事的发展进程，唤起阅读的欲望，和尼尔斯一起经历成长与蜕变。

重点难点：

进一步体会作品梗概的特点和写法，交流印象深刻的人物和情节，和尼尔斯一起经历成长和蜕变。

课时安排：一课时

学习过程:

学习活动一 由作者切入,了解故事大致内容

1. 出示拉格洛芙的照片。在瑞典,有这样一个女作家,她的名字叫拉格洛芙,她是第一位荣获诺贝尔文学奖的女作家,也是世界上唯一一位凭借一部长篇童话获得诺贝尔文学奖的作家。她的肖像被印在瑞典货币20克朗的钞票上。1914年,她被选为瑞典皇家科学院第一位女院士。这一部为她带来殊荣,让她名垂青史的作品就是《骑鹅旅行记》。今天我们就来走进这本伟大著作的一个片段。

2. 同学们都已经预习了这个片段,如果让你在题目前面增加一个填空,你该怎么补充?

________骑鹅旅行记(尼尔斯)

3. 这样补充的理由是什么?学生交流。

(1) 出示第五段:"叽叽,叽叽,快看放鹅娃尼尔斯!快看拇指大的小人儿!快看拇指大的小人儿尼尔斯·豪尔耶松!"

A. 从这段话里,你得到了哪些信息?

要点:尼尔斯是一个放鹅娃,尼尔斯变成了一个拇指大的小人儿,尼尔斯人缘不够好,麻雀不是为他担心,而是很兴奋的样子,或者说是幸灾乐祸。

抓住连用三个"快看",连用三个感叹号体会。

B. 表演性朗读。提醒朗读时要注意语速快,声音尖而响。

(2) 还有没有理由能说明这个骑鹅旅行的人是尼尔斯?

(读文章最后四个自然段。)

学习活动二 深入语言文字,全面认识尼尔斯

(一) 体会尼尔斯的顽劣。

1. 看来尼尔斯是这个童话故事的主人公,我们来看看这个孩子有什么独特的地方。

出示:尼尔斯是一个________________

2. 自己读读这个片段,看一看你能给出哪些答案。并且要用相应的语言文字支撑你的答案。

答案一:尼尔斯是一个被小狐仙施了魔法,变成了只有拇指大小的小男孩。

(1) 你知道是什么原因让尼尔斯被施了魔法吗?学生猜测。

(2) 播放尼尔斯被小狐仙变成小人儿的动画片片段。

(3) 看了动画片,你想说什么?

要点:尼尔斯欺负小狐仙,而且言而无信,所以被施了魔法。

答案二:尼尔斯是一个特别顽皮的孩子。

(1) 梳理一下,他曾经都做过哪些坏事?

要点:扯鸡冠,揪猫尾巴,用木鞋打牛,在牛耳朵里放马蜂,抽掉母亲正在坐的凳子,伸腿绊倒提牛奶的母亲……

(2) 这么多坏事,顽皮这个词语已经不能够准确形容尼尔斯了。应该换一个词——顽劣。

3. 所以,当他变成小人儿的时候,麻雀、鸡、猫、牛都是怎么对待他的呢?读五至二十九段。请大家分别找到相应的段落,用"/"把几个场面分开。并用这样的句式来概括:

麻雀和鸡
猫　　________尼尔斯
牛

要点:依次梳理提炼麻雀和鸡嘲笑他,猫捉弄他,牛教训他。

4. 走进三个场面,体验尼尔斯的遭遇。

场面一:体会鸡的嘲笑。

(1) 鸡群说话,用的最多的一个词语是什么?(活该)我们可以用哪一个词语来解释这个词?(自作自受、罪有应得)

(2) 表演。一整群的鸡围着尼尔斯骂他"活该"的时候是怎样的场面呢?(选择一个学生做尼尔斯,全班同学扮演鸡群。表演。)

(3) 问扮演尼尔斯的学生——你有什么感觉?最大的愿望是什么?

(4) 如果鸡的叫声让尼尔斯无法忍受,那猫带给他的又是什么呢?(恐惧)我们来看看猫的做法——

场面二:体会猫的戏弄。

(1) 读相关段落,发现猫的变化。梳理出来。

要点:十分温柔——眼睛射出寒光——十分凶恶——温柔和善。

(2) 抓住描写猫的语段,认真阅读。

那是一只大黑猫,脖子下面有个白斑点。他的皮毛平滑,在阳光下闪闪发亮。他的爪子收缩着,灰白的眼睛眯成一条细缝,样子十分温柔。

猫摇身一变,全身的毛都竖了起来,拱起腰,伸直了腿,四脚抓地,尾巴变得粗而短,两耳朝后,嘴里嘶叫着,瞪大的眼睛冒着火星。

猫突然一跃,径直朝他扑了过去,把他摔倒在地,跳到他身上,前爪按住他的胸口,对着他的咽喉张开了大嘴。

说着,猫就走开了,看上去像他来的时候一样温柔和善。

(3) 在这些描述中,哪些描写是猫本来的样子?学生读。

(4) 如果说,猫本来很温柔和善,但是见到尼尔斯就变得强悍凶恶。从这样的对比中你推测到什么?

要点:尼尔斯平时肯定经常欺负大黑猫。比如拽耳朵,踢,打,不给吃的……

(5) 也就是说，尼尔斯平时对猫的态度是——虐待。所以，猫肯定不会帮助他找小狐仙。那么，三头牛会帮助他吗？读写牛的段落，用一个词语来形容牛对尼尔斯的态度。(群情激愤)

5. 用一个什么词来形容这个时候的尼尔斯呢？

要点：孤立无援，孤单无助，众叛亲离。

6. 把我们刚才的阅读梳理一下，可以用这句话来概括——

因为尼尔斯________，所以在他________的时候，________。

7. 你愿意和这样的尼尔斯交朋友吗？

(二) 体会尼尔斯的冷静和善良。

1. 出示：尼尔斯是一个________

我在想，尼尔斯只有缺点吗？有没有优点能被我们发现？

2. 学生阅读课文，发现尼尔斯的优点，交流。

优点一：很冷静。

要点1：第三段。当他发现自己变小，变不回来的时候，没有哭闹，没有感觉万念俱灰，而是想着要找小狐仙和解，而且想到就去做。

要点2：没有人帮助他，就自己找了一个洞住下来。

小结：遇到事情不哭不闹，想办法解决是一个很重要的优点。

优点二：为了解决问题，他能够用谦卑的态度去求助。

要点：跟猫的交流，尼尔斯很注意用词——亲爱的猫咪，请。

小结：看来，尼尔斯知道怎样做一个有礼貌的孩子。

优点三：在最无助的时候，还担心父母。

要点：“如果这只大雄鹅飞走，可是一个很大的损失，”他想，“父母从教堂回来时，发现雄鹅不见了，他们会伤心的。”

当他这样想的时候，他又忘记了他是多么弱小无力。他一下子从墙上跳下来，跑进鹅群里，用双臂抱住了雄鹅的脖子。“你可千万不要飞走啊！”他喊道。

小结：在自己最悲伤、最无助的时候还想着家，想着父母不要难过。的确是一个好孩子。

优点四：能认识到自己的错误。

要点：体现在从牛棚里出来的时候自己的想法。

3. 这样的尼尔斯，你愿意和他交朋友吗？

他依然那么顽劣，你还愿意和他交朋友吗？

要点：尼尔斯虽然顽劣，但是他冷静、善良，能够反思自己的错误，依然是一个好孩子。

小结：看来，全面地看一个人很重要！

学习活动三　梗概和目录结合，发现写梗概的方法

1. 尼尔斯跟着雄鹅飞上了天空，在这独特的旅行中，他都遇到了什么呢？我们来看看这个童话故事的梗概。

尼尔斯不爱学习，一看到书本就会犯困；不爱牧鹅放鸭，会经常捉弄家里饲养的小动物，以至于家禽看到他就会咬他。同住一个小村庄里的还有一群小妖精，尼尔斯有一天戏弄了一只小妖精，受到惩罚，变成一个拇指大的小人。还没等他弄明白是怎么回事，他已经骑在雄鹅的脖子上，和一群大雁飞上了天空。雄鹅决定和大雁飞往北方，那是他向往已久的拉普兰。途中尼尔斯发挥人的聪明机智和狡猾的狐狸做斗争，不畏艰险和困难智取乌鸦山的盗贼。尼尔斯和大雁一起主持正义，扶危济困，在去往拉普兰的路上，结交了很多好朋友。正是这些经历使尼尔斯从一个顽皮捣蛋的孩子变成一名具有正义感、真诚、智慧、勇敢、善良的小英雄。尼尔斯最终变成善良懂事的小男孩，他变回原形，回到家生活在父母身边，从此也变成一名热爱学习的好学生。

2. 从这个梗概中你发现了尼尔斯旅行中发生的哪些故事？

要点：和狐狸做斗争，智取乌鸦山盗贼……

3. 这个梗概还特别点明了尼尔斯的变化，谁能简单说一说？

要点：从一开始的不爱学习、懒惰、顽劣变成了一名具有正义感、真诚、智慧、勇敢、善良的小英雄。

4. 这本长篇童话有16个章节。

第一章	尼尔斯的奇遇	第二章	阿卡的雁群
第三章	大拇指的善举	第四章	魔力非凡的哨子
第五章	鹤舞表演大会	第六章	狐狸斯米尔追逐大雁
第七章	飞往厄兰岛	第八章	小卡尔斯岛上的羊群
第九章	两座城市	第十章	乌鸦、狐狸和瓦罐
第十一章	可怜的老农夫	第十二章	狐狸斯米尔的下场
第十三章	尼尔斯遇险	第十四章	老鹰高尔果
第十五章	飞向南方	第十六章	回家、回家

5. 在故事的梗概中你能看到哪几个章节的内容？

（第一、二、六、十、十二、十六章）

6. 其他的内容在章节梗概中真的没写吗？概括在了哪些句子中？

出示：尼尔斯和大雁一起主持正义，扶危济困，在去往拉普兰的路上，结交了很多好朋友。正是这些经历使尼尔斯从一个顽皮捣蛋的孩子变成一名具有正义感、真诚、智慧、勇敢、善良的小英雄。

7. 在这么简单的故事梗概里，出现的影响故事发展的角色都有谁？

要点:尼尔斯,小妖精,雄鹅,大雁,狐狸。

8. 为什么他们能出现在故事的梗概里?

要点:尼尔斯是主人公,小妖精是始作俑者,雄鹅一直驮着尼尔斯跟着大雁的队伍旅行,狐狸是里面最大的反派,在目录中就出现了三次,其实狐狸斯米尔从第二章就出现了,一直到第十二章狐狸斯米尔被卖到公园结束,在十几个章节中都有它的身影。

9. 小结:所以,写故事的梗概并不要求大家把每一个故事都提到,也不要求把某一件或者几件事写具体,抓住主要出现的人和事简单交代就可以了。

(板书:抓住主要的人物和事件概括写)

学习活动四　拓展阅读,激发走进整本书的欲望

1. 这部童话中有很多奇特的景色和传说,比如这一个——

……如此一来,街上所有的店主都看到了他。这时,一个店主竟然跑出柜台追上他,把一些银丝镶嵌的绸缎和五彩缤纷的壁毯铺开展示在他面前。

他只好停下脚步,摊开空空的双手,想让他们知道自己没有钱,不可能买他们的东西。可是那个追上他的商人竖起一个手指,不停地朝他点头,而且把自己手里一大堆贵重的物品向他送来。

"难道他是说,这些东西只要一个金币么?"

商人见尼尔斯没有什么反应,就从身上掏出一枚很小的、已经磨损得残缺不全的钱币,朝尼尔斯晃了晃。而且又在刚才那堆货物上加了个又大又沉的银杯子。周围的商人纷纷从自己店铺里拿出大把的金银首饰向他走来,他们朝尼尔斯比划着,只要一点点钱就可以买走他们的东西。可是尼尔斯把衣兜翻了个底朝天,一枚钱币也没有。商人们一个个泪眼蒙眬,几乎都快要哭出来了。

2. 学生读,有什么疑问吗?

3. 这是为什么呢? 这里面有什么我们想不到的缘由呢? 自己找书去看看吧。

4. 最后给同学们看一些图画,每一幅所画的都是书中的某一个故事。分别是哪几个故事呢? 请同学们自己去寻找。

下课。

板书设计:

6. 骑鹅旅行记

写梗概:抓住主要的人物和事件概括写

第六章　在素养表现中成就教师成长

第一节　课堂育师:教师培训的重要路径
——江苏省无锡市东林小学教育集团实践路径探微

美国课程论专家古德莱德把课程划分为五种形态:专家的理想课程、国家颁布的正式课程、教师领悟到的课程、实践中运作的课程、儿童体验获得的课程。相当长的时间内,因为教育中“儿童立场”备受重视,所以儿童体验获得的课程也得到了较为普遍的关注,但是我们不能不承认,“儿童获得课程”的多与少、深与浅必定和教师有着密切的关系,必定后于“教师领悟到的课程”,所以,教师的高度决定了课程的高度和儿童成长的高度,改变教师已经成为课程改革的瓶颈所在。推动教师改变与发展的途径有很多,“课堂育师”应该是其中最重要的方式方法之一。那么如何把日常的教育生活变成培训的现场,让一节节日常教学成为教师发展的平台呢?江苏省无锡市东林小学教育集团的实践可以用八个字来概括——“明确主题,落实过程”,以此助力教师的成长与发展。具体是这样做的:

一、立足问题,凝练主题,助力教师站在教学的高处

教师只有站在高处去看教学,才能够变“管窥”为“统览”,才能发现学科纵横交错的知识间的联系,并从中找出当下教与学的坐标,从而很好地为自己和学生定位。那么,如何助力教师站在教学的高处呢?我们选择了两个系列研究主题为教师助力。

主题一,通过“作业的设计与研究”,助力教师把握教材知识体系。

课堂育师,首先是育教师对教材知识体系的把握能力,这是我们所有人的共识。但是从哪里切入培养是研训的难点。阅读很多讲述把握教材知识体系的文章,发现无论是一线教师还是教育研究专家,大家的思考大部分聚焦在“明确阶段目标,把握教材方向”“明确课程要求”“明确教材、课时要求”“了解教材编写体例和学生学习实际”这一个层面的思考之上,认为只要做到这些就可以对语文教材的知识体系、能力目标有一个全面的了解和把握,对小学语文教材的编选目的、阶段目标、文本内容就会有一个比较清晰的概念。首先我同意这一观点,但同时也知道这样的论述对于一线教师来说犹如镜

中月、水中花，好看好读却无法将其握在手中成为真实的存在。教材的知识体系依然只是一个模糊的影子，教学依然是“碰见什么抓什么，看到什么就是什么”这样一个无根、无序、无路的状态。

那么如何选择一条路径，让教师思考有抓手，梳理有方法，研究有成果呢？我们把目光聚焦到了作业的研究之上。我们想：一篇优秀的作业设计必定体现了教师对教材的宏观把握和微观操作与调控能力，以此为抓手帮助教师把握教材的知识体系应该是一个不错的切入点。于是，我们用了一年半时间带领教师深入研究，经历了“研究练习册，发现问题”“根据需要，增删变形”“广泛阅读，重新编制”“操作实践，二次修改”四个阶段。研究中，教师不仅仅要带着批判的眼光去审视当下的练习册，发现其优点和不足，而且要努力把握每一篇课文、每一节课的教学要点，明晰一节课在知识建构、能力培养、思维发展等方面的立足之处，同时还要阅读很多相关的资料，在阅读中对所选择的不同内容、所呈现的不同形式做深度分析比较，决定取舍改编，形成更加完善的新的考查内容与评估策略。这一过程因为目标明确，指向清晰，所以教师的阅读和思考都很聚焦，而且教师在对大量资料的占有、思考和创造中深入到了教材和教学的深处，一点点看到了学科教学的森林。

主题二，通过“素养表现型”教学模型的研究，提升教师的教学力。

课堂育师，其次是育教师的教学能力。无论是学校还是区域，我们都期盼一大批有特色、有影响的名师出现，并通过他们扩大区域的知名度。但是不能否认，名师的高度并不能完全代表学校教师整体的高度，因为单丝难成线，独木不成林，名师领衔下的教师队伍的整体发展才是我们所追求的真正的高度。所以，我这里所谈的“课堂育师”育的是教师群体，不是教师个体。

为了让提高教师教学能力成为一件“不敢懈怠”“不能懈怠”“刻不容缓”的事情，我们选择申报江苏省基础教育前瞻性教学改革项目，让项目成为追在我们身后的那只“狼”。研究中，我们首先打造研究的核心团队，他们是研究进程中的先行者、催化剂，也是离教师们最近的导师。于是宋慧琳、陈森、马燕妮、张莉茗四位老师就成为核心团队成员，从项目的选择到申报书的撰写全程参与。核心成员一次次走访不同的专家，阅读最近的理论书籍，从知网下载许多相关的文章。在分析了大量中外教育教学专家的前沿思考的基础上，写出申报书——“小学语文素养表现型教学的实践探索”。然后又经历了市、省前后三次答辩，核心组成员在这样的历练中促成了自己能看得见的成长。申报项目获得批准以后，语文带头、数学英语同步跟进，三门学科的教师开始了深入的课堂研究，致力于突破“擅长教知识，不擅长通过设计活动让学生自己获取知识”这一当下教育教学中存在的突出问题。

我们的体会是：确定研究主题最大的价值是让教师研究有方向，学习有专题，思考有角度，实践有目标。教师时间、精力都有限，所以我们希望用最短的时间、最少的精力，成就教师最大的成长。

二、做好顶层设计，明晰主题内涵，让教师的研究有内容可依

“顶层设计”是一个工程学术语，在工程学中的本义是统筹考虑项目各层次和各要素，追根溯源，统揽全局，在最高层次上寻求问题的解决之道。该词语在中共中央“十二五”规划中首次出现后便成为新的名词，指运用系统论的方法，从全局的角度，对某项任务或者某个项目的各方面、各层次、各要素进行全面规划，确定核心或终极目标后，分出子系统、任务单元，让它们不折不扣地指向或者围绕核心目标。顶层设计有利于组织者对一项研究或者一个任务统筹考虑、明确界定，避免研究或者任务处于模糊发展、紊乱操作的状态，有利于高效快捷地实现目标。所以，可以说好的顶层设计就预示着研究成功了一半。

正是因为“顶层设计”在研究中具有无法替代的价值，所以，我们在确定了研究主题以后，为了保证研究主题能真正为教师的发展服务，首先进行项目的顶层设计，以保证核心团队在研究中能够站在全局的角度去思考、去发现、去指导、去引领，保证教师在实践过程中不仅知道每一个阶段需要做什么，为什么做和做到什么程度，而且知道每一个阶段在研究中所处的位次以及价值。

在作业的研究与设计中，我们的顶层设计是《作业设计的完整性思考》和《作业：站在课程的视域下思考》两篇文章，从“作业中存在的问题”“强化设计与研究的意识”“作业研究应该遵循的原则”“作业研究要注重的问题”等方面让作业研究的方向和目的都更加明确。其后，又跟进了《让需求式作业更精彩》《让配套练习更配套》《让作业更有针对性和设计感》《例谈小学语文“长程式作业”的实践与思考》等文章，也就是说，作业研究到了一个节点的时候，我们就会拿出相关的思考引领下一个环节的研究。

在“素养表现型”教学的研究中，为了帮助教师理清素养表现型教学的关键要素，明晰怎样的教学设计才是真正立足“表现”，如何设计学习活动才能帮助学生在活动中获取核心素养，我们首先撰写了《深度思维，让学习真正发生》等文章，明晰素养表现型教学范式必须包含的“教学情境化”“高阶问题引领”“知识结构化”和“追问”的四个核心要素；接着撰写了《语文学科育人价值的实现路径》，帮助教师明确怎样的教学设计才能突显“素养”、突出“表现”的特质；然后撰写了《学习活动设计的误区、特征与方法》，指导教师辨别学习活动的特征，给予设计学习活动的策略。这些顶层设计也许还不成系列，还不是严格意义上的顶层设计，但它保证了研究有内容、有序列、有指导。

其实，很多时候不是教师不想研究，不会研究，而是不知道研究什么；不是不想改变自己的教学状态，而是不知道怎么改变，向哪个方向改变。我们的顶层设计就解决了这些问题。

三、分解主题，形成系列专题，让研究扎根在课堂

有人说，中国所谓的教育研究要么是“有过程而无主题”，要么是“有主题而无过

程”。前者研究不聚焦，形神皆散；后者主题虚设，有等同无。所以，“主题”和“过程”的有机融合就成了教师发展中需要突破的瓶颈。

那么如何改变这种状况呢？我们探索出了通过“学科组”形成“大主题统领，小专题支撑”行动策略，用“分解”的方式把研究主题专题化：比如，2017 学年学校深入开展的“作业研究与设计”主题，分解出了“什么样的作业最有效”“我眼中最有价值的作业分享”“如何提升作业的思维力”“如何设计长程式作业”“如何编制一张高水平试卷”“如何设计脚手架作业”等十五个微型专题，贯穿在整个学年每一周的研究之中。江苏省前瞻性教学改革项目素养表现型教学的研究在本学期分解为“前瞻性项目申报书解读”“素养表现型教学是什么”“素养表现型教学核心要素梳理”“素养表现型教学模型构建”“素养表现型教学核心要素之教学情境化研究”“素养表现型教学核心要素之高阶问题研究”“素养表现型教学核心要素之知识结构化研究”等十二个微专题。针对“素养表现型教学之学习活动设计”专题，我们将其分解为“学习活动是什么”“设计学习活动的误区”“学习活动的判断标准——能促进学生高阶思维的发展，能体现对知识的深度学习，能打通文本之间、学科与学科，乃至课堂与社会之间的联系，能激发高水平对话的产生”“设计优质学习活动方法之给予学生广阔的学习时空、让活动在复合的学习内容中发生、用明确的任务群组为学生提供活动的任务”等九个研究主题。研究中，我们既关注对理论文章的学习，帮助教师明晰主题或者关键词的含义，明白做的是什么，又关注对实践操作中要遵守的原则及策略的研究，帮助教师知道怎么做，做到什么程度；同时特别关注教学现场的真实呈现，让教师在对教学现场的解析中深化认知，促进教学行为在有意识的分析比较吸纳中发生根本的转变。

谈到这里，我们必须要梳理一下研究中“分解主题，形成专题”这一做法的价值：其一，使研究过程目标明确，研究内容呈梯级递进式延展，尤其是一个个“微研究”，让研究主题变得熟悉，变得可以看得懂，吃得下，咽得进，而且用得出。其二，一个个研究专题给更多的教师提供了“分享思考，交流得失，彼此启发，共同成就”的舞台，让每一位教师在成就自我的同时，成为同事的重要伙伴，让每个人都悄悄改变，而这种改变也正真实地发生在我们身边。

虽然教师的成长是一个缓慢的过程，慢得常常不能觉察，但我们可以肯定，只要在研究，在思考，成长的“量”就在不断积累。我们相信，总有一天，精彩会在我们的期待中突然降临。我们努力改变每一天，我们每一刻都在耐心守望！

第二节　放大教师成长的张力
——江苏省无锡市东林小学教师发展路径探寻

说到教师发展，许多人立即会想到两个词语——主动，被动。有专家把这两种形态的发展称为“自发展”和“被发展”，十分准确与形象。两者在发展过程中的重要性不言而喻。然而很多人总是从理论的角度有意无意掂量二者的分量，然后分出孰轻孰重。其实在我看来，两者的关系密不可分，彼此支撑，又彼此催化；彼此独立，又彼此成就。所以，立足“被发展”，面向“自发展”是无锡市东林小学放大教师成长张力，催化教师成长速度的重要举措。

一、让学科组成为教师发展的基地

教师发展的重要路径是研究，尤其是站在学校层面的区域性研究更是建设有利于形成敦促和激励教师专业发展氛围的十分重要的手段。在2018年春季，学校深入开展“书院式”教学的研究，分解出了“书院式教学是什么”“书院式教学样态分享”“书院式教学核心要素梳理”“书院式教学模型构建”“书院式教学核心要素之教学情境化研究”“书院是教学核心要素之高阶问题研究”等近二十个微专题。在不断研究中，教师感觉到思想的深入、研究的能力、教学的水平有了可见的成长，“被发展”也就悄悄地，同时也坚定地向着“自发展”转化了，教师发展的张力也就在无形中扩大了。

二、让深入的课堂改革催化教师的发展

教师的发展在课堂，教师的成就也一样在课堂！所以有人说“教师的专业发展最为基础的就是日复一日的常规教学”。所以，提高教师课堂教学能力，提升课堂教学质量是教师专业发展的根本。那么，东林小学是如何通过撬动课堂教学改革，催化教师专业发展的呢？一个核心的方法就是通过“教学名片”的打造来完成。东林小学的教学名片应该是什么呢？我们采用“扎根历史，始于一线，成于团队”三级方式开展研究。首先把研究之根扎在历史深处。东林小学是一所百年名校，它的前身是著名的东林书院，书院的先贤们在这里“读书，讲学”，他们的学习有什么特质呢？我们组织核心团队研究书院“讲学”的特质，发现东林先贤们的讲学核心是“表达”与“对话”。然后组织教师梳理内心的教育理想，并对名师名家课堂进行研究，发现他们教学中共有的特质，然后相互交流，在交流中提炼，在提炼过程中和书院先贤“表达”与“对话”的教学方式对接，形成了东林小学“读学—讲学—研学”的教学结构。因为这一教学模型生长于书院，所以，它就被命名为“书院式教学”。为了让教学结构更加完善，同时发现存在的问题，我们在学科组活动时加强课堂现场的呈现，发现教学中的成败得失，然后组织深层次反思。研讨中，我们发现“讲学”这一核心环节的提法容易引起歧义，特别是教师对这一环节的操作策略不甚明晰，于是再进入新一轮的研讨。结果，“三学”教学范式逐渐被“主题—表现”这一新的教学板块所取代。同时我们发现，不仅是东林小学，全国的小学教师似乎都有一个共同的问题——教学中擅长“教”知识，不擅长通过设计活动让学生在活动中自己获取知识。于是，如何让学生通过表现来获取核心素养就成了一个新问题摆在老师们面前，新的教学名片——“素养表现型教学”也就应运而生，并成功申报为江苏省前瞻性教学改革项目。

短短半年时间，我们通过教学改革带着教师们走过了“发现—创建—打破—再创建”这样一个循环式研究的过程，教师对教学的认识能力、对教材的把握能力、对课堂的建构能力在一轮又一轮的“建构与打破”中有了明显提升。

所以说，我们认为，教学改革给予教师的成长不是一个怎样先进和完善的教学理念或操作样式，而是在研究的过程中，他们学会了思考、鉴别和创造。这就是所谓的“鱼”和“渔”的区别。

三、让个人风格的建构助力教师的发展

教育风格是教师成长潜力的综合展现，是教师个人人格、学识、专业信念和优势的综合表现，是教师成熟最重要的标志。我们认为，每一个教师在踏入教育行业的一刹那就应该站在锻造自己教育教学风格的起点之上。所以，在学校教学特色打造的过程中，我们同时关注教师个人教育教学风格的形成。面对年轻教师，我们注重使用“适当关注，凸显特长”的方法悄悄引领他们走在建构风格的路上。具体做法是在听评课的过程中发现他们的特长、鼓励他们的特长表现，并有意识地在每一次听课中对特长做必要的关注，并指导他们在认识到自己特长的同时，有意识地在教育教学中突显特长。对骨干教师，我们使用“给予方法，凝练特色”的方式助推他们成长。在这个过程中，我们提炼了“成长五部曲”，让骨干教师成长有方法，发展有路径。第一步，“寻找一个中心词”，结合自己的教学特长选择一个能表达教育教学风格的核心词。第二步，站在“是什么”的角度对核心词做出相对准确的诠释。第三步，站在理论的高度，从“是什么”“为什么”“怎么做”和“遵循的原则”四个层面对所提炼的教学风格做具体的论述，这一个层次的目的是督促教师为自己的教学风格做出顶层设计，以指导后续的研究。第四步，要求教师在不同的课型中实践自己所建构的教学特色。第五步，实践不仅仅是为了发现问题，同时也是把教学风格固化，为风格的真正形成打好基础。

教师风格的打造看似是面向个体，其实每一个成功教师对身边同伴都是一种很好的影响和带动，这影响在悄无声息中进行，是一种无声的滋润，也是一种默默的感召，这滋润和感召让更多教师处于无意识生长状态。这就是对“为什么名校多名师”这一现象很好的解释。

最后我想说的是：每一个教师身上都存在无限的可能性，我们要做的就是帮助他们把更多的可能性变成现实；每一个教师生命的发展中都存在着巨大的张力，我们的任务就是帮助他们把这种内在的成长张力尽力放大。为此，我们一直走在研究的路上。

第三节　青年教师，让自己成为不可或缺的存在

让青年教师站稳讲台应该是每一所学校发展中都必须关注的重要话题，也是被社

会普遍关注的问题。众多案例证明，在影响其成长的因素中，自我定位和内在需求是十分重要的存在。

首先，要带着理想和情怀走进自己的职业。深深的教育情怀，是每一个教师从普通到优秀的首要因素。一个新教师踏上工作岗位，在内心知道自己要成为什么的时候，就会不由自主迈开步子，就会无所顾忌地俯下身去，就会谦虚耐心学习，就会积极主动付出，就会不遗余力创造。更重要的是，教师内心的期待和追求会决定他眼睛中看见的是什么。而这看见的东西和教师对它的定位和反思，决定了教师能走多远和走多高。同样烦琐的小事，在有教育情怀的人眼睛中看到的是自我存在的价值，是教育研究的素材，而在另一些人眼睛中也许就仅仅是劳心劳力的累赘；同样是解决学生中出现的棘手问题，在执着于教育理想的人眼睛中是智慧的积累，是成长的挑战，而在另一些人的眼睛中则是搅乱生活的众多麻烦；同样是一次次教学的实践，一个个站在讲台上的瞬间，在要发展与成长的人眼睛中是为师的幸福，是在孩子成长中骄傲的陪伴，而在另一些人眼睛中则是日复一日、年复一年淡然无味的单调重复。而带来这差别的根本原因是教育者内心中存有的教育情怀的多少深浅。所以，一个年轻教师，如果想让自己成为孩子们喜欢的人，成为孩子生命成长中的良师，成为学校教师团队中一个不可或缺的存在，就必须有清晰的教育追求，甚至要有着宗教般虔诚的教育情怀。因为，无论你现在是什么，无论你将来能成为什么，揣着梦想上路，等待你的更多是风景！

其次，在审视与自省中确定发展方向。一个青年教师在最初成长的几年里，学会审视和自省对于站稳讲台起着至关重要的作用。并不是所有的人踏上讲台就能生活在一个团结上进的团体里，并不是所有优秀的团队都能促进新教师的快速成长，也并不是所有的问题环境都会扼杀教师成长的欲望、放缓其成长的节奏。关键是教师自己对环境的认知，对自我的定位。所以，无论你身处哪里，首先要懂得审视自己所处的环境。如果处于好学上进的群体中，你就抓紧融入其中，努力成就自己的优秀；如果你处于平淡平庸的团队中，那就要时刻警醒自己，保持身上的活力，不断培养自己的责任和担当意识，把多做一点、做好一点当作每一天自我的要求。这样，你在不知不觉间就会成为一个和大家不一样的人，当你有了足够的优秀做资本，就会有更多的机会和平台向你靠近。其次会审视学校的需求。青年教师刚踏上岗位的时候，往往把上一节精彩的课当作自己的首要追求，其实，课堂的成长需要一个长期的过程，绝不能一蹴而就。学校在培养名师的同时，还应十分注重发现优秀的班主任，班主任工作是一个有爱心、有耐心、有创造才能够做好的事业，自己的教育生涯如果是从当班主任起步，会让教师更多地体会到为师者的价值。有班主任打底的教育生涯会走得更元气充沛，更酣畅淋漓。放眼当下教育界，从班主任起步站稳讲台，然后转型到教学研究并成为特级教师的不乏其人。再者会审视自我。一个聪明的青年教师，绝不仅仅只会审视环境和学校，他更会深刻地审视自己并做深度的自省。我是谁？我要成为什么？我有什么？我还缺少什么？我该如何行走……不仅审视特长在自我发展中的价值，更审视短板如何制约自己的发展；不仅审视发展路径的优劣，而且审视改变环境、调整自我的方式方法是否科学。如此，你会有一个极其明晰的成长思路，有十分明确的成长方向，即使当下暂时还不能成为学校里最受瞩目的一位，但是你的清醒和努力会让你一次次很好地完成你所承担的工作，会让所有人都对你的未来充满期待。即使你有着明显的短板，也同样可以让特长成就你的精彩。

再次，用耐力与恒心完成自己的成长规划。有人说，青年教师在成长过程里，应该做一个长跑主义者，而不是一个短跑主义者。因为短跑拼的是爆发力和速度，长跑拼的是恒心和毅力。这一形容十分形象有趣，又十分切合青年教师自身的特点和发展的需求。的确，青年教师不缺爆发力，不缺速度，同时也不缺促使爆发力和速度在短时间内达到高峰的知识积累和力量积淀，但他们缺的是长久性，是耐力，是坚持做一件事情的恒心和毅力。而后者是青年教师在第一轮成长中至关重要的，甚至超过前者的价值。那么，这恒心和毅力表现在成长中是什么呢？我想应该是努力上好每一节课，努力带好每一次活动，尽心完成每一篇随笔，用心处理好学生之间的每一个纠纷，用最好的姿态接受每一次培训，从每一次学习中尽可能多地去吸收营养等等。这些都是教师生涯中的日常，这些小事不会产生轰轰烈烈的效应，不能让我们以跳跃的姿态展示出看得见的成长，但是它们都是汇集成渊的水滴，都是聚起巍峨高塔的尘沙，有了它们，才有了大海的浩渺，高山的巍峨。所以，这一个个积累起来的“量”会在你不经意的时候带着你完成质的变化，成长也就在此时此刻发生，蜕变也就以毫无预约的形式完成了。

最后，用学习和研究拓展发展的平台。在青年教师走过了最初对教育的陌生和胆怯，走到了熟练把握教育教学工作这一阶段，是最容易满足和疲倦的时候。满足于对教材的理解，满足于对课堂的把握，再加上对教育琐事的疲倦，于是就带来了发展中的第一个瓶颈——是一直在满足中沉睡，还是努力寻求突破？很多人在无意间选择了前者。其实，为师的路才刚刚起步，未来还有无数的美好与风景。那么，如何突破这一遮挡住众多教师视线的障碍呢？只有两条路——学习和研究。学什么呢？学理论，让教学能够安放在更高和更远的地方；学学科知识，让站在讲台上的自己于举手投足间都能透射出学科的魅力；学教学，让课堂成为师生享受教与学艺术的舞台。研究什么呢？研究教学，让学生的成长在每一节课、在课堂的每一时刻发生；研究作业，把轻负担、高质量的理想变成现实落地生根；研究学生，让教师的陪伴能够助推每一个孩子在力所能及的情况下寻找到自己最适合的发展路径，并完成最大的、最高质量的成长；研究问题，在帮助学生成长的过程中成就教师自己。

总而言之，无论你是谁，无论你现在怎么样，当你成长到一定高度的时候，你就必然会成为学校不可或缺的存在！

附:江苏省基础教育改革前瞻性项目申报书

“小学语文素养表现型教学的实践探索”项目计划书

无锡市东林小学

一、项目提出的背景、依据

(一) 项目提出的背景

1. 基于当下语文教学改革的需要

语文教学改革曾经历了20世纪80年代的“知识中心”、20世纪90年代的“能力本位”、课改后的“三维目标导向”等不同阶段。2014年初,《教育部关于全面深化课程改革落实立德树人根本任务的意见》中首次提到“核心素养”;2016年9月,中国学生发展核心素养总体框架正式发布;2017年,基于学科核心素养培养的《普通高中语文课程标准》颁布……这些都逐步揭示出,基础教育改革已经迎来了“以核心素养为引领”的深层次改革阶段。在“进一步倡导以学生为中心,以核心素养培养为目标”的改革新时期,我们提出“小学语文素养表现型教学的实践探索”,研究小学语文学科核心素养及培养的实践途径,顺应了社会发展和语文教学改革的需要,体现了鲜明的时代性和适切性。

2. 指向素养培养目标与过程的和谐统一

在教学中,对语文学科核心素养培养目标的设定总是静态的,需要合适的教学过程来支撑和实现。如果没有合适的教学过程相匹配,无论教学目标的设定有多么合理,都会出现培养目标和教学过程“两张皮”的现象,以至于素养的培养和提高无法落到实处。由此,当前阶段教学改革的重点就是要把设定的目标与教学过程作对应与融合,使学生核心素养的培养真正落地。

新版的《普通高中语文课程标准》指出:要进一步改革语文课程的目标和内容;让学生多经历、体验各类启示性、陶冶性的语文学习活动,逐渐实现多方面要素的综合与内化,养成现代社会所需要的思想品质、精神面貌和行为方式;加强实践性,促进学生语文学习方式的转变;创设综合性学习情境,开展自主、合作、探究学习;提高课程开发与设计的能力,实现教师与课程同步发展。基于语文学科特性与学科素养培养建议,我们在“小学语文素养表现型教学的实践探索”中,建构培养目标,探索教学方式,创设支持环境(包括资源建设、评价设计、教师发展)等,都是对小学语文学科核心素养有效落实的具体化操作。

综上所述,基于教学改革的发展趋势与当前的核心问题,我们提出了开展“小学语文素养表现型教学”的实践探索。

(二) 项目的理论依据

项目组围绕“小学语文学科核心素养”“小学语文教学”等关键词,通过查阅相关文献资料、思考与研讨,展开“小学语文素养表现型教学”实践设计,提出小学语文学科素养可以表现,可以培养,能够形成一定的、具体的操作方式和可行的教学策略,并提供有效的支持系统。素质教育思想、行知合一思想、儿童学习理论、可见的学习理论及现行语文课程标准,是支撑本实验项目的主要理论依据。

二、实验项目的核心概念及其界定

1. 素养表现

素养是指一个人在品德、知识、才能和体格等诸方面先天的条件和后天的学习与锻炼的综合结果,是一种内在结构,也是一种外在表现。

表现是指表示、显现出来的行为、作风等。

素养表现在本项目中指学生根据学习情境中的问题或活动,通过多样化、个性化的方式,将其拥有的语言、思维、审美、文化等方面的素养表现出来。

2. 素养表现型教学

是基于语文学习的基本特征,以尊重学生在语文学习中的自主性、独特性为基本出发点,以表现和表达的方式促进学生核心素养提升和能力发展的教学样式、操作策略等。

3. 小学语文素养表现型教学的实践探索

以“提高学生核心素养”为终极目的,通过对“学习信息与资源、任务与活动、展示与评价”等项目的实验和分析,建构一系列可以操作的教学方式,开展基于素养表现型教学的案例探索,打造相应的语文学习环境,促进语文学习可见化、生活化、生命化的实践,全面提升语文学与教效能和价值的活动。

三、项目研究目标

1. 促进学生语文核心素养发展

本项目旨在引导学生看见教师的教、自己的学,在可见的学习中,通过丰富的自主体验、合作探索、广泛实践,促进语文学科核心素养的提升,获得“可以带走的语文”。

2. 形成小学语文素养表现型教学构架

通过项目实施,建构小学语文素养表现层级化目标体系,形成比较稳定的“主题—表现”式教学框架,依据不同文体、教师个人风格创生多样化的教学方式,形成活动情境激发、高阶问题引领、知识结构化呈现等强化策略,进一步提炼小学语文素养表现型教学的要素。

3. 创造相匹配的语文学习环境

通过项目实施,搭建促进小学生语文素养表现的支持平台,设计教学评价,促进素养表现型课堂教学实效,丰富校园文化,开发课程资源,通过具有综合性、实践性的语文素养表现型活动,促进学生语文学科素养的发展,以及对优秀文化的传承。

4. 促进教师专业素养向卓越化发展

通过本项目,促进教师对小学语文学科素养的认识,形成以行为设计为核心的新型教师发展方式,提升教师语文素养表现型教学的设计、组织、实施能力,提升教师专业素养,促进学校的、语文学科的育人目标的达成。

四、实验内容

1. 开展小学语文核心素养的内涵研究

明晰语文素养的内涵、结构、核心要素。梳理学生语文参与性、表现性学习的主要特点,包括学生行动特征、学习活动场景等多种角度下的表现;研究表现型和核心素养的关系,为建构以素养表现为核心的多样化的语文教学模式提供理论与实践的依据。

2. 梳理小学语文素养表现的层级化目标体系

从低年级部编版小学语文教材做起,依据小学语文新课程标准,结合小学生的特点,对小学语文教材内容进行整体梳理,按照"学科—学段—年级—单元—课文"的序列由面到点开展研究,将学科核心素养的内隐价值与外显表现建构出来,既关注不同素养在同一年段的分布,又关注同一素养在不同年段的呈现方式和达成目标,形成清晰的框架和序列,最后依据单元主题落实到每一节课的学习之中。

3. 创生"小学语文素养表现"的基本教学方式

(1) 基本流程

在"小学语文素养表现"的核心理念下,探索有效的教学程序,形成比较稳定的教学模型。

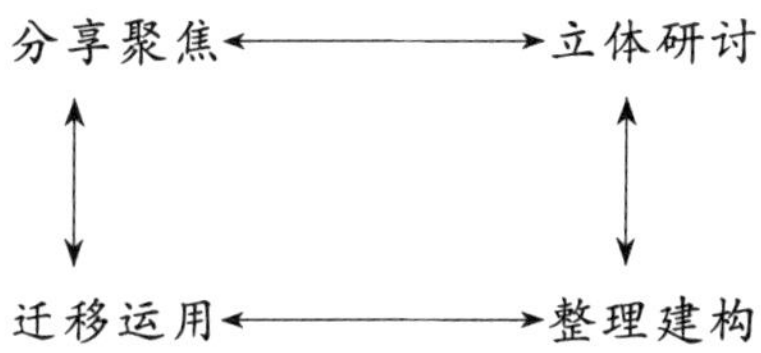

分享聚焦——本环节是学生对前置学习中的收获和问题进行分享和交流,并在教师的帮助下做初步研讨。旨在聚焦问题、突显主题,让教师的教学立足于学生的认知和思维起点。

立体研讨——所谓的"立体"主要体现在让学习成为知识与文化、经验、想象融合后的深度思维加工、表现的过程。本环节在关注知识学习的充分广度、深度和关联度的基础上，通过“学习活动”的开展，帮助学生在情境化的学习中，通过高阶问题的引领，实现有趣味、有价值、有意义的学习。本环节强调学习的“经历感”和“探索感”，努力让学生核心素养的获得以可见的形式呈现。

迁移运用——本环节的目的是让学习成为一个尝试跨越知识边界的过程，学生通过把本节课所获得或巩固的知识、能力等学科素养，在对其他文本的阅读或相关问题的解决中自觉运用和拓展，突显学习效能感和自我感。

整理建构——本环节的目的是突显知识的结构化，让学生在对本节课所学习的知识、所形成的能力进行反思、梳理和提炼的过程中，明晰学习所得，建构知识网络，让意义感成为具象化的存在。

（2）可能变式

语文教学基本活动为阅读、思考、表达或表现活动，依据不同主题进行组合，可以创生不同教学变式。

可以依据不同文体建构不同的教学方式。小学语文教材中文体丰富，比如小说、散文、神话、童话、诗词等等，不同的文体有不同的特质，不同的特质势必会有不同的学习重点和语文素养表现形式。我们提倡教师站在文体的角度建构教学方式，让学生的语文核心素养在学习中得到相对全面的建构。

也可以依据个人风格形成多样化的教学方式。学校鼓励教师在校级层面“素养表现型教学”范式的基础上，围绕“素养表现”这一核心词，结合自己的教学特长和学生实际，按照“四个一”的原则开展个性化研究，即“研究一组典型课例，提炼特色——一段话概述特色——一篇文章系统思考——新一组课例呈现特色”，促使教师在形成自己的教学风格的基础上，为学生带来多样的学习方式，为学校小学语文素养表现型教学的研究与实施注入勃勃生机。

（3）强化要略

策略是从观念走向行动、从理论走向实践的路径和方法。项目组梳理出以下操作要略。

创设活动情境的策略。根据学生身心发展的特点，创建具有学习背景、景象和学习活动条件的学习环境，比如可以让学生从图片或者影视资料中观看和学习内容相关的图画或者影像等，让画面、生活、情感和文字结合在一起，点燃、激活学生的思考，激发学生表达、表现的欲望，助推学生的素养表现。

讨论和追问促发的策略。在课堂学习中适当运用讨论，对某一个问题开展深入研讨，在研讨中对于不同的观点或者有疑惑的问题进行不断地追问，形成问题链，促进学生更全面地思考问题，更深入地研究文本，更准确地表达自己的观点，逐步提升学生的学科素养表现力。

高阶问题引领的策略。针对不同教学内容，研究学生学习活动中的思维历程，设计高阶问题，通过“大问题”“大观点”帮助学生形成综合思维力，甚至是批判性的思考力，让不可见的学科思维发展在问题引领下获得表现、获得提升。

知识结构化呈现的策略。强调教师对学科知识形成全面、系统的了解,引导学生将知识以结构的形式呈现,让思维活动和思维结果变成直观形象的存在,变成一个可以跟同学、朋友、老师分享的智慧。

4. 建设"小学语文素养表现型教学"的支持平台

着眼于"小学语文学科核心素养培养",在课程资源、教师专业素养、教学评价等方面推进三项工作。

(1) 建设促进学生"小学语文素养表现"的课程资源

重视校园环境对学生的熏陶作用,提升校园物质文化的品质,营造浓郁的表现氛围,组织各种素养表现的特色活动,开发相关研究课程。如"东林书院文化"系列综合活动课程;发展"高阶"思维的《东林讲会》课程;激发"多元兴趣"、塑造"个性"自我的演讲、辩论、解说、文学创作等社团融合课程。成立《东林学子报》报社、农历节日研究院、绘本阅读研究院、小老师角色体验团等社团,让学生在活动中真切感受到语文学习的价值,使语文素养得到更大的提升。

(2) 建设促进教师行为设计能力发展的提升工程

教师是教学的主要执行者。学校着眼于教师对小学语文学科核心素养的正确认识和对素养表现型教学的清晰理解,建设教师阅读与学习工程,组织素养表现型教学研讨,开发素养表现型教学系列微课等等,改造教师教学思维、重塑教学文化,促进教师对新型教学模式的建构能力、活动设计能力、活动组织能力和学习评价能力的提升,促进教师基于"行为设计"的核心教学能力的发展。

(3) 形成小学语文素养表现型教学评价体系

基于理性思考、课堂观察与案例分析,研究小学语文素养表现型教学中教与学的特征。并基于此,构建小学语文素养表现型教学评价体系,保证小学语文素养表现型教学活动的有效性。

对教的评价,从教学活动设计、活动组织、活动反馈、教学反思等多方面展开评价,以教师自评、教研共同体评价、专家评价等多元评价主体介入,考察教师对素养表现型教学的认识、设计与实施能力。

对学的评价,基于小学语文素养表现层级化目标体系,设计相应的素养表现评价内容。建立在进行实际任务的同时来测评学生素养表现的评价机制。形成明确的评价目标、内容和清晰的标准。采用过程性评价与形成性评价相结合,多元主体共同参与的方式,对学生进行立体式评价。

五、实验基本思路、策略

1. 创新性探索。本项目着眼于改变小学语文教学现状,发展小学生语文学科核心素养,采用"问题开始—寻找依据—设计策略—组织实施—监测反馈—解决问题"的研究体系，构建小学语文学科核心素养培养的新路径、教学的新方式，展开小学语文素养表现型教学的创新性探索。

2. 多角度架构。本项目综合考虑小学语文学科教学目标、学校育人目标、学校传统文化的传承与发展要求，对项目进行整体性、立体性、系统性架构与设计。整体性架构项目实践内容，包括建构小学语文素养表现层级性目标体系，形成小学语文素养表现型教学方式、基本策略与遵循原则，搭建相关支持性平台等内容；立体性架构项目实践平台，形成以课堂教学为主要立足点，校内外实践课程、学习基地辅助支持的实践平台。

3. 逐层化递进。在项目的实践探索过程中，注意逐层递进，注重实效，及时调控。以部编版小学低年级语文教材为起点，逐级研究素养表现层级目标；从小学语文素养表现型教学的基本方式入手，逐步探索多样化的教学方式；从单项素养表现活动开始，向多种素养综合表现活动转化，在层层递进中推进项目实践走向深处。

4. 具体化实施。

本项目强调在顶层设计下开展具体化实施，以对小学语文学科核心素养的正确认识指导教师开展层级化培养目标的制定，并进一步运用适切的操作策略，开展语文素养表现型教学的实践探索；指导教研共同体在具体的问题探讨、课堂观察与研究、阶段性反思总结中推进实践进程；指导学校开发建设"语文素养培养"的支持平台。在一系列校本课程的实施中，在一个个素养表现活动的实践中，促进学生语文素养的全面提升。

六、实验的创新之处

1. 突破育人目标和教学方式分离的瓶颈

本项目将对小学语文学科核心素养做一个较全面、深入的研究，形成较清晰的小学语文素养表现的层级化目标体系，并进一步建构与之相统一的教学方式、操作要略，把"小学语文核心素养""教材呈现""学生发展"三者紧密关联起来，突破了教学目标和教学过程不匹配的瓶颈，达成素养培养目标和实施过程的高度融合。

2. 建构小学语文素养表现型教学实践体系

本项目将建构小学语文素养表现型教学实践体系，包括素养表现的层级化目标、统一范式下的多样化教学方式以及相应的教学评价。本实践是对教学样态的变革，将给予学生更自由、自主的语文实践空间；是对教学组织形态、组织规范、组织流程的变革，通过设计主题活动任务群，形成完成任务组，组织开展丰富的表现活动。由此，本项目是对原有小学语文教学进行的变革性建设。

3. 形成以行为设计为核心的教师发展新型模式

本项目将促进教师理性地审视与梳理教材中隐含的素养要求，提高基于"小学语文学科素养培养"的教学设计、实施与评价的能力，采用适切的表现方式综合考察学生学习的不足之处，构建针对性的策略和方法，提供相应的支持系统去培养和提升学生语文素养的能力，从而形成一种以行为设计为核心的教师发展新型模式。

七、实验的预期成果与影响

1. 预期成果

(1) 建构出同一范式下多样化的教学模式。

(2) 建设出配套的学习环境。

(3) 形成对小学语文学科本质的新理解。

具体形成以下物化成果:

“小学语文素养表现型教学的实践研究”理论探索与推进路径。

“小学语文素养表现型教学的实践研究”研讨案例。

《小学语文素养表现型教学的实践研究》成果专著。

《小学语文素养表现型教学的实践研究》结项报告。

《小学语文素养表现型教学的实践研究》学科教学案例集(光盘)。

2. 影响辐射

“小学语文素养表现型教学的实践探索”的研究,借助“小学语文课程标准”“学科素养培养”“可见的学习”等相关理论与学科教学相融合,创生新的课堂教学范式,具有理论前沿性和实践可操作性的特点,为区域内“深度学习·思维课堂”研究提供可参考的操作样例,并依托市、区教育局成立的“武凤霞特级教师工作室”、省教育厅的教育家培养工程等项目,依托已经成立的6个农村语文学科基地,以及河南、四川、河北等地的实践基地,把项目成果辐射到兄弟学科,辐射到本地区乃至更远的区域,真正促进师生语文素养的提升和语文学习能力的发展。

后　记

让教育为学生未来生活做准备

二十世纪八十年代中期，为了解决师资匮乏的问题，同时把优秀学生选拔到教师的岗位，担负起教书育人的责任，我国历史上第一次开办了初等师范学校，从初中毕业生中选择优秀学生入校学习，为小学输送高品质的师资。在这样的机缘下，我成了一名小学语文教师，一做就是 33 年。33 年里，我做了 15 年班主任，从普通教师成长为一名特级教师，还走上了教育管理之路。这些年，我迎来送往了一批批学生，亲眼看着他们从无知的顽童蜕变为翩翩少年。在和他们的交往中，我懂得了如何做教师，知道了什么才是真正的教育，努力把自己的教育生活过成一道可供研究的风景。

让教育站在育养学生德行的起点上

刚踏上工作岗位的时候，我才 18 岁，放到现在，当时的自己还是一个孩子，但那时候，并没有这样的感觉，我自信满满地走上讲台，开始了我的教学生涯。我不是一个特别灵透、不点就通的人，但我绝对是一个始终把学生成长放在十分重要位置的人。当时我也没有什么特别的教育理念，只是一心要培养学生为祖国读书的情怀。所以，刚入职一个月，我就在班上召开了一次班会，定下了我们班的一句口号，也是周恩来总理的名句："为中华之崛起而读书。"我在前面庄严领读，六十五位二年级小朋友用童声响亮地跟我一起喊出口号，我满意地结束了这次班会。后来，我又把这句话拿到了课堂上，师生问好后，全体学生响亮地念一遍。还真别说，每次念完以后，我总能感觉到教室里刹那间的肃穆和庄严。

在这之后，我又有了新的思考：为祖国读书不应该停留在口号上，爱祖国就应该了解她，为她做点事情。于是我尝试通过少先队活动来达到目的。组织学生去了解我们所生活的城市，去发现城市发展的成绩，寻找城市建设中存在的问题。同学们通过各种渠道带来了许多让我意想不到的资料和思考：小李介绍城市发展的成绩——因为濮阳市刚成立，前年整个城市只有两条平整的马路，今年第三条已经开通；去年他还跟着父母去三号路旁边的苹果园摘苹果，今年那里土地已经平整了，据说要建起一所小学。小朱说，一年级的时候，她跟爸爸骑车走在振兴路上，太阳晒得眼睛睁不开；今年振兴路上的凤凰树搭起了成片的绿荫，一朵朵花开得很红火，非常漂亮。小许同学说的是问题——他的老家在县城，那里有很多油井，他拍下了油井周围光秃秃的土地，问有没有一种方法，可以让油井四周依然能够长出油绿的庄稼。小范同学去的是医院，调查的是一年里肿瘤科病人的就医数量，他为当下的医疗不能根除病症而伤心。四年级的同学，只是十岁的孩子，竟然在他们走向社会以后带给了我这样的震撼和惊喜，让我深深感受到，一个班主任、一个语文老师，如果仅仅是带着学生在一篇篇课文中寻找英雄人物的品行，仅仅用文字中美丽的风景让学生感受祖国山河的壮丽，那是远远不够的，走向社会的综合实践活动才更能够触及学生的心灵。

事实也是如此，孩子们大学毕业聚集到学校看我，对那次调研中某些同学憨憨的趣事依然记忆犹新。他们告诉我，当年调查医院的小范已经是北京一个大医院的医生啦，那一届我教的学生中有三名成了医生。这样的发展路径跟那次活动有关系吗？我实在不敢妄言，但是有一点可以肯定，当我们在学生的心里种下一颗向善向美的种子的时候，我们同时也就种下了希望，而且，这希望也许并不遥远。

一个学生一定要首先成为有德行的人，然后才可能成为一个对社会有用的人。这是我对教育的思考和理解。所以，当我还不能够把一篇篇课文教得精彩纷呈的时候，我对学生人格育养的方法及成效已经得到了同事和家长的认可。工作第三年，学校采用不记名投票的方法推选濮阳市优秀少先队辅导员，我以第一名的票数当选。这是我在工作中获得的第一个荣誉，所以一直被我珍爱于心。

让教育为提升学生自理自治能力提供机会

我是一个爱心满满的老师，刚踏上工作岗位的前两年，总希望有孩子突然生病了，或者因为贪玩忘记上厕所发生意外了等等这些特殊事情发生，因为我希望通过这些事向大家证明我的优秀(当时很多报告和文章都是这样宣传的)。但是盼了三年也没遇见一次。在等待奇迹发生的过程中，我发现了一个奇怪的教育现象——教师越是事必躬亲，班级管理越容易出问题。这是为什么呢？我的思维在不知不觉间离开了“系鞋带”“洗衣服”这些偶发小事，开始思考一个优秀的教师应该“勤”还是应该“懒”？我开始尝试让学生自我管理。还记得我的第一次放手——“今天放学请同学们自己站好路队，体育委员负责，站队要做到快静齐，精神抖擞走出校门，和老师说‘再见’要声音响亮。我站在楼道里目送你们回家。”说完，我走出教室，注视着体育委员站的地方。我看到每一个孩子都迅速找到自己的位置站好，个别调皮的还时不时向我瞟一眼，看到我远远地注视着他，马上端端正正地站好，比平时还要精神，走得比平时还要整齐。我明白了，教师管理班级时，做一个巡视员和观察者远比做一个事必躬亲的领导人来得更有成效。

于是，我开始把班级管理的各项工作一件件放手，给予学生自己管理自己、自己约束自己的机会——学生中出现了矛盾，我在班级公开招募教师代理人：“愿意代替老师来处理这件事的同学请报名！”很多时候，会有几个乃至十几个同学报名，没关系，选一个组长，大家都是智囊团的一员。事情简单，那就立即处理，事情复杂，放学后处理……

教室仿佛变成了一个小小的法庭，有审判官，有陪审团，还有旁听，大家随时可以辩护，可以举证，直到都满意为止。虽然孩子们常常会为鸡毛蒜皮的小事闹矛盾，有时也会为朋友的错误打掩护，但是当处理的权力交给他们的时候，他们又十分公正，哪怕犯错的是好朋友，也不会有丝毫的偏袒。

我常常想，当我们感叹年轻人的自我管理能力、上进意识、纪律观念等等一代不如一代的时候，是不是需要反思作为教师的我们曾经带给了他们怎样的学习生活。十二年基础教育，整整走过了一个孩子最美好的青春年华，在他们行为习惯的养成和世界观形成的重要时期，我们的教育面向的是哪里？

是的！我这里说的就是常常被忽略的教育方向！是谁帮我打通了教育的“任督二脉”，让我将时刻盼望实现“能为学生洗衣服”“能背着学生上医院”的“小愿望”转变为“把行为习惯养成放在首位”“让学生学会自治自理”的大追求呢？是蔡元培先生。一个偶然的机会，我看到了蔡元培先生的一句话：“教育者，非为已往，非为现在，而专为将来。”这句话深深打动了我，也让我反思自己的教育生活，反思怎样的教育才是面向未来的教育。于是，我把更多的学校生活交给学生去管理——早自习，我告诉他们，自己学习的时间要自己负责；课间操，锻炼身体，更是同学们自己的事情。甚至一些比赛，比如朗诵比赛、演讲比赛等等，我也会把选拔和推荐的机会交给学生来完成。如果我带的是高年级，还会把一些主题明确的班队会交给他们自己去安排和组织，他们从不让我失望——二十世纪九十年代初，《河南教育》连续刊登了我写的两篇班队会实录《劳动最有滋味》《做真正的男子汉》，这两个活动都是学生自己选择主题，自己组织完成的。我越“懒惰”，他们越“勤奋”，我越是做一个观察者，他们越竭尽全力表现自己内心及行为的美好。我就这样在“懒师”的道路上走了几十年，把教育的道路越走越宽阔。

学科学习站在学生素养形成的立场上

我是一个很喜欢课堂的人，无论心中有多少不如意，无论身体有怎样的不舒适，只要站在讲台上，我立即容光焕发。全国著名教育学者张文质老师在十几年前听了我一节课后，说了一句话——“一个优秀的教师是讲台上比课下更漂亮的人”。我对学生的学习抓得很紧，因为我知道：没有深厚的学养，学生未来发展的空间就很受限制。爱学生就让他爱学习，爱学生就帮助他拥有更多的知识和更强的学习能力。我是语文老师，我深深知道语文在以后学习生活中的价值，语文能力的强弱不仅影响其他学科的发展，影响学生的交往和表达，同时也会影响到对祖国文化的传承。所以，让学生爱上语文是我义不容辞的责任。

为此，我苦练自己的备课功力。年轻时做老师，教案常常几易其稿，直到发现了最简捷、最有效的学习路径。记得四年级《捞铁牛》一课，我整整写了八遍教案，用完了一本教案本。因为我知道，教师对教材理解得透彻，学生才能学得清楚；教师的教学设计合理独到，学生才能学得扎实有效；教师对教学胸有成竹，指导学生才能运筹帷幄。这种深入备课的习惯一直跟随我到今天。即使作为一名特级教师走上讲台，我的内心依然会对教学产生一种敬畏之感——我敬畏我的学生，也敬畏属于我的这段时间，唯恐因为自己的疏忽或潦草浪费了时光，懈怠了学生的发展。

我的语文课学生还是十分喜欢的。刚毕业的那几年，我喜欢带着学生朗诵，所以，总有几个学生的朗诵能力全校闻名。后来我逐渐把教学的目光转移到了对文章深层次的理解上，努力通过教学带给学生触及心灵的真实成长。2006 年，赖配根老师在《人民教育》年终的课堂综述中谈到了一年里让他最不能忘记的三节课，其中一节就是我执教的《检阅》。当下我对语文教学的认识又提升到了关注思维发展的层面，喜欢用大问题统领教学，给学生足够的学习空间，让他们在语言文字中涵泳，在故事情节里发现，在深入思考后表达。有一次教小小说《爱之链》，我用了“谁知道什么，不知道什么”这个简单句式串起了整节课的学习，学生首先寻找小说中前后相关联的内容，然后组成自己的语言表达——“老妇人知道乔依帮助自己修好了车，不知道乔依修车的时候受伤了”“老妇人知道乔依热心帮助她修车，不知道乔依此时因为找不到工作而内心极其凄凉”……在这样的深度阅读中，乔依的形象慢慢在学生的心里形成，学生抛开了“助人为乐”“乐于助人”“舍己为人”“无私奉献”等标签式的语言，用上了“爱心”“热心”这些更贴近乔依品行特质的词语。教学也因此远离了伪崇高，乔依也就化身为伸手可以触摸的一个高尚的普通人。

语文学习中，我十分关注来自学生的问题，哪怕是无意识的提问。一个偶然的机会，同事的孩子问我：“校长，您说，为什么有的课是两首古诗，有的是三首呢？为什么把这几首放在一课中呢？”小男孩问完就蹦蹦跳跳地走了，却留给我深深的沉思：是啊，为什么是这几首编在一起呢？我们怎样设计学习活动，才能把几首诗当作一个整体来教呢？于是，我带着学校一位颇有思考力的教师尝试着把统编教材三年级第九课《元日》《清明》《九月九日忆山东兄弟》当作一个整体来教学，切入点就是“三首诗有什么相同的地方，有什么不同的地方”。于是学生在三首诗中来往穿梭，辗转腾挪，不停地比较、鉴别、发现、表达，编者隐藏的密码就这样一点点被破解了。有一次在山东上课，一个小男孩下课后不愿意离开，对我说：“武老师，我们再学三首诗吧。”

我很为孩子们的话而感动，为“未来完满的生活做准备”，我一直都竭尽全力。